台湾国学丛书

刘东　主编

南宋地方武力

地方军与民间自卫武力的探讨

黄宽重——著

九州出版社 JIUZHOUPRESS｜全国百佳图书出版单位

图书在版编目（CIP）数据

南宋地方武力 : 地方军与民间自卫武力的探讨 / 黄宽重著. -- 北京 : 九州出版社, 2022.1
（台湾国学丛书 / 刘东主编）
ISBN 978-7-5225-0658-6

Ⅰ. ①南… Ⅱ. ①黄… Ⅲ. ①地方武装－研究－中国－南宋 Ⅳ. ①E294.42

中国版本图书馆CIP数据核字(2021)第245306号

著作权合同登记号：图字01-2021-5031

南宋地方武力——地方军与民间自卫武力的探讨

作　　者	黄宽重　著　刘东　主编
责任编辑	邹　婧
出版发行	九州出版社
地　　址	北京市西城区阜外大街甲 35 号（100037）
发行电话	(010)68992190/3/5/6
网　　址	www.jiuzhoupress.com
印　　刷	三河市兴博印务有限公司
开　　本	710 毫米 ×1000 毫米　16 开
印　　张	21.5
字　　数	240 千字
版　　次	2022 年 3 月第 1 版
印　　次	2022 年 3 月第 1 次印刷
书　　号	ISBN 978-7-5225-0658-6
定　　价	88.00 元

《台湾国学丛书》总序

在我看来，不管多变的时局到底怎么演变，以及两岸历史的舞台场景如何转换，都不会妨碍海峡对岸的国学研究，总要构成中国的“传统学术文化”的有机组成部分。

事实上，无论是就其时间上的起源而言，还是就其空间上的分布而言，这个幅员如此辽阔的文明，都既曾呈现出“满天星斗”似的散落，也曾表现出“多元一体”式的聚集，这既表征着发展步调与观念传播上的落差，也表征着从地理到政治、从风俗到方言上的区隔。也正因为这样，越是到了晚近这段时间，无论从国际还是国内学界来看，也都越发重视起儒学乃至国学的地域性问题。

可无论如何，既然“国学”正如我给出的定义那样，乃属于中国“传统学术文化”的总称，那么在这样的总称之下，任何地域性的儒学流派乃至国学分支，毕竟都并非只属于某种“地方性文化”。也就是说，一旦换从另一方面来看，尤其是，换从全球性的宏观对比来看，那么，无论是何种地域的国学流派，都显然在共享着同一批来自先秦的典籍，乃至负载着这些典籍的同一书写系统，以及隐含在这些典籍中的同一价值系统。

更不要说，受这种价值系统的点化与浸润，无论你来到哪个特殊的地域，都不难从更深层的意义上发现，那里在共享着同一个“生活世界”。甚至可以这么说，这些林林总总、五光十色的地域文化，反而提供了非常难得的生活实验室，来落实那种价值的各种可能性。正因为这样，无论来到中华世界的哪一方水土，也无论是从它的田间还是市井，你都可能发出“似曾相识”的感慨。——这种感慨，当然也能概括我对台北街市的感受，正因为那表现形态是独具特色的，它对我本人才显得有点“出乎意料”，可说到底它毕竟还是中国式的，于是在细思之下又仍不出“情理之中”。

在这个意义上，当然所有的“多样性”都是可贵的。而进一步说，至少在我这个嗜书如命的人看来，台湾那边的国学研究就尤其可贵，尤其是从1949年到1978年间，由那些桴海迁移的前辈们所做出的研究。无可讳言，那正是大陆越来越走向紧张与禁闭，终至去全方位地“破除四旧”的岁月。

正是因此，我才更加感佩那些前辈的薪火相传。虽说余生也晚，无缘向其中的大多数人当面请益，然而我从他们留下的那些书页中，还是不仅能读出他们潜在的情思，更油然感受到自己肩上的责任，正如自己曾就此动情而写的：“这些前辈终究会表现为‘最后的玫瑰’么？他们当年的学术努力，终究会被斩断为无本之木么？——读着这些几乎是‘一生磨一剑’的学术成果，虽然余生也晚，而跟这些前辈学人缘悭一面，仍然情不自禁地怀想到，他们当年这般花果飘零，虽然这般奋笔疾书，以图思绪能有所寄托，但在其内心世界里，还是有说不出的凄苦犹疑。”

终于，趁着大陆这边的国学振兴，我们可以更成规模地引进那些老先生的相关著作了。由此便不在话下，这种更加系统的、按部就班的引进，首先就出于一种亲切的“传承意识”。实际上，即使我们现在所获得的进展，乃至由此而催生出的国学高涨，也并非没有台湾国学的影响在。早在改革开放、边门乍开的初期，那些从海峡对岸得到的繁体著作，就跟从大洋彼岸得到的英文著作一样，都使得我们从中获得过兴奋的“解放感”。正因此，如果任何一种学术史的内在线索，都必然表现为承前启后的“接着讲”，那么也完全可以说，我们也正是在接着台湾国学的线索来讲的。

与此同时，现在借着这种集成式的编辑，而对于台湾国学的总体回顾，当然也包含了另一种活跃的“对话意识”。学术研究，作为一种有机增长的话语，其生命力从来都在于不断的创新，而如此不断创新的内生动力，又从来都来自“后生”向着“前贤”的反复切磋。也是惟其如此，这些如今静躺在台湾图书馆中的著作——它们眼下基本上已不再被对岸再版了——才不会只表现为某种历史的遗迹，而得以加入到整个国学复兴的“大合唱”中；此外，同样不在话下的是，我们还希望这次集中的重印，又不失为一种相应的和及时的提醒，那就是在这种“多元一体”的“大合唱”中，仍需仔细聆听来自宝岛的那个特殊声部。

最后要说的是，在一方面，我们既已不再相信任何形式的“历史目的论”，那么自然也就可以理解，今后的进程也总会开放向任何“偶然性”，无法再去想象黑格尔式的、必然的螺旋上升；可在另一方面，又正如我在新近完成的著作中所讲的：“尽管我们的确属于‘有限的、会死亡的、偶然存在的’人类，他们也的确属于‘有限的、会死亡的、偶然存在的’人类，可话说回来，构成了彼此‘主观间性’的那种‘人心所向’，却并不是同样有限和偶然的，相反倒是递相授受、薪火相传、永世长存的，由此也便显出了不可抹煞的‘必然性’。”在这个意义上，我们就总还有理由去畅想：由作为中国“传统学术文化”总称的国学——当然也包括台湾国学——所造成的“人心所向”和“主观间性”，也总还不失为一种历史的推动力量吧？

刘东

2020 年 6 月 24 日于浙江大学中西书院

目　次

表 次

自 序

我从大学三年级起对宋史有兴趣。不过，当时论著所了解的宋代，都环绕着与“重文轻武，强干弱枝”国策有关的议题，而且以北宋为主，对南宋历史的讨论相当有限。为了更全面地了解宋代，我把研究焦点集中于南宋。

在探讨南宋历史的过程中，最吸引我的课题就是南宋地方武力。我研习宋史之余，喜欢阅读一些近现代的人物传记，发现清末民初有红枪会、白狼等自卫武装力量，一直到抗战时期，各地仍有不同形式的民间武力。这些讯息使我相信民间武力在中国历史上有如涓滴细流，不曾枯竭，宋代的情形，也当如此。从这个视点来观察，将与以往所认识“强干弱枝”体制下地方武力不存在的看法，出现相当大的差距。尤其到南宋，由于立国形势的转变，宋廷为了生存与发展，除了掌控正规军之外，应当还允许有不同形式的地方武力存在。然而，学界可能囿于传统观念或受资料的限制，对南宋地方武力的研究，仍留下相当宽广的开发空间。为了填补这个论域的空白，我从撰写博士论文开始，便以宋金对峙时期活跃于两国边境上，而被宋廷视为义军的武装力量，作为研究主题，希望进一步对宋朝境内的地方武力进行较具深度的探讨，深一层剖析蕴含于集权中央国策下的历史发展，赋予南宋史新的时代意义。

1985 年，我趁到普林斯顿大学研究的机会，向刘子健教授请教有关南宋地方武力的问题，并且利用葛思德图书馆（Gest Library）搜藏的图书文献，写成《南宋飞虎军》一文。这篇文章是经过师友多次讨论后完成的，不仅是我研究南宋地方武力的第一个个案，并且以此为基点，确定日后系列论文的大致架构和写作模式。

南宋地方武力的名称繁复，任务有别，牵涉的范围广泛，要进行全面、完整且深入的研究并不容易。但这些地方武力有许多共通之处，若就其中资料较丰富、发展性较强的一些案例，进行较细致的探讨，当有助于了解其属性及中央与地方的关系。于是继飞虎军之后，我陆续写了相关的论文。然而，一方面缘于资料分散，版本不同，搜集、整理、比对十分费时，写作时断时续。另一方面，所探讨的个案也呈现不同的特色与问题，于是，探究此一课题的角度、取径也随之调整、修正。这次出版，为了集中焦点，凸显主题，将各单篇作了若干的修订与增删；但又冀望能反映各地方武力多元而复杂的样貌，因此在保留与删减的两难情况下，所呈现的内容不免有观点难以前后贯穿、看法未趋一致之憾，这是我特别感到不安之处。

本书各章先后以单篇的论文形式，发表于“中研院”《历史语言研究所集刊》、《中国史研究》、《国史释论》、《第二届汉学会议论文集》、《中国史学》（日本）、《第一届历史学学术讨论会论文集》等学术期刊。第一篇发表于 1986 年，最后一篇完稿于 2001 年，时序跨越了我一生最精彩的十六个年头；回顾往昔，虽有学习的喜悦，然受限于个人能力及眼界，总有难以破茧之感。此次若非借汇集成书的机缘，激励自我，再整旧稿，细理思绪，否则实难有心力与勇气重拾昔日的夙愿。

本书得以顺利出版，要特别感谢刘静贞教授、方震华博士仔细看完书稿，提出许多修订意见；在各篇章成稿期间，刘子健教授、陶晋生老师、王德毅老师、王曾瑜教授、梁庚尧教授、柳立言教授、黄清连教授、李天鸣教授及匿名的审查人，都曾提供批评、修改建议，深表感谢。此外，东大图书公司刘振强董事长慨允出版学术专书；谢美娥、张斐怡、高月娥三位小姐辛苦协助打字、编辑、校对工作，都十分感激。

我在史语所服务超过二十二年，是这个学术园地中受益最多的一分子。这里的学术环境与传统，固然为学界所钦羡，更值得感念的是同事、朋友间彼此的包容和鼓励。其中，张存武先生和邢义田、何大安、刘增贵、张彬村、朱鸿林诸兄，虽与我所学没有直接的关系，但他们至诚相待、直言不讳的情谊，是启发我学习成长的泉源，也是我治史生涯中的良师诤友。最后要向内人锦香致谢，如果没有她全力支撑家务，照顾我的身体，替我分劳照料年迈的双亲，我很难在工作上有所发展。

黄宽重
2002 年 2 月 15 日
南港“中研院”

修订二版序

《南宋地方武力——地方军与民间自卫武力的探讨》这本书虽然是由论文集结而成的论著，却是我研习南宋史历程中思考最久、用力颇深的作品，是我学术成长的重要阶段，很具有纪念意义。

五十年前，我步上研习被称为中国史上晦暗的南宋史的道路。当时是受到刘子健教授撰写《背海立国》和《包容政治》两篇宏观论文的启发及自己的兴趣，开启对南宋军政问题的探讨。不过，由于资料庞杂、零碎，难以梳理，议题发散，研究方向难以聚焦。同时，祖宗家法——强干弱枝、重文轻武的思维，仍深刻地影响南宋史，限囿了研究的视野。

直到探索地方武力的议题后，让我看到两宋的异同，对南宋军政研究也有了更深刻的认识。我逐渐领悟两宋政权固然前后相续，其军政政策及运作方式固多沿袭北宋陈规，但立国环境既有差异，面对内外环境的多重挑战，南宋君臣为了国祚的存续，从地方军的设置与利用民间自卫武力的过程，发展出不背离祖宗家法传统的弹性因应方案。从规划建置到最终结局，都可以看到南宋对北宋传统国策的继承与创新，形塑了有别于北宋的政权特质。因此本书各篇论文，虽然以个案的方式，探讨不同形态的地方军与民间自卫武力，但背后实源于我试图梳理南宋在承袭北宋国策的背后，所衍生、发展的立国思维。

具有纪念意义的是，我对南宋地方武力的具体研究，是在刘子健教授的指导下开展的。我研究南宋史，既受惠于刘教授多篇宏观论文的引导，学习路径也取法于他，但独学孤陋、思绪杂乱，加上资料零散，难以开展研究。对于本议题，我虽然从先前阅读清末民初的人物传记中，引发探讨宋代地方武力的兴趣，但如何透过数据，发现问题、聚焦讨论，并无把握。

1985年，我获美国傅尔布莱特奖学金，在刘教授的协助下到普林斯顿大学东亚系进修一年。这一年，我利用葛思德图书馆(Gest Library)丰富的藏书，搜集研究资料，更难得的是，有充分的时间向刘子健教授请益。此时，学长黄清连教授返校完成博士论文，老友朱鸿林教授则协助牟复礼教授为普大珍藏日本明清文集撰写题解。我们相约于周四下午到刘教授的研究室聚谈论学，刘、黄、朱三人都是烟枪，刘教授就把这个聚会命名为“烟民同乐”会。除了周四外，我和刘教授有很多时间，讨论宋史问题或进行口述历史的访谈。对我帮助最大的就是，他肯定地方武力是认识南宋立国的重要议题，也是观察两宋政权异同的好视角，但认为应该透过个案研究，才能深入。在他的建议下，我以辛弃疾创制飞虎军为题，进行研究。每写一段落就向他报告或与大家一起讨论。论文撰成后，获刊于《史语所集刊》第五十七本第一分（1986年3月）。同时在反复讨论的过程中，让我对南宋中央与地方的关系更清楚，并提出中央与地方间军政二元指挥体系，使宋廷得以随时势的发展，调派地方军抗御金、蒙，以及建立利用与控制民间自卫武力以平乱御侮机制的看法。可以说经过半年的充分讨论，让我从地方军与民间自卫武力的角度探讨南宋中央与地方的军政关系，及南宋对北宋政军的继承与创新，有更充分的认识。此后，继续写了七篇议题较聚焦的个案研究论文，最后于 2002 年集结成书。可以说我对南宋地方武力的研究，从议题构思到完成，虽然前后经历了十七年，但其中对数据运用、探讨方式乃至论述观点，具关键性的改变，都是 1985 年在普大受刘子健教授启发与影响所致。这一学习、成长过程，是我学术生涯中足堪纪念的一页。

本书出版后，我仍关注南宋中央与地方的关系，但联结对家族与社会的研究观察，我将讨论的重心从军政转向政治社会，特别聚焦基层社会。先是探讨县级基层社会力与政治力的构成与互动，写成《唐宋基层武力与基层社会的转变——以弓手为中心的观察》《宋代基层社会的权力结构与运作——以县为主的考察》等相关论文。接着关注低阶士人官僚的学宦生涯与家国情怀，完成《孙应时的学宦生涯：道学追随者对南宋中期政局变动的因应》一书，以及目前着手撰写刘宰——另一位献身乡里社会并关怀朝政积极建言，兼具家国情怀的低阶士人官僚，都是在这个脉络下进行的研究。

这一系列的研究，让我发现从这个角度探讨南宋问题，仍有很大的发展空间。但限于时间与精力，对南宋地方武力的研究只能抛砖引玉。目前并无余力对本书作大幅度的修改或深化、扩展，因此趁本书再版的机会，仅将初版时的文字或叙述失误加以修订，并记述早期学习与研究历程，以兹回顾。恳请学界同道指教，是为序。

黄宽重

2020 年 10 月 30 日

南港“中研院”历史语言研究所

绪 论

宋朝立国以来，为了扭转唐末五代骄兵悍将、地方权重的弊端，借着各项制度的建立与实施，以渐进的方式，将原属于地方藩镇的军政、财政与民政权收归中央，此后，对将帅的防范和猜忌，成了赵宋恪守不渝的家规。[1] 这种政治倾向，在兵制的设计上最为明显。在军队指挥上，将军队训练、调动和征战分由三个不同部门负责，落实以文御武、将从中御的政策；而在军种的区分上，将强悍能战的禁军划归三衙掌管，为中央正规军，厢军在地方上负责畜牧缮修的工作，乡兵则选自户籍，或土民应募，负责维持地方治安，此外，西北沿边地区则由少数民族组成的蕃兵，捍卫乡里。

在中央权威不断强化的过程中，禁军的数量逐渐增加，相对的，地方性军队如厢军、乡兵则增加有限，如太祖晚年，全国共有军队三十七万八千人，禁军有十九万三千人，占一半以上。[2] 太宗末年（995—997），全国军队有六十六万六千人，禁军占三十五万八千人。英宗治平元年（1064），有禁军六十九万三千三百三十九人，厢军四

[1] 王曾瑜，《宋朝军事指挥的若干评价》，见氏著，《宋朝兵制初探》（北京：中华书局，1983 年 8 月初版），页 327。

[2] 王曾瑜，《北宋前期和中期的禁兵》，《宋朝兵制初探》，页 15。

十八万八千一百九十三人，总计一百一十八万一千五百三十二人。[1] 王安石变法时，禁军数比英宗时少十万，各地厢军则有二十二万七千六百二十七人。哲宗元祐七年（1092），禁军五十五万，厢军三十余万人。[2] 从禁军与厢军增加的比例，可见宋代强干弱枝的政策相当落实。

这一连串的设计与措施，强化了中央的领导权，而压制地方势力与武人的地位。不过，这种以中央集权为中心思想的军事体制实有其弱点。一方面，中央正规军以拱卫京师及边境布防为主要任务，其他的地区则只能作点的部署，以至内部发生盗贼或叛乱时，常形成禁军疲于奔命而无法迅速敉平乱事的现象。另一方面，禁军采用消极性的防御部署，且以更戍的方式，轮调到各屯驻地区，调动频繁，对地理形势认识不足，难以发挥因地制宜的主动攻击力，影响作战成效。因此，宋廷面对内乱、外患时往往穷于应付，这是采行强干弱枝政策所衍生的困境。

正规军既不足以完全应付军事上的需求，宋廷乃另寻辅助力量：将地方上一定户等以上的百姓组成弓手、土兵等职役的角色，赋予某些武备与法定地位，借由军政与民政并行的指挥体系，担负起维护基层的治安工作，添补正规军的不足。此一措施，显示宋朝虽然自缔建以来，即积极推动强干弱枝的政策，但也同样了解地方武力在现实环境中的重要性。弓手、土兵设置后，各地的治安得以维护，而且邻近强敌的陕西、河东等地区，部分由弓手转型的弓箭社，在

[1] 黄淮、杨士奇等，《历代名臣奏议》（台北：台湾学生书局影印，1964 年 12 月初版），卷 220，页 12 上；又见蔡襄，《蔡忠惠公文集》（清雍正十二年逊敏斋刊，乾隆间后印本），卷 18，《论兵十事》，页 16 下。

[2] 李焘，《续资治通鉴长编》（台北：世界书局影印，1983 年 2 月四版），卷 472，哲宗元祐七年四月，是月条，页 15 上。

捍卫乡里时，发挥了因时因地制宜的机动性，在对辽、夏的战争中，也获致了一定的成效。

虽然地方武力在维护基层治安，乃至对抗外侮，都有实质的贡献，但从唐末五代以来，地方藩镇对中央政权威胁的阴影犹存，宋廷对地方武力的戒心仍在，虽偶而用之，却不敢过于倚重。王安石虽欲实质改变军事体制，却随着他的罢政而中辍，未能有效组织地方武力；况且自宋与辽、夏议和以来，边境无事，正规军既怠忽训练，战力明显低落，地方武力的战斗能力也日益消沉，兼之力量分散，敉平乱事之力犹有未逮，更遑论以之御敌。因此，当宋与金由联兵灭辽转而兵戎相向，爆发一连串的军事冲突后，除了少数地方武力据险抗拒外，宋军屡战屡败，华北州县迅即沦陷，终演成徽、钦被俘，宋室南渡的惨局。

宋高宗是在风雨飘摇中，靠着少数大臣与武将的拥戴，得以在南方重建政权。这时赵宋王朝所面临的窘境是：外有女真的强大威胁，内有溃军、盗贼为乱，而正规军战力薄弱，情势十分危险。为了巩固政权，减轻朝廷的压力，以渡过生存的危机，高宗君臣在重建国防与军政体系的同时，看到民间自卫武力据险持守，发挥了因地、因时制宜的战力，有效抵御、牵制了金兵的侵犯，乃承认自卫武力的合法地位，及积极团结、整合民间力量，使之成为协助正规军作战的重要武力。这些地方武力，依其性质可分成二类：一是民间自卫武力，是由地方百姓自动筹措财源、枪械，组织而成的武装团体。这是在紧急状况下，百姓自发性的防卫措施之一，虽然也有官员参与，但多以个人身份参加，民间的色彩较强。官府则扮演组织、训练的角色。二是由地方官员筹措财源、枪械，招募当地民丁，加以组织、训练的地方性军队。这种军队由地方官员直接领导，受中央的指挥、调度，既没有民间自卫武力难以控制的危险，而军队主要的组成分子，较熟悉当地的环境，和民间自卫武力一样，具有保乡卫土的观念，在对付外患入侵及地区性的叛乱时，具有因时制宜的机动性，可以弥补屯驻大军对地理环境不熟的缺失。

这种地方武力的存在与发展，是南宋政权在面临强大外患及内乱的威胁下，为了生存与发展，在原有的军事体制之外，接纳地方的武装力量，创立的新制度，是对北宋强干弱枝政策的一项重大修正，反映了南、北宋政权不同的特质。由于宋廷充分利用江南丰厚的社会经济资源，作国防的后盾，推动防御策略，确立了背海立国的形势，才能与金、蒙相抗衡达一百五十余年之久。这些经由宋廷组织、团结、承认而实质存在的各种民间自卫武力或地方军，不仅与南宋时代的正规军同时并存，更是支撑南宋政局，与赵宋政权相始终的武装力量。不过，地方武力虽是维护皇权的一种助力，但其自主性强，若任其膨胀、发展，也可能是朝廷的一项威胁，如何有效掌握，使这些武装力量成为供我驱策的工具，而不是尾大不掉，甚至叛乱、夺权之资，自然是对地方武力倚赖更殷的南宋朝廷所要面对的重要课题。

本书讨论的地方武力，包括由南宋各级政府所组织的地方军，如湖南飞虎军、广东摧锋军、福建左翼军等，以及各种形式的民间自卫武力，如透过承认北方自卫武力而任命的镇抚使，两淮民众据守的山水寨、陷金地区起事抗金的义军以及由业缘所组成的茶商军等。这些武装力量，尽管组织形式各异，在钱粮筹措、领导系统与防卫区划方面，都比宋廷所统辖的正规军具有较强的地方属性，因此，将之统称为地方武力。至于弓手、土兵等基层武装力量，在宋代一向为县尉、巡检所领辖，担任州县以下基层的警备工作，一如今日之警察或武警，是一个值得探讨的课题，但由于所涉范围较广，权责变化复杂，尚待进一步研究与厘清，暂不纳入本书讨论范畴。

第一篇 地方军

南宋时代的地方军，都是由宋廷或地方长官，基于维护地方的安全或协助边防，招募当地百姓组织而成的，比较重要的有：湖北神劲军、楚州武锋军、扬州强勇军、成都义勇军、广东摧锋军、福建左翼军等。其中神劲军、武锋军、强勇军和义勇军配合宋金边境上的屯驻大兵，担负沿边各路的防卫任务，名义上隶属于步军司，但实际上直属于各路安抚司。[1] 在两淮、荆襄、四川等北部边防区域，地方军仅是辅助性的角色。因为宋廷除了以屯驻大兵在当地长期驻防外，也组织、团结当地山水寨、民兵等民间武力协助防务；相对的，地方军由于人数较少，重要性并不显著。但是，在岭南地区，地方军却成为政府在维护治安、敉平乱事上重要的支柱。

南宋岭南地区的特殊自然和人文环境，使这个地区成为乱事的渊薮。广东、福建、广西、江西、湖南五路，是茶盐的主要产销地，宋廷为增加财源，以支付国防上的庞大开销，实施茶盐专卖，造成收购价格与售出价格有极大差异，衍生走私贸易；朝廷为维护公卖利益，以公权力加以取缔，容易酿成冲突，引起叛乱。此外，当地

[1] 王曾瑜,《宋朝兵制初探》，页 188—189。

居住着众多少数民族，民族关系复杂，因移民所造成的民族冲突，也容易爆发乱事。变乱分子由于熟悉当地环境，具有掌握主动及游击作战的优势，使得政府往往须调动正规军南下平乱。但是，由于正规军长期驻守江淮，南调征战，长途跋涉，疲于奔命，又不熟悉地形，难以发挥战力。这些因素使得岭南地区变乱不断，难以敉平，成了南宋建立以后，内政上的一项难题。

为了有效维护治安、镇压反叛，宋廷在岭南地区先后成立广东摧锋军、福建左翼军和湖南飞虎军等三支地方军。这代表宋廷在面对东南地区变乱纷呈与盗贼据险持守的现象时，试图利用岭南地区的民间武力，组成地方军队，借以在平时维护地方治安；一旦乱事爆发，则可以让他们充分发挥因时、因地制宜的机动性，弥补正规军长途跋涉及不能适应特殊地区作战的缺失，作为维持地区治安的主要武力。

不过，后来由于环境的需要，这三支军队相继被朝廷征调到境外，从事敉乱及御侮的行动，使这些军队的性质与角色，有明显的变化，反映出时代的性格。本篇透过对摧锋军、左翼军与飞虎军三个案的研究，相信有助于了解地方军不同的发展与命运，进而厘清中央与地方关系及认识南宋政权的特质。

第一章　广东摧锋军

一、前言

广东摧锋军设立于宋高宗绍兴五年（1135）底，是南宋最早的地方军，最后消失的时间，有资料可考的为宋景炎三年（1278），前后长达一百四十三年，是南宋持续最久的地方军。摧锋军的创置与表现，促使福建左翼军、湖南飞虎军等地方军相继发展。同时摧锋军奋力抗元的最后结局，多少也象征南宋地方军发展的尾声。自始至终，摧锋军可说是南宋地方军的先驱与代表者。此外，从摧锋军长期的演变过程，可明显看出南宋政府对于地方军的态度与对应之道。对摧锋军加以进一步考察，不仅能深入了解南宋地方军的状况，也是观察南宋政权性格的另一角度。然而由于资料的零乱与分散，长期以来，虽曾有学者进行研究，但考察未臻全面，个人乃参酌史料及研究成果，草成本文，以就教于方家。[1]

[1] 关于广东摧锋军的研究，前有汪廷奎，《南宋广东摧锋军始末》，《岭南文史》，1988 年第 1 期，页 76—81。拙稿发表后，又见梁天锡，《南宋广东摧锋军》一文，刊于香港《能仁学报》，1996 年 7 月第 4 期，后收入《宋史研究集》（台湾编译馆，1997 年 12 月初版），第 27 辑，页 395—442。二文讨论的内容与重点与拙稿颇有差异。

二、摧锋军的创置与早期事迹

（一）韩京早期的军旅活动

摧锋军起源于南宋朝廷为维护岭南地区的治安而设，但军队的创置者韩京的活动事迹与早期摧锋军的性质密不可分。因此，检讨摧锋军创置沿革时，必须对韩京早期的军旅活动，做整体的了解。由于韩京的生平资料不足，关于他早年的活动事迹，已无法详考。仅知他是河东（今山西）人，大约在宋金冲突以后，响应钦宗的勤王诏书，在上党（山西长治县）参与抗金的行列。随后可能与勤王军转赴庆源府（今河北赞皇），参与信王榛以五马山为据点的抗金行动。建炎二年（1128）七月，金人陷庆源府，韩京与另一将领辅逵率百余兵，夺门而出，渡黄河南下[1]，一时无所归，可能沦为盗贼[2]，后以兵三千、马数百等精锐人马隶于王以宁，任京西制置司统制官。[3] 建炎四年（1130）十一月，曾败群贼贺潮等数千人于衡州茶陵。[4] 次年三月，宋廷任命京为权枢密院准备将领，改听张浚节制，驻扎于衡州茶陵，实际上则听东湖安抚使向子諲指挥。时盗贼曹成接受向子諲招安，屯于修县。子諲惧曹成难制，命京军守衡阳、吴

[1] 徐梦莘，《三朝北盟会编》（上海：上海古籍出版社，1987 年 10 月初版，以下简称《会编》），卷 123，建炎三年二月二十八日条，页 6；“庆源府”。李心传，《建炎以来系年要录》（上海古籍出版社，1992 年 7 月一版，以下简称《要录》）作“庆元府”，误，见《要录》，卷 20，页 32 上，建炎三年二月，是月条。参见黄宽重，《马扩与两宋之际的政局变动》，“中研院”《历史语言研究所集刊》，第 61 本第 4 分（1990 年 12 月），页 800。

[2] 李纲，《梁溪集》（台北：汉华出版公司影印，1970 年 4 月初版），卷 117，页 5 下；又《要录》，卷 53，页 16 下，亦称京起于群盗，所指可能此一时期。

[3] 《要录》，卷 43，页 5。

[4] 《要录》，卷 39，页 17。

锡军据宜章，以扼曹成；曹成忿，拥兵犯安仁县，执子谭。[1] 绍兴二年（1132）二月宋廷命李纲为荆湖广南路宣抚使兼知潭州，命新任安抚使岳飞率马友、韩京与吴锡等共击曹成。[2] 京曾随岳飞转战道州、贺州间，飞利其甲马，遂择其精壮者，分隶部下，听京自便，京因此郁郁，抱病以余卒数百人留茶陵。[3] 湖南盗胡元奭倡乱，湖南提点刑狱吕祉檄京与吴锡破之，二人乘时增兵。[4] 不久，李纲留京屯茶陵以扼马友的部将步谅，逼他出降，湖南境内溃兵为盗者悉平。[5]

韩京自建炎末年起，在茶陵率所部耕垦荒田，不仅军威颇振，且成为衡州稳定的一股力量，因此后来任知建康的吕祉就说他的做法使“人情安之”,“诚得宿兵守边省财足用之要”[6]。当时秦桧任相，引名士为助，欲倾另一位丞相吕颐浩，吕颐浩乃引朱胜非为相以排挤秦桧。韩京因讨好胜非母亲[7]，胜非感恩，三年（1133）二月，由宋廷改命京为江西安抚大使司统制官，率所部一千五百人，自衡州移屯吉州。[8] 同月，江西虔州贼周世隆率众犯广东的循州、梅州及江西的汀州，宋廷令韩京与统制官赵祥、申世景、王进率兵会合进

[1] 《要录》，卷 49，页 19。

[2] 《要录》，卷 51，页 16。

[3] 《梁溪集》，卷 118，页 12 上。

[4] 《要录》，卷 56，页 7，绍兴二年七月辛未。时韩京有兵一千五百余人，吴锡部众约二千人，见《梁溪集》，卷 72，页 5 上。

[5] 《要录》，卷 60，页 14—15。

[6] 《要录》，卷 68，页 12—13，绍兴三年九月壬戌条。不过，对于韩京在茶陵耕屯的情形，胡寅有不同的意见，他说：“韩京者，屯兵衡州茶陵县，阴与郴寇交通，据有数县民田，夺百姓以耕之，名为赡军，实则入己，以充贿赂之费”，并明指是讨好朱胜非，此文见《历代名臣奏议》，卷 182，页 27 上、下。

[7] 见《历代名臣奏议》，卷 182，页 27 上、下。

[8] 《要录》，卷 63，页 9—10，绍兴三年二月庚子。

捕。[1] 到绍兴四年（1134）三月，宋廷应广东经略使李陵之请，又命韩京为广东兵马钤辖，以所部屯广州，负责弹压盗贼，听本路帅臣节制。李陵并将江西叛将元通及其党徒千余人付京，不久，元通被杀，通党并入京部[2]，这是韩京参与广东军政之始。

（二）摧锋军的创置

韩京入粤后有兵四千，驻于韶州。他的主要任务在维护广东治安，防范来自江西及湖南盗寇的入侵。自绍兴三年春起，郴、虔盗贼啸聚，声势甚大，屡次侵犯循、惠、韶、连，数州受祸甚深。这些盗寇与洞庭湖杨幺之势力，同为南宋初期的“心腹之疾”[3]，而这两股势力乍起乍息，略无宁岁。由于各路分头防堵，任责不专，并不能有效遏止，侍御史张致远沉痛地指出：

> 韶、连、南雄，近为郴寇所扰，虽韩京屡小捷，而军威不振。循、梅、潮、惠又苦虔寇出没，重以土豪残暴，人不聊生。广东州府十四，惟西江四郡粗得安堵，其他盖无日不闻贼报，十百为群，所至焚劫。[4]

张致远认为，当时江淮的敌患稍戢，应全力对付东南诸盗。然而由于各郡储粮无多，难以长期支付兵粮，以致无法发挥敉平乱事之效。他建议将平乱之责委由各路帅臣负责，而责成江、闽、湖、广的转运司，应付粮草。命令湖南遣任士安率部入郴州、宜章，与屯驻韶

[1] 《要录》，卷 63，页 12，绍兴三年二月己酉。

[2] 《要录》，卷 74，页 11。

[3] 《要录》，卷 85，页 21，引张致远奏言。

[4] 《要录》，卷 85，页 22。

州的韩京部相呼应，以经营郴州与江北数州，并令江西帅臣遣赵祥等由虔州入循、梅，令闽帅遣申世景由漳州入潮、惠，形成掎角之势，经营虔与东江数州。[1] 宋廷接受张致远的意见，于五年二月，令赵祥、韩京、申世景、王进“各率所部，不拘路分，会合招捕”。为了确实掌握军情，另派监察御史一人到江西、闽、广访查捕盗情况，“如监司不切措置，漕臣不为应副钱粮，统兵官迁延玩寇，并令案劾以闻”[2]。为了统一事权，规定四路将领“权听所到路分帅司节制”[3]。韩京成为负责平定广东乱事的最重要将领。在他的努力下，一时缉捕盗贼，颇见成效。担任知韶州的尤深，在向高宗报告广东政事时说“诸盗顷为韩京所击，或归湖南，或在连州，屡乞就招”，高宗虽不满意韩京不招安盗贼的策略，但认为难以很快平息乱事是“北兵至南地，道路险阻，施放弓弩皆不便”[4]。这句话，不仅指出广东地势的特殊处，也说明地方军队应付地区性叛乱的优越性。

先是，绍兴五年（1135）二月，高宗为谋恢复，任张浚为右仆射兼知枢密院事、都督诸路军马，十二月，张浚为了加强北伐战力，除了任命忠义之士马扩为都统制外，也将在各地平乱有成的军队纳入都督府的编制中，韩京被任为摧锋军统制，与杜湛、王进、申世景、吴锡一齐兼任都督府统制。[5] 这是文献上首次出现“摧锋军”的名号。韩京兼职都督府统制，是宋廷对他多年领军剿寇成绩，以及摧锋军维护地方治安的肯定。这时，摧锋军仍驻韶州，但冠上

---

[1] 《要录》，卷 85，页 22—23。

[2] 《要录》，卷 85，页 25，绍兴五年二月丙申。

[3] 《要录》，卷 86，页 12，绍兴五年闰二月丙辰。

[4] 《要录》，卷 90，页 1—2。

[5] 《要录》，卷 96，页 12，绍兴五年十二月庚戌。韩京被任命为兼都督府统制，可能是他与马扩同在庆源府奉信王榛抗金的共事经验有关。

都督府的番号，表示一旦宋廷实施北伐，这支军队就要接受中央的调度指挥了。六年（1136）四月，京将捕盗所获官赏转回赠其祖韩楚。[1] 当时，盗贼仍炽，翰林院学士朱震，曾建议仿韩京的方式，在潮州另置一军，以遮断贼路，他说“今韶州已有韩京一军，贼度岭欲寇南雄、英、韶等州，则有所畏惮矣”[2]，显然朝臣对韩京领导摧锋军维护广东安全的成果是肯定的。九月，韩京以掩杀岭南诸盗有功，升和州防御使[3]，李纲曾因摧锋军的善战，也请宋廷摘挪一半人马赴江西制置司[4]。先是，惠州军士曾衮去为盗，尝受招安，后据惠州叛，为广东诸盗中声势最大者，广东经略使连南夫与京会兵惠州，督兵致讨，绍兴六年十月，京募敢死士七十三人夜劫衮营，摧锋军效用易青为衮所执，不屈而死，然衮终向京投降。[5] 七年（1137）三月，宋廷以韩京解虔贼刘宣犯梅州之围，及降曾衮有功，赐金束带、战袍、银笴枪，参与的摧锋军亦获五千贯为犒赏。[6]

绍兴七年九月，丞相张浚因郦琼兵变被罢，宋廷变革军政，裁撤都督府，所属军队或改隶各大将，或直接归殿前司，摧锋军则隶于殿前司，名义上归于中央领导。[7] 九年（1139）三月，宋金和议

[1] 《要录》，卷100，页8；徐松辑，《宋会要辑稿》（以下简称《宋会要》，台北：新文丰出版公司影印，1976年10月初版），《仪制》，10之20。

[2] 《要录》，卷102，页17，绍兴六年六月辛酉；《宋会要·兵》，5之17。李纲也说：“韩京见部人兵在循、梅州驻扎……近杀败刘宣贼马，虔寇渐向衰息。”（《梁溪集》，卷90，页6上、下）

[3] 《要录》卷105，页3，绍兴六年九月庚午。

[4] 《梁溪集》卷90，页6上、下。

[5] 《要录》卷106，页19—20；《要录》卷85，页22；脱脱，《宋史》（台北：鼎文出版社影印点校本），卷449，《易青传》，页13226。

[6] 《要录》卷109，页19；《宋会要·礼》，62之61。

[7] 《要录》，卷114，页7，绍兴七年九月庚午；卷114，页28，同年九月，是月条。参见黄宽重，《郦琼兵变与南宋初期政局变动》，“中研院”《历史语言研究所集刊》，第60本1分（1990年3月），页115。

有成，宋廷发布诏书进殿前司诸军的将领二百一十二人各一等，摧锋军自统制韩京以下有十五人（统制、统领各一人，正、副将十三人）获进一秩。[1] 接着，韩京受命坐镇循州，以控制从连州到潮州的广东东、北各州，并兼知循州。[2] 十年（1140）十一月，剧盗谢花三为乱，宋廷升任韩京为广东兵马副总管，兼汀、漳、虔、吉州捉杀盗贼，听福建大帅张浚节制。[3] 次年八月，宜章盗骆科之乱虽平，其党徒又相聚为乱，奉命节制湖广三路兵马负责讨逆的广西帅臣胡舜陟，督率韩京等讨叛。[4] 京旋因功转官，乞回赠其祖父母。[5] 到绍兴十五年（1145）九月，福建安抚使薛弼以闽寇未平，向朝廷建议招土人为地方防御武力时，就以韩京所建摧锋军在广东的成效为例说："广东副总管韩京，每出必捷，正以所部多土人。今本路素无此等，故连年受弊。"[6] 这是摧锋军参与平乱任务最多、战功彪炳的时期，也是韩京因战功使仕途达到最高峰的时候。

（三）韩京被罢后的摧锋军

建议在福建成立类似摧锋军的地方武力的薛弼，却是推动罢黜韩京的主角，而其背后的主导者是丞相秦桧。韩京创置摧锋军，并领军在广东长期征剿盗寇，颇著功绩。摧锋军能征善战，是当时岭南唯一的精锐部队，诚然为广东主要安定力量，但部队的成员复杂，因韩京善于领导，才能发挥战力；然而长达十余年的关系，不免形成部队私有化的情况，自主性颇强，而被讥为玩寇："韩京在广东久，

[1] 《要录》，卷 127，页 10。
[2] 汪廷奎，《南宋广东摧锋军始末》，页 78。
[3] 《要录》，卷 138，页 6，绍兴十年十一月辛亥。
[4] 《要录》，卷 141，页 13。
[5] 《宋会要·仪制》，10 之 20。
[6] 《要录》，卷 154，页 14。

岭南有盗不即讨，至监司檄请，州郡衰愁者，兵乃出，贼已炽矣。”[1]宋金和约签订后，宋廷为强化中央威权，在解除大将兵权之后，进而将矛头指向地方与个人色彩较重的摧锋军。绍兴十八年（1148），广东诸司上奏韩京跋扈，认为“京军乌合，久戍广东，杂以曹成余党，阴相与应和”[2]，朝廷深以为忧。主政的丞相秦桧也忧虑韩京久任难制，次年六月，知广州王铁死，宋廷改任福建安抚使知福州薛弼为知广州、广东安抚使，秦桧乃乘机安排罢黜韩京，而代以随薛弼自福建转任的张宁，因此薛弼到南雄州，京即遭罢，弼遣人卫京出岭。[3]二十二年（1152）十二月，韩京任提举台州崇道观。[4]

新任摧锋军统制的张宁，字安导，是太原府曲阳县人。宣和七年（1125）冬，金兵围太原，宋援兵不至，太原守张孝纯募勇士到汴京告急，宁奋然请行，突围至开封，宋廷嘉其行，特授进武校尉，充枢密院准备差使。建炎元年隶于刘光世麾下，三年，苗刘叛变，宁从光世勤王，又降服剧贼郦琼，其后相继破妖贼王念经及招降王才，因功转武节郎。绍兴六年九月，伪齐刘豫分兵三路南侵，宁于寿春、淝河口败刘麟之部，因功转行营左护军选锋军管辖、步军第七正将。郦琼兵变后，改充东南第十二将。后一度因不参与剿捕骆科之乱，被罢。十七年（1147），以捕福建盗贼有功，任武翼郎。[5]次年，当广东反映韩京跋扈时，主管殿前司的杨存中推荐张宁，乃改差广东路兵马钤辖，随薛弼入粤，就近图京。薛弼到南雄州，韩

[1] 胡铨，《胡淡庵先生文集》（“中研院”历史语言研究所傅斯年图书馆藏，乾隆二十二年刊本），卷 27，页 8 下—9 上。此处文字与道光本有异，道光本是对的。

[2] 同上。

[3] 《要录》，卷 159，页 18，绍兴十九年六月甲寅。

[4] 《要录》，卷 163，页 37，绍兴二十二年十二月己巳。

[5] 《要录》，卷 156，页 33，绍兴十七年十一月戊辰；《胡澹庵先生文集》，卷 27，页 1—7。

京出迎，薛即改命张宁为摧锋军统制兼知循州。

张宁接任新职后，对摧锋军做了若干改革。一方面为了稳固军心，除将韩京的心腹主管摧锋军机宜文字王俨，以助京为虐之罪置狱之外，其余的人一概不问。一方面改变以往被认为玩寇的印象，盗寇发生，立即戡乱，使岭南更为平静。而最重要的是更改摧锋军的体制。摧锋军设有左右前后选锋六军，由于军队组织庞大，体势太重，是导致韩京被认为跋扈的重要因素，张宁为此从事组织缩编的工作：更易六将领，其幕僚只留二员，其余人员俱罢，[1] 这些措施显示张宁主持摧锋军，在做法上与韩京有很大的差别。他的这一做法，除了个人信念外，可能反映宋廷对地方军的政策。

张宁除推动摧锋军体制改革外，由于岭南乱事少，参与平乱的工作相对减少。比较重要的一次是参与绍兴二十二年平定江西虔寇齐述的变乱（参见本文“四”）。绍兴二十八年（1158），宋廷为嘉勉他久任一职，“坐镇南服，勤劳十年”，著有成绩，改授为右武大夫广东兵马钤辖，兼知循州，仍统领摧锋军[2]，同年封阳曲开国男，食邑三百户，又授贵州防御使。宁以年高乞罢，乃于三十年（1160）改充浙西兵马钤辖，宁力辞，改主管台州崇道观。[3] 在杨存中推荐下，宋廷任命经武郎閤门宣赞舍人殿前司正将郭振为摧锋军统制，兼知循州。[4] 其后，宋为防备金海陵帝的南侵，及孝宗即位后，部署北伐，郭振曾被派到淮东备边，摧锋军之半随之前往，这是摧锋

[1] 《胡澹庵先生文集》，卷 27，页 8 下。

[2] 《要录》，卷 180，页 23，绍兴二十八年十月壬辰；《胡澹庵先生文集》，卷 27，页 11 上。

[3] 《要录》，卷 185，页 4，绍兴三十年四月丙寅。乾道三年（1167）六月张宁死，见《胡淡庵先生文集》，卷 27，页 1 下。

[4] 《要录》，卷 185，页 4，绍兴三十年四月丁卯。

军调派出任边防之始。[1] 不过，郭振最晚到乾道元年（1165）正月前，已转任镇江府驻扎御前诸军都统制，[2] 这是目前所见史料中摧锋军早期活动的最后情况。

三、组织与财务：摧锋军演变的因素

摧锋军除维护广东治安外，也参与境外的平乱及御侮的军事行动，其成军的时间长达一百四十余年，除了外在环境的因素外，本身在组织、兵源与财务等方面，也有其运作方式与肆应外在形势而做的改变，这是观察摧锋军性质一个重要方向。不过由于资料残缺不全，今天，我们已无法对南宋时代有关摧锋军的制度及财务状况，做全面的考察，仅能从整理分散、零乱资料的过程中，进行粗疏的讨论，期能对摧锋军的组织制度、财务状况及其演变情况，有概略的了解而已。

（一）组织情况

摧锋军成立于绍兴初，南宋境内盗贼纷起的时代，绍兴五年十二月张浚出任都督府，后将摧锋军纳入为都督府统制。[3] 这是张浚为推动北伐，将东南各地平乱有成绩的地方军队纳入中央军制的权宜措施，却是摧锋军由地方军走向调驻军的第一步。绍兴七年郦琼兵变后，宋廷裁撤都督府，原都督府所属的军队，或改隶各大将，或则归属中央的殿前司，摧锋军就在这时改隶殿前司。其实，这只

[1] 《宋会要·兵》，29之36，29之38；李心传，《建炎以来朝野杂记》(以下简称《朝野杂记》，台北：文海出版社，1967年1月初版)，甲集，卷18，页16下。

[2] 《宋会要·兵》，19之15。

[3] 《要录》，卷98，页12。

是名义上归属的转变，《要录》说："自杨存中职殿严（殿前司），始增为五军，又置护圣、踏白、选锋、策选锋、游奕、神勇、马步凡十二军。时江海之间，盗贼间作，乃分置诸军以控制之，如泉之左翼、循之摧锋、明之水军，皆隶本司，总七万余人，由是殿前司兵籍为天下冠"[1]，表明摧锋军在体制上是中央正规军的一支。从上文所述，统制官如张宁、郭振的任命情形，正反映代表中央的殿前司所扮演的角色。然而，实际上，摧锋军主要驻戍地和扮演的角色都在广东，而且现存宋代广东地方志如《三阳志》，在叙述营寨时，将摧锋军独立于禁军、厢军、铺兵、土兵等四个系统之外[2]，又如《南雄州图经志》也说"二广之兵，以摧锋军为重，自五羊而下，诸州率分隶焉"[3]，再加上下文所述财政经费筹措等情形，都可以反映宋廷对像摧锋军等这类军队，在体制上的设计，是名义上维持隶属于中央殿前司，而让它们在各地维护地方治安，因此也具有地方军队的色彩，不过以人事调派及更戍等方式来强化中央威权及淡化地方色彩而已。

这支军队在韩京初建时有兵三千及马数百匹，到绍兴末年全部军队总额为六七千人。为了因应对金作战，宋廷将一半戍"荆渚"（及京西路）、淮甸，作为抗御金蒙的边防武力之一，另一半则驻防广东境内甚至邻近路分，镇压盗贼，其法定名额或为三千[4]，多的时候可能如李心传所说三千四百人[5]，也有如淳熙初年林光朝所说的二

[1]《要录》，卷158，页11。

[2] 姚广孝编，《永乐大典》（北京：中华书局，1986年影印本），卷5343，页16上。

[3]《永乐大典》，卷665，页14上。

[4] 蔡戡，《定斋集》（文渊阁四库全书本），卷1，页13上，文中说："其摧锋军近虽准指挥，以三千为领。"所指殆为广东境内部分。

[5]《朝野杂记》，甲集，卷18，页16下。

千七百八十七人[1]。兵数的多少，则因战争或招收等情况的变化而增减，已无法获得更可靠的数据，但王迈说嘉定十年（1217），摧锋军半歼于敌[2]，所指的可能是在宋金战争中战死，其数殆指戍守荆南、淮甸那一半摧锋军而言。

摧锋军另有水军，据《永乐大典》引《三阳志》的记载，摧锋水军创于乾道三年（1167）。当时海寇剽掠民居，知潮州傅自修命鼓楼冈巡检熊飞传檄开谕，反为海寇所胁。不久，其党徒八十人均投船弃戈请降，傅自修令农商归业，而向朝廷请求将逃卒无所归者，编成水军，有统辖一名，隶于广东安抚司。[3]

以军队戍地的变化而言，摧锋军自绍兴末年起，已由维护地方治安的地方军，变成调派各地平乱抗御的军队，与正规军无异，因此其驻屯之地也有增多之势。

摧锋军之半从绍兴末年起开始被调派担负边防任务。以后这支军队很可能长期驻守边防区，并与驻防广东境内的摧锋军，轮流更戍。其驻防的地区，除了"荆渚"外，尚包含淮甸[4]、建康[5]及四川的大安军[6]。理宗开庆元年（1259），蒙古将领兀良合台由大理攻广西，宋广南制置使李曾伯在广西措置防蒙时，也曾征调部分摧锋军至广西边境防备蒙古兵。[7]

至于在岭南驻地的情形，则随时间而有很大的变化。摧锋军初

---

[1] 《历代名臣奏议》，卷 224，页 15 上。

[2] 王迈，《臞轩集》（文渊阁四库全书本），卷 1，页 19 上。

[3] 《永乐大典》，卷 5343，页 16 上。

[4] 郭振被派到淮东，见《宋会要·兵》，29 之 36，29 之 38；另见真德秀，《真文忠公文集》（四部丛刊本），卷 46，页 710 上。

[5] 见《宋史》（台北：鼎文书局影印点校本），卷 416，《陈铧传》；卷 406，《崔与之传》。

[6] 《宋史》，卷 449，《曹友闻传》，页 13235；又见《宋会要·兵》，20 之 3。

[7] 李曾伯，《可斋杂稿·续稿后》（文渊阁四库全书本），卷 6，页 13 下。

期的总部设在韶州。绍兴六年四月，江西虔州贼为乱，韩京受命移摧锋军于循州、梅州驻扎[1]，总部也随之移到循州，后来才移回韶州[2]。韶州是摧锋军统制司所在，除了地理因素外，韶州也是广东提刑司驻节之地，便于节制摧锋军。[3] 这时期，除了广东盗寇纷起之外，福建、江西乃至湖南也是盗贼不断，韩京曾受命兼汀、漳、虔、吉州捉杀盗贼[4]，摧锋军的驻地也就不断扩大。隆兴二年（1164）二月，广西贼王宣、钟玉等结集徒众千余人，破雷、滕二州，广西转运司无力戡乱，申请拨摧锋军支援，宋廷命摧锋军入广西平乱，殆为移驻广西之始。乾道七年（1171）一月，宋廷应广西经略安抚使李浩之请，从韶州拨二百名摧锋军到静江府，以接替因乱平而被北调的荆南大军。[5] 淳熙初年，赖文政之乱平定，广东提刑林光朝向宋廷报告的奏疏中，提到当时摧锋军共有二千七百八十七人，而其驻地达二十四处，除了韶州驻八百四十七人外，“其他分屯，或百里或三数百里，或远在千里之外”[6]，这可能是摧锋军在岭南驻地最多的时候。淳熙末年，蔡戡在奏章中提到摧锋军的驻地有二十一处[7]，而李心传在嘉泰二年（1202）则说当时摧锋军分屯广东诸州镇的有二十处，三千四百人[8]。林光朝、蔡戡、李心传所举三个不同数字，应该是不同时期驻地的数目，如今已无法从现存史料中考出所有驻地。可考的有韶、梅、循、广、连、英、潮、惠、肇、南雄、静江

[1] 《梁溪集》，卷 90，页 6 上、下；《要录》，卷 159，页 18。
[2] 《永乐大典》，卷 5343，页 16 上。
[3] 汪廷奎，《南宋广东摧锋军始末》，页 77。
[4] 《要录》，卷 138，页 6。
[5] 《宋会要·兵》，5 之 25、26。
[6] 《历代名臣奏议》，卷 224，页 15 上。
[7] 《定斋集》，卷 1，页 13 下。
[8] 《朝野杂记》，甲集，卷 18，页 16 下。

府、宜章县黄沙寨、临武县龙回寨[1]、汀州[2]等共十四处。淳熙八年（1181），朱熹又建议申请摧锋军入闽平乱。[3]若检视淳熙年间张栻及绍熙年间蔡戡奏状的资料，可知摧锋军在广西的驻地不仅于静江府而已。[4]

摧锋军驻在各州县的详情已不易得知，《永乐大典》中保存南雄州及潮州二处摧锋军驻地情形，相当珍贵，谨附录如下：

> （1）南雄州：摧锋军驻扎寨在保昌县旧址，元管一百一十人，今增至二百二十人。[5]
>
> （2）潮州：原有千二百人，后复起发，仅存七百人，自后分戍不常，或五百或三百，或止二百，迄无定数。摧锋寨在州郭之北，军额见管一百三十一人，有营房百间。水军寨驻扎于潮州揭阳之宁福院侧，军额元管二百人，后移至鮀浦场。[6]

另据《崔清献公全录》记端平二年（1235）摧锋军叛，回攻广州时说："初抵城，薄北门，摧锋本寨才一壁隔"[7]，可见广州摧锋寨在北门附近。

就军队的来源而言，摧锋军是慢慢成形的，因此其来源也很复杂。首先，因摧锋军是由韩京创立的，韩在领军作战期间所拥有的

[1] 《定斋集》，卷1，页12下。

[2] 《永乐大典》，卷7892，页27。不过汀州的驻军，后来改隶左翼军。

[3] 朱熹，《朱文公文集》（四部丛刊初编缩本，据上海商务印书馆缩印明刊本影印，台北：台湾商务印书馆，出版年不详），卷27，页423。

[4] 《朱文公文集》，卷89，页1580；《历代名臣奏议》，卷319，页17上、下。

[5] 《永乐大典》，卷665，页14下。

[6] 《永乐大典》，卷5343，页17上。

[7] 崔与之，《崔清献公全录》（明正德抄本，上海古籍书店复印），卷2，页11上。

军队，就是摧锋军的主要成员。韩京崛起于忠义勤王，初期的部众殆属北方忠义之士，这批忠义之士在庆源府陷落后，少部分与韩京南下到南方寻求生存与发展的机会，因粮源不继，不免沦为溃军或盗贼。[1]后来归附于王以宁，拥有三千士兵及数百马匹，是一支精锐的部队。及驻扎于湖南衡州茶陵后，曾平定贺潮、曹成之乱。初期在广东平乱时，韩京可能出于军略考虑，全力剿捕盗贼，但却由于不熟悉地理环境，又不愿以招安的方式平息乱事，以至战事拖延，引起批评时，高宗就说："北兵至南地，道路险阻，施放弓弩皆不便"[2]。于是一面招收当地土人，一面收编降附的盗贼入军，使摧锋军的成员有了大的改变。后来，福建安抚使薛弼就说："广东副总管韩京，每出必捷，正以所部多土人"[3]，说明了在摧锋军成立后的军队，有一部分是北方人，另一些是平乱过程收编的降贼及就地招募的土人，不论是北方人或盗贼，都是身经百战之士，这是他的部队被称"兵皆精锐"的原因，而当地土人则熟悉当地环境。结合这三种身份的人成军，自然能发挥较大的战力，但也由于组成分子复杂，及韩京个人长期领导的威权，引起朝廷的疑惧，有人说"京军乌合，以戍广东，杂以曹成余党，阴相与应和，朝廷深以为忧"[4]。所以，韩京所领导的摧锋军，成了南宋朝廷收兵权中第一个面对的地方军。

摧锋军正式成军后，其兵源补充方式，大略有几种：一是招募当地土人，这可能是主要来源。二是以罪犯充当，如乾道元年（1165），武经大夫东南第十一副将宋迪，因捕贼迁延不行，被勒停，

[1]《梁溪集》，卷117，页5下；《要录》，卷53，页25。

[2]《要录》，卷90，页1—2。

[3]《要录》，卷154，页14，引薛弼之言。

[4]《胡澹庵先生文集》，卷27，页8上。

送摧锋军自劾（效）。[1] 淳熙元年（1174），宋廷诏“广州自今有正犯强盗，持杖劫盗之人，如人材少壮，并量远近，分配潮、韶两州摧锋军”[2]。宁、理之际，宋慈任江西提刑时，也曾判一位顶冒功赏，假称制属，违法私贩盐货，私铸官钱的王元吉断配广州摧锋军。[3] 摧锋水军也多“填补刑余之人”[4]。三是招刺归降盗贼中之强壮者，如乾道元年（1165）擒获李金党羽后，对“诖误胁从自首之人，除老弱及不愿者外，并押赴摧锋军充效用”[5]。这三种来源，同样显示摧锋军的特质：既多精壮骁勇之辈，成分也很复杂。

关于摧锋军的教育、训练情形，并无充分资料，殆如一般正规军一样，不过，可能由于适应地理环境的特殊要求，摧锋军似较不重视射箭等训练，以致在淳熙十四年（1187），宋廷对殿前诸司所属诸军检验射弓箭成果，依标准推赏时，经广东提刑与摧锋军统联名奏报推赏的合格名单，只有十一人。[6] 唯淳熙十年（1183），统制吴荣在韶州曲江县增营屋、军学等[7]，统制司设置军学，可见摧锋军也注意训练工作。此外，潮州的营寨中也有摧锋之土牢，“所以处罪隶者”[8]，显示对犯罪的土兵，也有处罚的土牢。至于摧锋军更戍之法大约也和《宋史·兵志》所说：“绍兴间边境弗靖，故以大军屯戍，而践更之期，近者三月，远者三年，逮和议既成，诸军移屯者渐归营

[1] 《宋会要·职官》，71之11。

[2] 《宋会要·刑法》，4之53。

[3] 中国社会科学院历史研究所宋辽金元史研究室点校，《名公书判清明集》（北京：中华书局，1984年初版），卷12，《结托州县蓄养罢吏配军夺人之产罪恶贯盈》，页466—467。

[4] 《永乐大典》，卷5343，页17上，引《潮州府志》。

[5] 《宋会要·兵》，13之25。

[6] 《宋会要·兵》，19之33。

[7] 《光绪曲江县志》（台北：成文出版社影印），卷5，页10上。

[8] 《永乐大典》，卷5343，页17下。

矣，惟防秋仍用移屯更戍之法，沿边备御亦倚重焉。”[1] 后来摧锋军中曾因戍期过长、有功不报而引发叛乱（详本文“五”）。

摧锋军主要任务在维护治安、敉平盗贼、防御外患。不过，当环境需要时，也做些作战训练等本分以外的工作，如淳熙年间，广东提刑林光朝就提到当时驻屯在韶州的八百四十七名摧锋军中，超过三分之一的人所从事的是“樵爨厮役，负辎重，守寨栅”。又如广州外城自端平二年（1235）至嘉熙元年（1237），由摧锋水军、勇敢、忠勇等军每月四、九训练之日，由正将率士兵登城，各就其范围，负责补城的损阙并造砖。[2]

南宋基层军官，依《宋史·兵志》所述有训练官、准备将、副将、正将、统领官、统制官等六级，摧锋军名义上属中央禁军（殿前司），长期驻防广东，并接受广东提点刑狱的节制，其统兵将领的名称与《兵志》所述相合。从现有资料，可考的将领名单如下：

统　制

韩　京（绍兴五年至十八年，《要录》《宋会要》）

张　宁（绍兴十八年至三十年，《胡淡庵先生文集》，卷 27，页 9 上）

郭　振（绍兴三十年至隆兴年间，《要录》，卷 185，页 4）

路　海（《宋会要·兵》，13 之 31）

张　喜（淳熙六、九年七月，《定斋集》，卷 1，页 9 上;《宋会要·兵》，19 之 29）

---

[1] 《宋史》，卷 196，《兵》，页 4905；又《永乐大典》卷 5343 说：“一军驻于循阳，邻郡各分若干人，以备不虞……自后分戍不常”（页 16 上）。

[2] 《永乐大典》，卷 11906，页 35 上、下。

吴　荣（淳熙十年，光绪《曲江县志》，卷45）

关　璇（淳熙十四年一月，《宋会要·兵》，19之33）

王　津（嘉定三、四年，《宋会要·兵》，20之16、17）

毗富道（端平二年，《崔清献公全录》，卷6，页5上）

王　资（《宋史·曹友闻传》，卷449）

统领官

翟　皋（绍兴十年，《永乐大典》，卷7892，引《临汀志》）

郭　蔚（《胡澹庵先生文集》，卷27，页9下）

萧　辉（嘉定二年，《永乐大典》，卷666，页8下）

成世忠（嘉定间，《宋会要·兵》，20之3）

熊　乔（端平二年，《崔清献公全录》，卷6，页10下）

正　将

萧　辉（嘉定初，《宋会要·兵》，20之3）

林　政（平黑风峒，嘉定二年叙功，《宋会要·兵》，20之16）

周　兴（嘉定二年，《宋会要·兵》，20之16）

陈　实（端平二年，《永乐大典》，卷11905，页6下）

马　发（德祐二年）

黄　俊（景炎年间，《永乐大典》，卷11905，页6上）

副　将

陈承信（嘉定二年，《永乐大典》，卷666，页8下）

朱　烈（嘉定二年，黑风峒事，《宋会要·兵》，20之16）

准备将

罗宗旦（淳熙六年四月，《宋会要·兵》，13之32）

梁　满（嘉定二年，《永乐大典》，卷666，页8下）

彭　添（嘉定二年，《宋会要·兵》，20之16）

麦　逵（嘉定二年，黑风峒事，《宋会要·兵》，20之16）

林　真（嘉定二年，黑风峒事，《宋会要·兵》，20之16）

曾　彦（嘉定二年，黑风峒事，《宋会要·兵》，20之16）

陈　焕（嘉定二年，黑风峒事，《宋会要·兵》，20之16）

训练官

巫　迁（淳熙六年四月，《宋会要·兵》，13之32）

张　德（淳熙六年四月，《宋会要·兵》，13之32）

谢　先（淳熙六年四月，《宋会要·兵》，13之32）

此外文献上尚有裨将（李忠、李进、魏忠、伍全）[1]、将［吴亮等，淳熙十三年（1186）］[2] 及后军将（赵续）[3]，均不属正式编制，或为部将之泛称。另韩京的属下有“主管摧锋军机宜文字”王俨，则显然是幕僚。

（二）财务状况

摧锋军未正式成军以前，如何筹财以维持军费，由于史料不明，很难厘清。大约由各路帅臣筹措，或靠政府功赏。韩京率军驻在衡州，为了图生存与发展，一开始就实施屯田的方式来维持军需，知建康府吕祉曾说：“臣见湖南韩京一军在衡州茶陵、新安二县，请佃抛荒田，耕种二三年矣，人情安之，今法行之初，虽若强之，及其收成，获利稍厚，始知耕稼之乐，盖复其本业则竞趋之，有不待相

[1] 《胡澹庵先生文集》，卷27，页9下—10上。

[2] 《宋会要·兵》，19之31。

[3] 《要录》，卷106，页19。

劝者。”[1] 逮正式成军隶属殿前司后，其庞大的军需，大概来自下列几种方式。

驻在广东路境的部分，多由广东转运司负责，一份被误收入吴泳《鹤林集》的晚宋史料《奏宽民五事状》中，对摧锋军的财务来源说明最为清楚：“南渡初大将韩京提兵驻扎广东，一时钱粮系漕司应办。”到理宗淳祐年间转运司一年“应办诸州摧锋军分屯兵马、券食、衣袄等钱，共一十四万六千八百余贯；逐年由各处屯戍兵将分上下半年差人赴司搬请，本司于财计库支给，及诸郡椿留钱截拨应副。军食所系，此不可一日缺者也”[2]。这一笔经费是由盐税及市舶司抱认墟市钱二万贯及提举司添助大兵钱、义兵钱六万八千七余贯，不足之数，则挪移总所纲银及百姓捐输的丁米钱等。[3] 丁米钱之外，尚有一种客丁钱，可能是向客户征收，用来支付摧锋军的特别费用。南宋晚期有人以为病，议罢之。大理卿丘迪哲力争，才获保留。[4]

调驻在邻近广东路分的经费，似由各路支应。但刚开始，由韶州调驻静江府的二百名摧锋军的费用，则是广西转运司由“广东认起鄂州大军钱内截拨应副”。至淳熙十年三月五日，孝宗令广西运判胡庭直于已科拨贴助摧锋军支遣钱内，每年移运一万三千四百余贯，充当屯驻静江府官兵的费用。[5] 因此张栻担任知静江府、经略安抚广南西路时，仍以“漕司盐本羡钱”来支付驻在广西的摧锋军的费用。[6] 到绍熙五年（1194）八月，广西运判张釜指出，广西转运司

[1] 《要录》，卷 68，页 12—13；又见《历代名臣奏议》，卷 182，页 27 下，胡寅奏文。

[2] 收入吴泳，《鹤林集》（文渊阁四库全书本），卷 22，《奏宽民五事状》，页 5 下。

[3] 同上。

[4] 刘克庄，《后村先生大全集》（四部丛刊初编本），卷 154，页 1364 上。

[5] 《宋会要·食货》，28 之 18、19、21。

[6] 《朱文公文集》，卷 89，页 1580。

全年支拨经费总共四十一万七千二百五十余贯，其中有应付广东摧锋军券食钱八万四百四十余贯[1]，这大概是广西改行钞盐法后，除了支付调驻的摧锋军的费用外，还要支应广东摧锋军的部分费用。至于调驻江北负责边防的摧锋军经费，依规定是由广东认起鄂州大军钱内拨付，而由广东转运使负责。不过，淳熙年间，林光朝建议增加摧锋军人数时说："然漕计已窘，实无以给此增添之数"，建议对驻荆南等三千名阙额衣粮及升转官资，拨在诸州等余钱供给[2]，但不知此议是否见诸实行。

摧锋军的经常费用，固然由转运司支付，一旦战事或乱事发生，后勤补给，费用浩繁，则经费的筹措更为麻烦。如端平二年，摧锋军一部分士兵叛乱，据守广东与湖南、广西接壤的险峻处，道路险峻，馈运十分困难，为了应付军食，广东转运判官石孝淳，差人到惠、连、韶、封等州增籴食米，以防缺粮，并委属官充随军督运。由于所需费用庞大，适帅司财计空虚，提举常平黄宬乃拨盐司椿积见钱五万贯以济军用，急缺支遣。[3]

不过，宋廷支付的经常费并不足以应付摧锋的开销，因此战功的犒赏，也是一项收入。此类记载很多，仅举二例：如平定赖文政之乱后，宋廷赏摧锋军有功官兵，其中"第二等官兵各支折钱三十贯文"[4]。嘉定五年（1212），宋廷叙平黑风峒之功时，摧锋军、左翼军等官兵亦受丰厚的赏赐。[5] 摧锋军也和其他军队一样，以从事贸易作为主要筹措财源的方法。摧锋军"军中有回易所以养军"，宋廷

---

[1] 《宋会要·食货》，28之44、45。

[2] 《历代名臣奏议》，卷224，页15下。

[3] 《崔清献公全录》，卷6，页10上、下。

[4] 《宋会要·兵》，19之27。

[5] 《宋会要·兵》，20之16。

“许其就屯驻营寨去处，开置铺席，典质贩卖”[1]。由于广东产盐，盐利甚厚，因此，贩卖私盐也成了摧锋军另一项营收。光宗绍熙年间，彭龟年指出“赣州僻远诸县，如龙南、安远等处，食广东私盐如故，广东摧锋军及大奚山一带人，皆以贩盐为活”[2]。开禧元年三月宋廷获广东提刑陈映反映，摧锋军的回易兵有借巡盐或捕盗为名，出海骚扰客船的情况，只允许摧锋军在屯驻营寨地方“开置铺席，典质贩卖”，不宜假借名义差兵下海巡察，可见摧锋军为扩大收入，也以缉私为名，实行勒索、骚扰的手段。[3] 由于摧锋军获得政府支付费用外，尚有功赏及从事贸易，遇特别情况，地方官尚有赏赐，如淳祐六年（1246），广东经略安抚使方大琮特别“增摧锋军春衣钱”，“而水军出戍借一年粮”，则“命别给，免借克”[4]。因此，它的待遇可能较一般士兵为优。[5]

总之，从摧锋军本身组织与财政情况的演变，反映这支军队发展的形态：由于隶属关系、驻地扩大与更戍制度的设计，呈现中央增强权威的趋势，而军队成员的组成，则由忠义之士、盗贼居多，改变成招募土人为主的情况，其目的在适应地区战斗任务的特性。军队的财政主要仰赖广东转运使的支应，不足之数则由军队经营商业及功赏来弥补。这样的发展说明摧锋军的特色：在体制上隶属中央殿前司，实际上却具有地方军的色彩。

---

[1] 《宋会要·刑法》，2 之 122。

[2] 《历代名臣奏议》，卷 308，页 6 下—7 上。

[3] 《宋会要·食货》，67 之 2，开禧元年三月二日。

[4] 《后村先生大全集》，卷 151，页 1335 下。

[5] 《后村先生大全集》，卷 154，《大理卿丘公墓志铭》，页 1364。

四、平乱：摧锋军的战绩

摧锋军成立于南宋政权肇造之初。当时，外患不断，内乱频仍，宋廷将正规军主力部署于江淮等边防重地，于是，摧锋军就担负起维护岭南地区的治安工作，而江西、福建、湖南、广东、广西交界处，地形复杂险阻，为南宋盗寇发生最频仍的地区。摧锋军基于维护广东境内的安全，防止乱事的扩大，从成立起就积极参与敉平岭南地区盗乱的军事行动。摧锋军先后参与平定齐述、赖文政、陈峒、李接、黑风峒等五次较大的叛乱[1]及多次较小的乱事，成绩都获肯定，这也是摧锋军能存在久远的原因。以下综合史料，依时间次序，分述摧锋军参与平定历次变乱的经过。

一、齐述之乱。绍兴二十二年（1152）七月，江西虔州士兵齐述称乱。先是江西多盗，虔州尤甚，宋廷命殿前司统制吴进率所部戍虔州，却与由江西安抚司统领马晟所领率的当地禁军不合。二十二年，步军司遣将拣禁军，众不欲行，士兵齐述遂以捕盗为名与殿前司的士兵相斗，进而攻城作乱，逐守臣，杀官兵。[2]宋廷得报，调驻鄂州的正规军等赴虔州，齐述由虔州突出，攻南安，一度有意窥岭表，摧锋军统制张宁，乃命统领郭蔚、裨将李忠屯兵境上[3]，述等知官军有备，退回虔州，筑城而守。十月一日，摧锋军统制张宁

[1] 关于摧锋军平定较大内乱的次数，笔者参酌史料及研究成果，将大奚山之乱亦列为摧锋军的战绩，梁天锡教授认为摧锋军在此役中，以扮演善后的成分较多，故从梁教授之见，删除平定大奚山之乱。见梁著，《南宋广东摧锋军》，《宋史研究集》（台湾编译馆，1997 年 12 月），第 27 辑，页 437—438。

[2] 《要录》，卷 163，页 20。

[3] 《胡澹庵先生文集》，卷 27，页 9 下—10 上。

与游奕军统制李耕，左翼军统制陈敏、副将周成，鄂州副统制张训通，池州统领崔定等分别率兵到虔州城下。[1] 宋廷命李耕知虔州节制诸军，于是展开剿抚并行的围城行动。围城日久，城中乏食，然众仍未降，时诸将欲急攻，张宁则主张塞贼逃路，先环城植鹿角立栅，使叛者无所逃脱。十一月丁巳，官兵攻城，李耕令诸军奋击，摧锋军偏裨李进、魏忠、伍全等人，冒险先登[2]，杀齐述，乱事平。此次平乱，受赏者包括李耕、刘纲等九位将领，及一万三千一百二十四位士兵[3]，摧锋军的官兵亦列名其中。

二、茶商赖文政之乱。孝宗淳熙二年（1175）四月，以赖文政为首的数百名茶商在岳州、常德府一带掀起叛乱。初期，人数不多，官府不以为意，加上起事地势险恶，正规军又少，叛乱者乃趁机扩大势力。宋廷急命江州都统制皇甫倜南下招抚，又着鄂州都统制提调宋金前线的正规军讨捕。赖等由湖南转入江西，江西安抚使汪大猷奉命在与湖南接邻的州县布防，并俟机截击。六月，茶商大败吉州守军，据守禾山洞，乱区百姓流散，地方残破。此时宋廷所发动的兵力，包括鄂渚的三千名正规军和各地的地方军与民兵，总数达万人。汪大猷为早日敉平乱事，命老将贾和仲主持讨伐事宜，本欲以众兵封锁禾山洞，但贾和仲自恃善战，凡事专断，又轻视为数不多的茶商，采取夜袭，却因不明地势，反为茶商所败，茶商乘机逃脱。[4]

茶商突破宋兵的封锁后，谋经湖南犯岭南。湖南转运使李椿在

[1] 《要录》，卷 163，页 28，绍兴二十二年十月壬戌朔。

[2] 《胡澹庵先生文集》，卷 27，页 10 上、下。

[3] 《要录》，卷 164，页 4。

[4] 黄宽重，《南宋茶商赖文政之乱》，见《南宋军政与文献探索》（台北：新文丰出版社，1990 年 7 月初版），页 142—144。

二路邻境的攸、茶陵、安仁、郴、桂阳等地防备，而知赣州陈天麟也部署官兵。茶寇败官兵于上犹县后，转趋岭南，两广震动。广东提刑林光朝奉命御寇，他的部属赵充夫熟知赣、粤地形，知道赣州与吉州间有一条长达数百里的捷径，可能是茶商南下的道路，建议林光朝派摧锋军扼守通道。[1] 林光朝乃命统制官路海及钤辖黄进，率四五百名摧锋军部署于南雄及韶州仁化间以扼贼锋。[2] 由于广东从容部署，因此当赖文政等涌至广东边界时，便被伏军拦击，声势稍挫[3]，被迫折返江西境内。此时，宋廷命仓部郎中辛弃疾为江西提点刑狱，节制诸军。

茶商之乱扩大后，宋廷曾讨论如何敉平乱事。周必大等人建议由地方军或民兵负担控扼要冲或驰逐山谷，负责第一线作战任务，而由荆鄂的正规军居于第二线的辅助地位，扼守主要道路，防止茶寇进占州县城。[4] 负责剿乱的辛弃疾深切体认到地方武力的重要性，一面整顿赣、吉、郴、桂阳的民间武力，派上战阵，一面征调熟悉地形的土豪入山搜捕[5]，娴熟岭南地形的摧锋军也积极参与敉乱战争，朱熹在给皇甫倜的信中也说："近年茶寇形势正亦如此，所以江西官兵屡为所败，而卒以摧锋、敢死之兵困之。"[6] 摧锋军参与平赖文政之乱，战绩辉煌，因此，宋廷叙奖参与平乱的官兵依功时，除林光朝因躬督摧锋军以遏贼锋，特进职一等，路海、黄进以掩杀茶贼，使不致侵犯广东而除正任刺史，特转行遥郡团练使外，参与的

[1] 袁燮，《絜斋集》（文渊阁四库全书本），卷 18，页 20 下。

[2] 《历代名臣奏议》，卷 224，页 15 上。

[3] 周必大，《文忠集》（文渊阁四库全书本），卷 63，页 2 下。

[4] 《文忠集》，卷 74，页 4 下。

[5] 彭龟年，《止堂集》（文渊阁四库全书本），卷 11，页 10 上。

[6] 《朱文公文集》，卷 26，页 406。

七百五名官兵也依次转补二官资、一官资等奖励。[1]

三、陈峒之乱。淳熙六年（1179）正月，郴州宜章县民陈峒因官员实行和籴制度不善，领导百姓于太平乡叛乱，以数千之众，攻取桂阳县境，径往道州江华县，进入广东连州，分路进军，破道州之江华，桂阳军之兰山、临武，连州之阳山，湖南、广东为之震动。宋廷命湖南安抚使王佐统兵讨伐，王佐求荆鄂援兵三千人，并起用流人冯湛率正规军与地方武力兵三千余人前往镇压。当叛军由阳山县向南进军时，广东经略安抚使周自强征调州县兵，由殿前摧锋军正将刘安、训练官巫迁等人领兵进击，败之于怀集县界郭洴村，又败之于连州大镬村。[2] 接着，摧锋军统制官张喜及王畡又率兵相助，迫使部分叛兵退回宜章，不久陈峒也由江华县退回宜章。先是王佐以为叛军必遁入广南，谋以劲兵遏贼，及得节制讨贼军马之诏书，遂檄广东摧锋军分屯要塞，以夹击盗寇。周自强奉命派兵马钤辖黄进，统制官张喜和统领刘安等军，并抽调大部分屯驻各州的摧锋军及广州将兵，总计二千余人，逼近贼巢。黄进平息连州桂阳县百余预备响应的徭民。五月一日，王佐分五路兵进攻叛贼，陈峒战败，攀缘险绝，冲破摧锋军在连州的防线，进入英州境内，后为冯湛、夏俊等官军所俘。

陈峒乱时，宋廷实行于广东拦截、于湖南讨捕的策略，得以奏效，摧锋军是当时负责把截重任的军队，因此，在宋廷叙功赏时，摧锋军将领刘安、罗宗旦，训练官巫迁、张德、谢先及其余将兵，都推恩有差。[3] 次年五月七日，宋廷又诏广州统领刘安、统制张喜

[1] 《宋会要·兵》，13 之 31，19 之 27。

[2] 《定斋集》，卷 1，页 8 下；参见向祥海，《南宋李金与陈峒起义初探》，收入《中国农民战争史论丛》（郑州：河南人民出版社，1982 年 12 月），第 4 辑，页 417。

[3] 《宋会要·兵》，13 之 32。

及所将官兵一千九百九十六人，因平陈峒有劳，由广东安抚司犒设一次。[1]

四、李接之乱。孝宗淳熙六年（1179）五月中旬，广西容州陆川县弓手李接叛乱，杀害宋九州巡检使，啸聚数千人，劫掠州县，部众曾至万人，破容州城杀知州，下郁林州，进围化州，北克贵州，东攻高州，南下占领雷州，乱区广达六州八县。广西经略安抚使刘焞，接受经略使司准备差遣吴猎的建议，起用流人沙世坚，率领效用军，由梧州、滕州攻容州，命陈玄国率高州戍兵，与沙世坚会合，再派雷州、滕州、化州的水军，堵截海路。六月，广东路经略安抚使周自强为了阻止乱事扩大，派一支摧锋军到西部南恩州（今广东阳江）、德庆府新州（新兴）、封州（今广东封开东南）阻止叛军东进，又派另一支摧锋军进入广西路，到容州、化州与广西军会合。官军在刘焞的节制下，发挥强大攻势，克复郁林州，声势大振。叛军被迫困守深山，虽谋转移到海上，却因宋军在沿海严密防备，无法实现。十月，宋军俘李接等人，乱事终告敉平。[2]

五、黑风峒之乱。宁宗开禧三年（1207），湖南东南和江西、广东交界的山区，以黑风峒为首的峒民，由于内部纠纷，地方官处理不当，激成变乱。[3] 此次变乱前后历经五年（开禧三年至嘉定四年），初期系因黑风峒酋罗世传的煽动而起，由于江西幕府力主招安，馈盐与粮，使乱事很快平息。不久，因江西地方官诱杀已降的峒首领李伯珑，引起峒民惊疑，李元砺乃乘机扩大叛乱。此次乱事长达一

[1]《宋会要·兵》，20之32。

[2] 朱瑞熙，《南宋广西李接起义》，《中国农民战争史论丛》（郑州：河南人民出版社，1980年11月），第2辑，页272—285。

[3] 李荣村，《黑风峒变乱始末》，收入《宋史研究集》（台湾编译馆中华丛书编审委员会，1971年12月），第6辑，页503。

年，活动区域东抵福建汀州界内，西达湖南永州城外，南攻粤北，北扰湘、赣两路，攻下十余州县。宋廷得悉乱事再起，急派荆鄂大军于湖南路，配合民兵与峒寇相周旋。嘉定三年（1210）二月，任工部侍郎王居安知隆兴府，督捕峒寇，居安与湖南帅臣曹彦约商夹攻事宜，并亲自督军，拒绝招安李元砺。四月，李元砺方四出，广东安抚使廖俣遏其入岭之路，贼遂出没洪、潭间，不久，又移梅岭，摧锋军击贼歼焉。[1]

黑风峒在嘉定二、三年间曾多次侵犯广东的南雄州，当时广东经略安抚使陈岘招募民兵，分遣将卒控扼险要，由提刑廖德明坐镇韶关，负责督剿，廖德明命摧锋军准备将梁满提兵到南雄州戍守大黄团。不久，峒贼数千人来犯，梁率五十名摧锋军抗御，以寡不敌众，梁战死。[2] 峒寇继犯南雄，通判州事赵善偰，亲提兵督战，至城东北二十五里之沙水，为峒寇所败，其子赵汝振及司法参军黄枢皆战死。在南雄州的攻防战中，摧锋军将领梁满、准备将彭添、统领萧辉、副将陈承信等都牺牲。[3] 官军虽败，但峒寇游骑受阻于韶州，未能顺利南下，李元砺只得回扰江西，在黄山为王居安所败，峒寇向南退缩，吉州、赣州、南安军次第收复，至韶州“为摧锋军所败，势日蹙”[4]。此时，官方分化离间峒民策略奏效，峒民内部失和，罗世传生擒李元砺。罗世传又为刺客杀死，黑风峒之乱悉平。

摧锋军防堵峒寇犯粤，及于韶州挫峒寇声势，均著功迹。因此，在嘉定五年（1212）九月一日，宋廷应广东提刑司之请，发表一批

[1] 不著撰人，《宋史全文续资治通鉴》（文渊阁四库全书本，以下简称《宋史全文》），卷 30，页 19。

[2] 《永乐大典》，卷 666，页 7 下—8 上。

[3] 同上，页 8 下—9 上。

[4] 《宋史》，卷 405，《王居安传》。

叙赏的诏书中，除左翼及摧锋军统制王津等外，摧锋军的官兵有正将林政，准备将彭添、麦逵、林真各转一官、支钱十贯，正将周兴、副将朱烈转一官，准备将曾彦、陈焕补转一官，其余官兵也有奖赏。[1]

摧锋军除了参与敉平上述五次规模较大的变乱之外，根据梁天锡教授的考订还参与平定了十二次较小型的乱事[2]，如隆兴二年（1164），广西王宣、钟玉等结集徒众称乱，破雷、滕二州，后由广西转运司督诸将进兵，摧锋军亦参与平乱，终迫使王宣等人投降。[3]淳熙十三年（1186），摧锋军将领吴亮等，擒杀潮州桃山市贼徒。[4]另有两件文献，时间与事迹均隐晦，皆见于《宋会要·兵》20之13。一是二年一月十一日，从文献前后看来，当与讨黎州之乱有关。时间在庆元二年（1196）三月以后。关于黎州之乱，见于正史的记载，有嘉定元年（1208）十二月的黎州蛮乱，乱事发生于四川成都府路之西南，至二年二月乱事扩大，官兵败。[5]观察事件的发展，摧锋军参与平定此次乱事的可能性不大，盖官兵既败，摧锋军恐难独胜。证诸史实，与方志记载，可能与嘉定初年琼州黎洞之乱有关。当时一齐叙奖的有琼州水军副将及琼州通判等官，而请求叙奖的人是广西经略安抚使，可推定摧锋军是参与了平定海南岛的黎民之乱。[6]另一件是五月七日事，四川制置司报请推赏摧锋军统领

[1]《宋会要·兵》，20之16，17。

[2]　梁天锡，《南宋广东摧锋军》，页412—416。

[3]《宋会要·兵》，13之23。

[4]《宋会要·兵》，19之31。

[5]《宋史全文》，卷30，页11下—12上。

[6]　参见欧阳璨等修，陈于宸等纂，《琼州府志》（收于《日本藏中国罕见地方志丛刊》，据日本国会图书馆藏明万历刊本影印，北京：书目文献出版社，1990年），卷8，页51上。

成世忠，军兵李炎等人，此次则可能与西南少数民族之乱有关，时间无法确知，当在嘉定年间。此外，也参与了许多善后与守土的任务，如大奚山之乱平定后，宋廷恐乱事再发，乃“差摧锋军三百往大屿山戍守焉，每季一更”[1]。

五、摧锋军之叛

摧锋军自成立以后，即参与平定岭南地区的乱事，甚至被朝廷调驻江北，抗御外侮，成为南宋时代一支精锐的地方军队。不过，这支军队的组成分子相当复杂，出征作战及更戍边防的时间，难以掌握，部队的财政状况亦不若正规军稳定，而这些因素都会影响部队乃至官兵的权益，以至容易因小事而激成祸端。嘉定年间，戍守淮甸轮调回广东的摧锋军，就曾在归途中发生剽掠等违纪行为，经广东提点刑狱刘学强杀为首者示警，才维护军纪，不致酿成祸端。[2]这个事例反映摧锋军的不稳定性，一旦上级处置不当，极可能掀起乱事。

理宗初年，淮海地区成为宋、金、蒙三国争取的对象，情势相当复杂，驻防江淮一带的宋军都无法正常更戍，其中一支驻守建康的摧锋军，驻扎长达四年，本拟回粤。但此时，江西盗贼频仍，其中以绍定六年（1233）据守赣州松梓山寨的陈三枪出没江西、广东，声势最大，“江广群盗，皆听命于三枪，服饰僭拟，蹂践十余郡，数千里无炊烟”[3]，江西帅臣陈铧奉命节制赣、粤、闽三路军马，负责剿

[1]《宋会要·兵》，13 之 39—40。

[2]《真文忠公集》，卷 46，页 710 上。

[3]《后村先生大全集》，卷 146，《忠肃陈观文神道碑》，页 1280。

乱，摧锋军又受命调赴江西，参与平乱工作。端平元年（1234）三月，经历七年，受牵累广达三路的陈三枪之乱，终告平息。[1]

然而，功赏不及摧锋军，请求撤戍回惠州，又不报[2]，到二年二月戍军才在统领官熊乔的率领下回粤，部分士兵积愤成衅，曾忠率部分士兵倡乱，到惠州就烧惠阳，攻下博罗县城，杀害县令。熊乔乘隙逃脱告变。但叛军随之直驱广州城，郡守曾治凤宵遁，人心忧危。提举常平黄埞，推家居的吏部尚书崔与之主持郡务。与之为稳定局面，一面命熊乔安抚城内的摧锋军，密护北门，不让城内外的摧锋军通声息，对城内不稳的军情，也采取断然措施，诛其领袖。一面登城抚谕叛军。此时叛军声称“贼人平，不得撤戍”是叛乱的肇因，只有交出连帅及幕属才甘心。与之乃召秘书省著作郎李昴英与节制推官杨汪中，缒城谕叛军，晓以逆顺祸福。部分士兵愿释甲降服，然而，主谋者曾忠等人怕事定之后，将受制裁，乃率军遁去，招诱叛逆，至肇庆府，击败官兵于冷水坑，进而招纳亡命，声势大振，一度入据肇庆府城。后弃城，停留于四会、怀集二县交界处，及封州开建县等山势险峻之地，乱势有扩大之虞。崔与之乃责由提举广南市舶管瀛助他处置军务，又奉宋廷指示，令士兵谢兴到叛兵盘踞地告谕。但是，曾忠表示只希望移驻他州，不愿再隶原兵籍，招谕不成。与之恐迁延误事，命广东提刑彭铉节制诸军，于是调集韶州驻扎摧锋军统制毗富道在怀集县界，与湖南飞虎军及广东勇敢等地方武力，在开建一带拦截，以防止叛军逃逸。又恐叛军由水路逃遁，命广州水军、澉浦水军屯泊四会县，定海水军控扼肇庆府一

[1] 《后村先生大全集》，卷146，页1280。

[2] 《宋史》，卷406，《崔与之传》，页12262。

带江面[1]，接着会同由江西帅陈铧所调派的沿江制司统制陈万等，防守叛军所据各要道。[2]

由于叛军盘踞的地区，偏处广东、湖南与广西三路交界，山路险阻，道路隔绝，行军与后勤补给都很艰难。崔与之责成广东转运判官石孝淳应付军食。石孝淳差人到惠、连、韶、封等州高价增购粮食，以防缺粮，分别委任属官充当随军督运官及水陆给受官，以增进效率，由于权责分明，使军饷宽裕。当时，安抚司的财用不足，提举常平黄宬乃挪拨盐司现存五万贯济军用。军需调度既无匮乏，加以军政指挥统一，各方军队齐心协力，因此战斗力大增，叛军则屡战屡败，被迫退守苦竹岭，终至请降。崔与之下令诛杀桀黠不悛者，其余则分隶诸州军中。[3]

这次兵变，倡乱的人数并不多，却能借机招诱叛逆，扩大声势，显见摧锋军内部矛盾及当时各地社会问题不少。而且这些兵力由惠州破博罗，杀县令，攻广州，克肇庆，盘踞四会、怀集、开建一带险阻山区，屡败官兵，竟要劳动广东、湖南、江西诸路兵马及水军，经由水陆会合，费时四个月，才平定乱事，可见摧锋军及附叛者，均娴熟广东地区的地理形势，是乱事蔓延的原因。而在乱事平定之后，崔与之将投降的叛军，以分化的政策，分散纳入各州军备中，固然显示崔与之的宽厚仁慈，也说明摧锋军仍被宋廷视为当时岭南地区可资利用的地方武力。

---

[1] 《崔清献公全录》，卷 2，页 10 下—11 下；卷 3，页 5 上、下，页 12 上、下，页 15 下。

[2] 《后村先生大全集》，卷 146，页 1281。

[3] 参见《宋史》，卷 406，《崔与之传》，页 12262；及《崔清献公全录》所录崔与之奏状。

六、御侮与最后结局

摧锋军因宋廷的调遣，而到境外从事平乱的工作，扩大其任务。绍兴末年，宋廷为了抗御金海陵帝的南侵，调三千摧锋军驻防荆渚，是它参与御侮工作之始。孝宗的北伐恢复行动中也可能征调摧锋军参加，后来记载中有摧锋军“戍淮甸”及“戍建康”，都是被朝廷调任负责防守边境，具有防御外侮的作用。晚宋，李曾伯在广西抗蒙时，摧锋军也曾被调到广西[1]，只是已不见实际参与御侮军事行动的记录，无法知其详。今存摧锋军参与御侮工作的记录有三次，一次是在四川助曹友闻抗蒙，两次是最后在广州、潮州御蒙。

端平二年，为报复宋朝的“入洛”之役，蒙古太宗遣皇子阔端与曲出发动了攻宋计划。秋天，阔端率蒙军分两路向凤州及巩昌进发，十月招降金巩昌总帅汪世显，率蒙军及汪世显军进入宋境，渡嘉陵江，攻大安军。此时宋利州都统曹友闻立即派摧锋军统制王资和踏白军统制白再兴防守鹦冠隘，左军统制王进扼守阳平关。蒙军数万突至阳平关，友闻指挥诸将击退之。蒙兵也以步骑两万余攻隘，王资与白再兴由隘内与友闻所派援兵两边夹击，逼使蒙军解围而去。宋廷闻捷讯，升友闻为眉州防御使、利州都统兼任沔州都统，兼管关外四州安抚、权知沔州，节制本府屯戍军马，王资等摧锋军也可能因战功受赏，唯内容不详。不久阔端因进攻京湖的皇子曲出去世而班师。次年秋天，阔端再分二路攻四川。他亲率左路军于八月进入大散关，占兴元，挥兵攻大安军，宋、蒙二军在鹦冠隘与阳平关

[1] 李曾伯，《可斋杂稿·续稿后》，卷6，页31下。

再度发生激战，最后大安军陷落，曹友闻战死，他所属的沔州、利州两个都统军及忠义军几乎全军覆没，摧锋军的命运也和曹友闻及其他正规军、忠义军一样。[1]

摧锋军为维系广东安全的主要势力，因此当元军亡宋，元帅阿里海率部乘胜由湖南南下时，广东各地的摧锋军便成为晚宋抗蒙最后力量之一。不过由于资料不全，难以对其在广东各地抗蒙情况作完整的陈述。[2] 摧锋军在广州和潮州抗蒙的情形资料较丰富，谨加以汇整叙述。

宋廷所在地临安陷落后，驻在广州的广东经略使徐直谅，见广东危急，派了梁雄飞到隆兴向元请降，元江西都元帅宋都带即任命雄飞为招讨使，另派黄世雄率元军在雄飞的引导下，先后攻破南雄、韶州等地，向广州前进。德祐二年（1276）五月一日，宋相陈宜中在福州拥益王即位，成立流亡政权，传檄各地起兵抗元，徐直谅得讯，便派广州人李性道权提刑，领摧锋军将黄俊、陈实，水军将领谢贤等至石门，阻止元军进入广州。[3] 当时广州兵力号称两万，然而“遥望虏骑，拥山塞州”，李性道大为恐慌，惧不敢战，黄俊向性道建议：“元军零乱，如将军队分成两翼，绕道敌后，前后夹击，可以获胜。”李不答，只将船只靠岸边。等到元军排成阵势进攻时，只有黄俊率所部摧锋军，奋勇迎战，余人均畏缩不援，终被元军击败，逃回广州城，徐直谅闻讯逃出广州。元军遂于六月十三日进入广州城。李性道、陈实、谢贤投降，黄俊不屈被杀死于摧锋军寨的佛殿

[1] 胡昭曦，《宋蒙（元）关系史》（成都：四川大学出版社，1991 年），页 108—109；李天鸣，《宋元战史》（台北：食货出版社，1990 年），第二章，页 309—314。

[2] 李天鸣，《宋元战史》，第七章，页 1373—1493。

[3] 《永乐大典》，卷 11905，《广州府志》，页 16 上。

下。[1]

当黄世雄率军进入广东时，江西都元帅也派宋降将梁雄飞率军招降广东。及元军入广州，黄世雄派熊飞驻守潮州、惠州一带。[2]不久，熊飞与黄世雄、梁雄飞二人交恶。宋流亡政府适派制置使赵溍向广东反攻，熊飞起而响应，改用宋旗帜，向广州进攻。九月，赵溍等兵至广州与熊飞兵合，新会县令曾逢龙率乡兵亦至州城[3]，黄世雄等弃城走。李性道出城迎熊飞与曾逢龙入城，不久，熊飞又收复韶州，元军退守梅岭。九月二十一日，赵溍入城，杀李性道及摧锋军将陈实、水军将谢贤等。摧锋军协助收复广州及附近地区，不仅支持两广的抗元活动，也为此后流亡政府移至广州奠下基础。

1276 年，潮阳人马发为摧锋寨正将，驻潮州，被州人推为权知州事，号安抚使。景炎二年（1277）正月，元军占领广州后，知循州刘兴，权知梅州钱荣之，分别降元，马发率兵遁去，后又反正归宋。[4]可能由于摧锋军的支持，使景炎二年（1277）春天，宋端宗所能据守的领土尚有潮、惠二州。[5]后来因元兵暂时北调，宋人在文天祥、张世杰的号召下，再度重整旗鼓，谋复大宋江山。然而是年十二月元军再陷广州。次年正月，命唆都率军回攻潮州，潮州的命运遂陷入困境。唆都指挥元军填塞濠堑，建造云梯、鹅车，日夜猛攻，马发闭城坚守，并暗中派人烧毁元军攻具，使元军的攻势顿

---

[1] 《永乐大典》，卷 11905，《广州府志》，页 16 上；参见陆心源辑，《宋史翼》（《续修四库全书》，第 311 册，上海：上海古籍出版社，1997 年），卷 32，《黄俊传》，页 9—10。

[2] 《宋史》，卷 47，《二王本纪》，页 941。

[3] 《宋史翼》，卷 31，《曾逢龙传》。

[4] 《宋史》，卷 47，《二王本纪》，页 942；《永乐大典》，卷 5343，页 11 下。但汪廷奎认为马发未降元，指《宋史·二王本纪》，误记。

[5] 《宋元战史》，页 1414。

挫。此时，元将乌古孙泽向唆都建议先攻打城外营垒，以断潮州外援。唆都乃分兵攻宋营垒，再向潮州发动总攻。潮州拒守一月余，有叛徒引元兵入东城，城陷。马发收拾残余百余人入子城拒守。至三月初，势穷力尽，乃全家自杀。[1] 马发在潮州的御侮行动是南宋广东地区抗元最壮烈的事迹之一，而摧锋军正是与他共患难、至死不降的最后支撑力量。

七、结论

摧锋军是南宋朝廷因应岭南变乱而设置的地方军。南宋时代的岭南地区是变乱的渊薮：当地为茶、盐重要产销地区，地形复杂、险阻，少数民族繁多，社会情况复杂。宋廷衡酌情势，只有在禁、厢、乡、蕃等传统军事体制之外，另外成立一支介于中央军与民间自卫武力之间的军队——地方军，来应付环境的变化，维护地方治安，巩固政权，广东摧锋军就是在这种情势下建立的。

为因应新的变化，宋廷在地方军的系统上，发展出二元的指挥体系。摧锋军名义上隶属于中央的殿前司，高级军官的任命与军队的调派，听从中央指挥。地方政府则实际节制军队（提点刑狱）及支应军队的经常性费用（转运司）。军队成员除早期掺杂南下的北方勤王军、收编降盗及罪犯外，多属当地百姓，具有较浓的地方色彩；政府则透过扩大驻地，及利用定期更戍等手段，达成兼具训练与控制的效果，使这支军队势力分散，而能听命行事。这种以二元指挥

[1] 《永乐大典》，卷 5343，页 11 下；《元史》，卷 129，《唆都传》，页 3152。关于马发的最后结局，李天鸣据《元史》，卷 129，《百家奴传》，认为他是为元军所杀，见《宋元战史》，页 1437；胡昭曦以为马发是战死，见《宋蒙（元）关系史》，页 456；而汪廷奎据《永乐大典》，卷 5343，认为是自杀。本文暂从汪说。

的方式来领导地方军，正是南宋政府面对内外政局变化后，对北宋以来行之久远的强干弱枝的制度所做的修正，既非完全违背祖宗家法，又能兼顾现实环境，是南宋政权发展一个有利因素。摧锋军的成立与发展过程，正是南宋地方军演变的一个范例，以后东南各地成立的地方军，如福建的左翼军、湖南的飞虎军，基本上都是循同一轨迹运行的。在宋廷的有效推动下，岭南各地方军，共同肩负维护各路治安的任务。乱事爆发后，在宋廷的调度下，经由分工合作，又能相继敉平变乱，甚而被调派出境，与正规军一样负起御侮的使命，成为支撑南宋政局的重要武力。

然而，在宋廷消极防御的战略考量与猜疑家法的影响下，终使像摧锋军这样的地方军队，难以发挥更积极的战力。南宋朝廷基于现实的考虑而设立地方军，但防范武人及地方势力膨胀，以免妨害政权的发展，仍是首要考量因素。因此，对地方军有着种种防范的措施，上述二元指挥体系是其一端。最明显的就是分戍地区的扩大，以戍守广东的三千多名摧锋军而言，其戍地竟多达二十余处，林光朝说“兵势合壮，散则携。合则气张，散则衰且竭也”，曾要求于韶州“增添数百人，即仓猝有警，不须调发，可以成擒也”[1]。这一意见固然说明分散兵力，难以有效镇压变乱之情，其实，这也反映宋廷分化政策的结果。到变乱发生后，宋廷调集各地方军，多以防堵、拦截、防止变乱蔓延为目标，而最后的平乱，也是各军会合，共同行动，除了战术考量外，似也显示宋廷顾忌单一军队平乱，可能造成势力坐大、尾大不掉的后果。这样的设计与安排，自然减弱了地方军的战斗能力。从摧锋军参与平乱的过程，可以印证这一点。宋

[1]《历代名臣奏议》，卷224，页14下、15下。

廷同样不允许军中个人色彩太浓。韩京建立摧锋军的成绩，固然为宋廷所肯定，但他的领导风格与个人权威，却影响中央威权的伸张。因此，他的官运就远不如由中央调派，而且事事听中央命令行事的张宁与郭振来得平顺，这也同样反映宋廷防范军队私人化的心态。

第二章　福建左翼军

一、前言

左翼军是宋廷面对福建地区变乱，以地方武力为基础所组成的军队。左翼军既以当地人为主，对突发的变乱能很快地发挥机动作战的能力，打击盗贼，平息乱事。在宋廷的规划下，左翼军指挥节制的系统，同时归诸于中央的枢密院及福建的安抚使，此一体制的规划，旨在发挥地方军的战力，却又可避免军队私人化及地区化的危险。

不过，南宋时代左翼军的组织、建制及指挥体系，并非一成不变。一方面宋廷常利用节制指挥权，调派它参与抗金的防御、征伐等军事行动，另一方面为因应地区性紧急事件的权宜处置需要，又会改变指挥体系，使得地方的影响力增强。这一种转变，对观察南宋政权性格、中央与地方关系的变化，及福建地方势力面对局势演变时的政治抉择，有重要的意义。这也是本文讨论的重点所在。

二、左翼军成立的背景

福建地区濒临海洋，富市舶之利，境内盛产茶、盐，成为宋廷的主要财源之区，因此在绍兴元年（1131），李纲在上书给宰相吕颐浩时就说："福建为浙东屏蔽，通道二广，朝廷今日岂可不留意于此。"[1] 它又邻近行政中枢所在的两浙，成为南宋缔造之后，最接近权力中心的地区之一，是南宋朝廷的后门，本地区的安全，自然引起宋廷的重视。

但是，在南宋初期，福建却同时是变乱丛生之地。根据王世宗的研究，南宋高宗一朝福建的乱事多达四十四次，若包含与其相邻的虔州、汀州则达六十三次，接近总数三百三十六次中的五分之一。[2] 乱事如此频繁，与当时内外环境的变化有密切的关系。这可以从两方面来讨论。其一是政权南迁后，以半壁江山支撑国力，面对强悍的女真，需要以庞大的财力来增强国防战力，因此，增添了经制钱、总制钱、月桩钱等税目。这些税都由地方政府征收。福建山多田少，田赋收入难以增加，茶盐等专卖物品成了福建地方政府所仰赖的重要财源，自然就以种种办法来增加茶盐价格、提高利润。南宋初杨时在答胡安国的信中说："闽中旧官卖盐，每斤二十七文，今民间每斤至百二三十文，细民均被其害，而盗贩所以公行也"[3]，官盐越贵，私贩就越盛行。建州范氏兄弟就是当时走私的卖盐集团

[1] 《梁溪集》，卷114，页21上。

[2] 王世宗，《南宋高宗朝变乱之研究》，台北：台大文史丛刊之82，1987年6月，页17—60。

[3] 杨时，《龟山集》（文渊阁四库全书本），卷20，《答胡康侯书》，页13上。

之一，在官方以武力镇压下，最后演成范汝为的叛乱活动。[1]

其二则是溃军的涌入与官军的需索。宋金由联盟转而爆发战争后，宋廷和战政策不定，战则号召勤王，于是，各处地方武力均赶赴战场，投入抗金行列。及至和议进行，则罢勤王之师，这些勤王的军队顿时失去朝廷的支持，生活立即陷于困顿，为了生存多沦为盗贼。靖康之难以后，女真骑兵锐不可当，宋军溃败之余，向南奔窜，为了生存，也不免沦为盗贼。这些盗贼，随着女真兵南侵而向南推移，由江南而华南，形成南宋缔造初期内政上的重大难题。其中也有进入福建，为祸地方的情形。廖刚在绍兴元年（1131）八月向枢密使富直柔的报告中曾说："福建路民贫地狭……他日不为盗，而迩来相视蜂起……初缘建州军贼作过，既而苗傅贼党、王瓊叛兵（指杨勍），相继入本路，大兵又蹑其后，屋庐储积，焚荡掠取，既尽于贼，又须供亿大兵，实无从出。"[2] 盗贼蹂躏之后，民疲财尽，官兵的军需，又加重百姓的负担。廖刚探讨福建多盗的原因时，就指出："闽中贼伙所以多者，初因一两伙相继作过，经涉日月，焚劫略遍，雕瘵之余，已不胜困苦，而官兵洊至，科须百出，粮食乏绝，死亡无日，遂入相率为盗，自是兵日益众，盗日益多，虽痛加杀戮，终不能禁。"[3] 杨时也指出福建致乱之由说：

比年建、剑、临汀、邵武四郡，为群凶焚劫荡尽无孑遗，而将乐为尤甚。朝廷遣兵诛讨，军期所须不一。……加之饥馑，自春初至今，斗米逾千钱，人不堪命，皆昔所未闻。……故细

[1] 朱维干，《福建史话》（福建教育出版社，1985年2月一版），上册，页288；参见《要录》，卷36，页19，建炎四年八月癸巳条。

[2] 廖刚，《高峰文集》（文渊阁四库全书本），卷1，《投富枢密札子》，页27上、下。

[3] 《高峰文集》，卷1，《投吕相论遣使入闽抚谕札子》，页26下。

> 民荷戈持戟，群起而为盗，动以万计，皆平时负耒力耕之农，所至屯聚，未有宁息之期，非有他也，特为艰食所迫，姑免死而已。[1]

上述的意见，都说明了溃军、重赋以及官军的需索是福建致盗的重要原因。

福建境内多山，形势险峻，如廖刚所说："闽中四境之险，殆是天设。"[2] 这些叛乱的盗贼，正是盘踞岩险，骚扰地方，出没无常，使官军穷于应付。而驻守境内各地的官兵"骄恣日久，前后守将多务姑息"[3]，外地调来的军队，则多不熟悉福建的地理环境、不习水土，形成"官军不习山险，多染瘴疫，难于掩捕"[4] 的现象。此外，这些从外地调来的正规军，以防御女真的骑兵为主，难于适应山岭起伏、变化不一的丘陵地区作战，其情形诚如陈渊所说："今闽中之地，不满千里，而山川林麓，常居五分之四，虽有长刀大剑，冲突之骑，何所用之？故异时为贼所陷者，皆精锐之兵，不量可否，骤进而深入之过也。"[5] 在范汝为之变时，就暴露出官军在陌生地区作战的窘境。据朱熹的记载，范汝为之乱后，宋廷遣官兵平乱；官兵不熟悉当地山川道路，盗寇纵之入山，而山路险隘，骑兵不能进，疲困不已。官兵入山后，汝为等反出平原诱官军。官军既出山，争往田中跑，相继被叛军预先联结的稻穗所牵绊，或陷入泥泞的田中，

[1] 《龟山集》，卷 22，《与执政书》，页 10 上。

[2] 《高峰文集》，卷 1，页 32 下。

[3] 李弥逊，《筠溪集》（文渊阁四库全书本），卷 24，《叶成用墓志铭》，页 7 下。

[4] 《要录》，卷 153，页 21—22，绍兴十五年六月丙申条。

[5] 陈渊，《默堂集》（文渊阁四库全书本），卷 14，《闽寇》，页 21 下。

动弹不得。贼寇四面迎击，官军大败。[1]

不熟悉地理形势之外，官军又多无纪律。南宋初建时，盗贼溃军遍天下，形成社会秩序的极大威胁，宋廷为了早日安定社会秩序，以便集中力量对付强敌女真，采取剿抚并用的政策，处理境内乱事。盗贼在朝廷招安政策下，多摇身变为官军，但他们纪律极差，行径与盗寇无异。让这些军人平乱，适足以造成另一次祸源，杨时说：

> 闽中盗贼，初啸聚不过数百而已，其后猖獗如此，盖王师养成其祸也。贼在建安二年，无一人一骑至贼境者，王师所过，民被其毒，有甚于盗贼。百姓至相谓曰：宁被盗贼，不愿王师入境，军无律一至于此。[2]

此外，当女真兵发动大规模的南侵行动时，宋廷感受到威胁，常常紧急将尚未彻底剿灭盗贼的部队，调回边防线上，一旦新派军队未能顺利接替，很容易使乱势扩大。[3] 加上朝廷抚剿政策不一致，遂使平乱之事旷日费时。范汝为在建炎四年（1130）八月于建州啸聚时不过四十人，后来逐渐扩大，到绍兴元年（1131），不仅占据建州城，徒众至数十万，福建帅臣剿抚无效。最后宋廷只有派参知政事孟庾为宣抚使，大将韩世忠为副使，率神武兵步骑三万，水陆并进，才能敉平乱事。[4] 宋廷为此所付出的兵力、财力十分庞大。然而盗贼不断，中央正规军又不能长期屯驻镇压，如此一来，宋廷对地方

[1]　黎靖德编，《朱子语类》（台北：华世出版社影印，1987 年 1 月台一版），卷 133，《本朝七 · 盗贼》，页 3186。

[2]　《龟山集》，卷 20，页 14 下。

[3]　《梁溪集》，卷 69，《乞催江东安抚大使司差那兵将会合捉杀姚达奏状》，页 5 下。

[4]　《梁溪集》，卷 142，《瓯粤铭》，页 10 上。

性自卫武力的仰赖就更为殷切了。

变乱的发生，不仅影响社会治安与秩序的维护，更会危害百姓的身家性命。为了避免生命财产受到损伤，当乱事发生时，各地乡民多有避难他处或筑山寨自保的情况。[1] 宋金爆发冲突后，宋廷下诏起东南兵勤王，杨时的女婿陆棠曾建请当道，利用福建地方武力组成的枪杖手北上勤王。[2] 此后每逢地方乱起，就有地方人士自组临时性武力保乡卫民。建炎初，建州士兵叶浓倡乱，攻击龙泉县的松源乡，邻近的沐溪乡在潘特竦的领导下，设方略，率壮健的乡人，在险要处立栅，坚壁御盗，使地方不受骚扰。[3] 杨勍进犯泉州安溪时，乡人郑振率乡兵破走之。[4] 范汝为之乱时，叶显仁也曾募乡丁保卫乡里。[5]

当正规军不能长期驻屯，维护地方治安时，地方自卫武力正可弥补此一缺失，负担维护社会秩序的任务。南宋虽靠正规军来平定大规模的乱事，却不能常驻，当范汝为倡乱时，陈渊就担心正规军凯旋之后，失业之民再叛，特别呼吁宋廷利用当地士人与豪强来应付危难，他说："为今之计，不若预择士人之有智略而熟于其事者，付以强卒三二千，令漕司日给其费，以备缓急，仍权罢本路一岁上供之物，听得募士，或遇窃发，使人人得以自效，有功者赏之，庶几豪强者在官，乐于杀寇而惮于为寇。"[6] 到绍兴十五年（1145），福建巨寇如管天下、伍黑龙、满山红等人，聚集徒众，攻劫县镇，当

[1] 薛季宣，《浪语集》（文渊阁四库全书本），卷 33，页 32 下。

[2] 胡寅，《斐然集》（文渊阁四库全书本），卷 30，《陆棠传》，页 2 下。

[3] 綦崇礼，《北海集》（文渊阁四库全书本），卷 34，《潘特竦墓志铭》，页 15 上、下。

[4] 怀荫布编，乾隆《泉州府志》（"中研院"历史语言研究所傅斯年图书馆藏乾隆二十八年刊本，台南：朱商羊影印，1964 年），卷 73，《祥异 · 纪兵》，页 17 上。

[5] 《真文忠公文集》，卷 46，《通判和州叶氏墓志铭》，页 715。

[6] 《默堂集》，卷 14，《闽寇》，页 20 下。

地百姓自建山寨互保。当时知福州莫将指出福建境内的漳、泉、汀、建四州与江西、广东接壤，当地游手之徒跟随盗贼，他们熟悉小路，带领盗贼直冲县镇，如入无人之境，官兵无法应付。他请求宋廷委派四州的守臣招募强壮的游手，每州一千人为效用。宋廷令殿前司后军统制张渊与莫将共同措置，张渊主张各州先招五百人。[1] 这是宋廷第一次有计划地在福建地区招募当地人士，从事维护地区性的安全工作。不过，随后转运司在向枢密院的奏章中，指出军需浩瀚，这些游手份子，易聚难散，一旦盗贼平定，正规军调回原驻地之后，这些拥有武力的地方势力，可能是另一次暴乱的潜在因素，怀疑招用这批人能否发挥正面的效果。枢密院遂下令新任的福建安抚使薛弼与转运司共同商议。[2] 这一命令对福建能否成立地方军队，具有关键性的意义。

三、左翼军的创置

绍兴十八年（1148）闰八月乙酉福建正式成立左翼军。《要录》有一段话叙述该军成立的经过说：

> 初福建路自创奇兵，而虔、梅草寇不敢复入境，至是悉平。诏以巡检陈敏所部奇兵四百，及汀漳（应作“漳”）戍兵之在闽者，并为殿前司左翼军，即以敏为统制官，留戍其地。[3]

[1] 《要录》，卷 153，页 22，绍兴十五年六月丙申条。

[2] 《要录》，卷 154，页 14，绍兴十五年九月壬申条。

[3] 《要录》，卷 158，页 10—11，绍兴十八年八月乙酉条。

说明这支军队是纳入由杨存中所统领的殿前司。《要录》记载左翼军的组成主力时，只约略提到陈敏所领导的四百名奇兵，以及宋廷戍守在汀漳等地的禁军系统。实际上成立左翼军的背后有许多复杂的因素，牵涉到的人也较多，其中关系较密切的人物有三个：除了陈敏之外，就是薛弼、刘宝。

倡议成立左翼军的重要人物是福建安抚使兼知福州薛弼。薛弼（1088—1150）字直老，永嘉人，为南宋初期名臣薛徽言之兄，政和二年（1112）中进士，曾任杭州教授、知桐庐县、监左藏东库等职。金人进犯汴京，李纲议坚守，众人不悦，弼同纲意，被擢为太仆丞。及京师围解，迁光禄丞。南渡后，曾任湖南运判，画策赞岳飞，讨平杨幺等群寇，累迁敷文阁待制。绍兴二十年（1150）卒于广州，年六十三。[1] 初，秦桧居永嘉，弼游其门，及飞死，弼以与桧有旧，独免。绍兴十三年（1143）八月由主管玉隆观再知虔州。虔州位于江西、福建与广东的交界处，多盗贼，弼严治之，被称为“剥皮殿撰”，一郡安堵。十五年（1145）五月改知广州，六月丙申，宋廷改命弼为集英殿修撰知福州。[2]

闽广交界之虔州、梅州等地，自建炎以来即有盗贼啸聚，巨寇管天下、伍黑龙、满山红、何白旗等人，有数十百部的人马，每部从数十百至数千人，总数达数十万，盘踞岩险，从泉、漳、汀、南剑到邵武等地的百姓，都受其毒。乡民为了自保，多筑山寨[3]，在这些地方自卫武力中，比较著名的有由虔州石城县土豪陈敏及开封人周虎臣所领的家丁数百人，他们都是骁勇善战之辈，战斗力胜于官

[1] 叶适，《叶适集》（台北：河洛出版社影印点校本，1974 年 5 月台一版），卷 22，《故知广州敷文阁待制薛公墓志铭》，页 424—426。

[2] 《要录》，卷 153，页 22，绍兴十五年六月丙申条。

[3] 《浪语集》，卷 33，《先大夫行状》，页 32 上、下。

军[1]，成为维护当地治安的主要力量。这时负责在福建措置盗贼的是殿前司后军统制，先后受命到福建措置盗贼的统制官有张渊、富选、成闵和刘宝，他们都直接受殿前司的节制，不受福建安抚使指挥，而且统制官每半年即轮调一次。这些人不仅不熟悉当地地理形势，由于轮调频繁，也使地方政府穷于应付。[2] 从上述情况看来，薛弼到福建之前，当地盗贼相继不绝，声势相当大，各地虽然有民间自组的自卫武力，来捍卫自己的家园，战斗力也很强，但力量分散，各不相属，很难发挥整体战力。实际负责剿灭盗贼的军队，是由中央殿前司直接指挥的屯驻大军，不受福建安抚使的节制。这种中央与地方各自为政、不相统属、不能合作的现象，自然难以发挥制敌效果。

薛弼先前在虔州严惩盗贼，收到成效，因此，他由广州到福州视事时，所经之地，盗贼多自动避开。他抵福州后，适宋廷下令讨论福建招募游手为效用的事。薛弼以在知广州时，看到韩京在广东创摧锋军，对维护地方治安的贡献，建议在福建仿效实行，他说："广东副总管韩京，每出必捷，正以所部多土人。今本路素无此等，故连年受弊。"[3] 并指出他守虔州时，地方豪强周虎臣、陈敏等人所率领的地方自卫武力，都是善战之徒，可以以一当十，不仅保卫乡土，更常入闽讨贼。于是辟荐虎臣为福建路将官，敏为汀漳巡检，并拣取二人的家丁，日给钱米，专责捕贼，期以必灭。乃与转运司共同奏请选一千人，号为"奇兵"。宋廷诏可。从此，奇兵遂成为维

[1] 《要录》，卷 154，页 15，绍兴十五年九月，是月条。

[2] 《浪语集》，卷 33，页 33 下。

[3] 《要录》，卷 154，页 14，绍兴十五年九月，是月条。

护福建地区治安的主要武力，次第敉平各地的乱事。[1] 在薛弼经过三年的整合与努力下，到绍兴十八年（1148）闰八月乙酉，宋廷正式命令以巡检陈敏所领奇兵四百，以及汀漳派戍福建的士兵，组成殿前司左翼军，而以陈敏为统制官，留戍福州。[2] 薛弼无疑是全力推动成立左翼军最关键的人物。

左翼军的灵魂人物则是陈敏。陈敏字元功，虔州石城人。[3] 陈氏是虔州豪族，其父陈皓在建炎末曾率乡民破赣州贼李仁，补官至承信郎。[4] 敏身长六尺余，长于骑射、有韬略，御士得其欢心。[5] 虔州多盗贼，他率家丁数百人习战御贼，声名远播，时常率家丁入闽讨贼，薛弼辟为汀漳巡检。[6] 当时草寇跳踉山谷，敏往来龙岩、漳浦、永春、德化间，剿荡悉平。及薛弼创奇兵，即以他所部四百人为主。敏后任福建路安抚司统领官[7]，接受殿前司统制刘宝的领导。左翼军成立后，刘宝改调选锋军统制，陈敏正式接任左翼军统制。为维护福建地区的治安，他按各州县的重要性，分别派兵扼守，很快就平息盗乱。后来，陈敏也率兵参与平定赣州齐述的叛乱，绍兴二十三年（1153）二月知赣州李耕奏请推赏平赣州之乱有功的九名将、官中，也包括陈敏及统领官郭蔚等人。累功授右武大夫，封武功县男，领兴州刺史。[8] 绍兴三十一年（1161）任太平州驻扎、马

[1] 《要录》，卷 154，页 15。又见《朝野杂记》，甲集，卷 18，《殿前司左翼军》，页 16 下。

[2] 《要录》，卷 158，页 10—11。

[3] 《要录》，卷 154，页 15。虔州于绍兴二十三年改名赣州，《宋史》，卷 402，《陈敏传》，记为赣之石城人，见页 12181。

[4] 《宋史》，卷 402，页 12181。

[5] 《泉州府志》，卷 29，页 46。

[6] 《要录》，卷 154，页 15;《泉州府志》，卷 29，页 46 上，作漳泉巡检，误。

[7] 《泉州府志》，卷 29，页 45 下。

[8] 《宋会要·兵》，18 之 40;《宋史》，卷 402，《陈敏传》，页 12181。

军司统制。及金兵南侵，陈敏参与捍御金兵有功，乃由右武大夫成州团练使转为拱卫大夫[1]，隆兴二年（1164）十月，改差知高邮军。[2]参与由张浚策动的北伐行动。乾道元年（1165），迁宣州观察使，召除主管侍卫步军司公事[3]，三年（1167）三月，改任武锋军都统制兼知高邮军[4]，六年（1170）知楚州[5]仍兼知高邮军[6]。其后历任福建路及江西路总管等官。乾道九年（1173）七月十六日，以光州观察使致仕。[7]后以疾卒，年不详，赠庆远军承宣使。福建人感念他维护治安之功，在泉州立祠纪念。[8]

陈敏是左翼军最重要的领航员，但左翼军第一任统制官应该是刘宝。从现存《宋史》与《要录》等史料，无法了解刘宝与左翼军的关系，甚至也很难知道他的生平事迹。[9]《要录》里出现的刘宝有两位，一位是韩世忠的部将，死于绍兴十一年（1141）十月辛卯[10]，当与左翼军无涉。另一位是张俊的部将，当是左翼军最初的领导者。他任过统领官[11]，不知其出生地[12]。绍兴十五年（1145）八月，刘宝任镇江府驻扎，御前游奕军统制，因擅伐民木及强制平民为军，被奏

[1] 《宋会要·兵》，19之12。

[2] 《宋会要·兵》，19之14。

[3] 《宋史》，卷402，《陈敏传》，页12182；《宋会要·选举》，17之11；《宋会要·方域》，9之4。

[4] 《宋会要·兵》，6之19；《宋会要·食货》，40之47。又见不著撰人，《皇宋中兴两朝圣政》（台北：文海出版社，1967年1月初版），卷46，页6下、页9上。

[5] 《宋会要·食货》，21之9、58之8。

[6] 《宋会要·食货》，50之24。

[7] 《宋会要·职官》，76之58；《宋会要·仪制》，111之26。

[8] 《泉州府志》，卷29，页46上。

[9] 有关于他的事迹，主要记载见于乾隆《泉州府志》及淳熙《三山志》这两种地方志中。

[10] 《要录》，卷142，页9。

[11] 《要录》，卷21，页50，建炎三年三月戊戌条。

[12] 《泉州府志》，卷29，页45下。

劾，降授枭州团练使，别与差遣。[1] 这时闽广交界的虔汀地区的山寇为犯，侵扰到惠、潮、漳、泉等州。宋廷调刘宝率兵来福建，接替张渊，以备盗贼。他率殿前司的禁军在福建各州剿寇，成效颇著，泉州士民向朝廷乞留宝收讨余寇，宋廷令福建安抚司统领陈敏及汀漳二地民兵合计二千七百七十五人，改充殿前司左翼军，听刘宝节制。[2] 刘宝乃分栅要害，迁教场于泉州北，合诸军教阅。及贼平，刘宝调回殿前司。他领左翼军约仅半年，虽未见显赫战功，但立寨堡、设教场，为左翼军的发展奠下良基。他回朝后改任殿前司选锋军统制，复宣州观察使。[3] 宋廷录平闽盗之功，他及其所领的将校军兵义兵三千一百七十人，各迁官及减磨勘。[4] 绍兴十九年（1149）六月，宝曾任主管侍卫马军司公事。[5]

左翼军创置之初，宋廷就采取摧锋军的模式，将指挥权直接隶属于中央的殿前司，这是南宋收地方兵权的主要步骤之一。尤其自郦琼兵变后，宋廷裁撤都督府，而将原都督府所属之部分军队改隶殿前司，使该司在绍兴七年（1137）以后增为五军，又增置护圣、踏白等七军，合计十二军，后来，江海一带盗贼为乱，又分置诸军以维护各地治安，因此先将成立的摧锋军、左翼军和明州水军，都隶属于殿前司。[6] 左翼军正是在宋廷收地方兵权的环境下，在体制上设计成隶属于中央的正规军之一。

关于左翼军成立之初的组成分子，《要录》仅说：“以巡检陈敏所

[1] 《要录》，卷 154，页 8，绍兴十五年八月戊寅条。
[2] 《泉州府志》，卷 24，页 27 下。
[3] 《要录》，卷 155，页 21，绍兴十六年八月壬寅条。
[4] 《要录》，卷 159，页 16，绍兴十九年五月丁酉条。
[5] 《要录》，卷 159，页 21，绍兴十九年六月丙子条。
[6] 《要录》，卷 158，页 11，绍兴十八年闰八月乙酉条。

部奇兵四百，及汀潭戍兵之在闽者，并为殿前司左翼军”[1]，指出左翼军的组成，除陈敏领导的地方自卫武力外，还包括汀州、漳州等调派到福建的军队，但记载太略，军队总数并不清楚。《泉州府志》和《三山志》则有较详细的资料，比对这些资料，知道《要录》所说的“汀潭”当为“汀漳”之误。《三山志》卷 18《兵防》“延祥寨水军”条中，对左翼军的组成有详细的记载：

> 诏本州帅司统领陈敏下奇兵，并汀州驻扎翟皋、温立，漳州驻扎周皓、卢真下官兵改充殿前左翼军，以陈敏为统制，漳州驻扎卢真充统领、汀州驻扎，并权听刘宝节制。翟皋、周皓、温立发赴殿前司。刘宝更住半年，候回日，转令陈敏等弹压盗贼。时陈敏下管官兵四百人，及交割周皓、温立下官兵一千九十人、马六十八匹，汀州翟皋下官兵一千二百八十五人、马七十匹。[2]

从这一记载可知，左翼军成立之初，军队总数是将兵二千七百七十五人，马一百三十八匹。

左翼军成军时，军队的数量显然偏少，因此第二年起又陆续增拨其他军队纳入左翼军。《三山志》即载有绍兴十九年（1149），宋廷令安抚司于福建路系将不系将兵内拣选少壮者一千五百人，听陈敏使唤，两年一轮替。二十五年（1155），又令陈敏招刺吐浑一千五百人，替回诸州将兵。[3] 显示左翼军成立初期，其军队有来自民

[1] 《要录》，卷 158，页 11，绍兴十八年闰八月乙酉条。

[2] 梁克家纂修，淳熙《三山志》（明崇祯十一年刻本，中华书局影印，1990 年 5 月一版），卷 18，页 13 下。

[3] 《三山志》，卷 18，《兵防》，页 14 上。

间自卫武力、中央调驻福建各地的军队，甚至有吐浑兵加入，来源相当复杂。这种情况与广东摧锋军类似。[1] 军队的人数达四五千人，但福建地方人士仍占一定比例。

左翼军的成员中，也有收招盗贼纳入军中的，其中最有名的就是号称伍黑龙的伍全。伍全是长汀县人，状貌雄伟，膂力过人，绰号伍黑龙。[2] 在绍兴十五年（1145）左右，拥众为乱于福建，攻占县镇，与管天下、满山红齐名。后被陈敏招降，纳入军队，成为左翼军的一分子，伍全被任为裨将。绍兴二十二年（1152）曾随陈敏至虔州，参与讨伐齐述之乱。他率先攀缘登城，以百斤铁戟转战入城，开启城门，大破齐述之兵。后转隶摧锋军，被任为正将，多立边功。[3] 朱熹于淳熙七年（1180）在与江州都统皇甫倜的书中就说福建密迩江西，“绍兴十八、九年（1148、1149）间，朝廷屡遣重兵，卒不得志，甚者至于败衄，狼狈不还。及后专委陈太尉敏招募土兵而后克之，所谓左翼军者是也。盖此辈初无行陈部伍，凭恃险阻，跳踉山谷之间，正得用其长技”[4]，他在淳熙十一年（1184）给知福州赵汝愚的幕僚林择之的信中，也指出左翼军和辛弃疾灭茶寇一样，招得贼徒党作向导，才能入山破贼巢穴。左翼水军也多有海上作过之人，这些人熟识地理环境，善于特殊地形的战争，因此，多获战功。真德秀在嘉定十一年（1218）向枢密院申请措置泉州军政状中便说：“诸处配到左翼军重役兵士，多是在海道行劫作过之人”，建

[1] 参见本书第一章，《广东摧锋军》。

[2] 邵有道修、何云等编，嘉靖《汀州府志》（天一阁藏明代方志选刊续编，第39、40册，上海书店影印），卷14，页23上。

[3] 《胡澹庵先生文集》，卷27，页10上、下；《汀州府志》，卷14，页23上、下。

[4] 《朱文公文集》，卷26，页406。

议拣选其中少壮，谙会船水之人，改刺左翼军“充梢碇、水手”[1]。可见盗贼在左翼军中也占有一定的分量。

除盗贼之外，也有编罪犯入左翼军的例子。像嘉定四年（1211），宋廷以承信郎王从龙在招安黑风峒首领时，接受贿赂，及佯败，处以“脊杖二十、刺面，配泉州左翼军，重役使唤，仍追毁诰命”[2]。

四、组织与财务

左翼军从创立开始，军队整个的发展乃至演变过程，都和南宋朝廷为因应内外形势的变化有着密切的关系。这一方面是表现在兵源组织及它的隶属关系的变化上，另一方面也表现在财务来源的改变。军队组织和财务结构，不仅是观察左翼军性质的重要角度，也是掌握南宋政权特质及朝廷与地方关系变化的重要基础。不过，由于南宋文献对这方面的记载，特别缺乏，无法完整地掌握其全貌，只能从分散、零乱的资料中，加以排比、拼凑，试图从中理出一个粗略的面貌，期能对南宋时代左翼军的内部组织架构、财务情况及其演变，有概略的了解与认识而已。

（一）兵力与驻地

左翼军筹备期间，可能因福建安抚使兼知福州薛弼倡议之故，部队的总部驻扎于福州，另一支则驻于漳州[3]，其经费由福建转运司供应[4]。成立时，军队共有二千七百七十五人，次年增加一千五百人，

[1] 《真文忠公文集》，卷9，页167下。

[2] 《宋会要·刑法》，6之49。

[3] 《要录》，卷189，页13，绍兴三十一年四月庚戌条。

[4] 《要录》，卷154，页14，绍兴十五年九月，是月条。

绍兴二十五年（1155）又增加一千五百人。二十六年，宋廷又令将官郑广率福州延祥寨水军的一半即一百九十三人至泉州[1]，并令左翼军移至泉州驻扎，在东禅院等佛寺的空地上建立军寨[2]。这是左翼军总部移驻泉州之始，其军费也改由泉州支应。此时陈敏也正式建立其分戍制度，由三位将官各自率领三百名士兵分别戍守汀州、漳州和建州[3]，这时候左翼军的总人数近五千人。到理宗淳祐六年（1246），左翼军总额仍维持五千人[4]。估计左翼军维持在五千人左右。

绍兴年间，左翼军主要任务在维护福建治安，陈敏曾相度州县的重要性，择定分戍十三处[5]，其中可考的主要驻扎地是福州、泉州、漳州、汀州和建州。发号施令的地区也由福州转到泉州，端平二年（1235）后，统制司一度移置建宁府（建州）。[6] 各地驻军的情形，由于史料不足，无法得到完整资料，仅依相关地方志，介绍福州、泉州、汀州三地的情况。

福州是福建安抚司所在地，也是左翼军最早的指挥中心。绍兴十五年（1145）时福州士兵以五百人为定额，后来相继招募及刺配海贼一百八十四人，十八年成军时有二千七百七十五人。及移驻泉州后，绍兴二十六年（1156）福州只存一百二十八人，由于士兵太少，乃增募、刺配至二百零五人。绍兴二十八年（1158），再募九十

[1] 《泉州府志》，卷 24，页 27 下。

[2] 《泉州府志》，卷 24，页 27 下；《三山志》，卷 18，页 13 下。

[3] 《泉州府志》，卷 24，页 27 下，作带兵各五百人；《三山志》，卷 18，作三百人，页 14 上。此从《三山志》。

[4] 《泉州府志》，卷 24，页 28 下。

[5] 《宋史》，卷 402，《陈敏传》，页 12181。

[6] 《泉州府志》，卷 24，页 28 上。府志称淳祐六年又驻泉州，但据包恢于淳祐八年（1248）担任知建宁府时，尚节制左翼军屯戍军马。雷宜中在咸淳三年兼知建宁府仍节制左翼军。见陈柏泉编，《江西出土墓志选编》（南昌：江西教育出版社，1991 年），页 245。

五人，以三百人为定额。三十年六月，宋廷令移水军之半至明州，福州在寨兵只有一百四十九人。三十一年安抚司增招三百人，使军队人数增为四百五十九人。乾道七年（1171）有士兵六百人，后以五百五十二人为定制。[1]

泉州：绍兴二十六年（1156）左翼军移驻泉州时，全军总数近六千人，除拨将带兵分驻汀、建、漳州及留于福州之外，到泉州的左翼军近四千人。其中水军约为五百五十人，在东禅院等佛寺的空地上建立军寨。后来由于陆续外调参战，泉州左翼军人数减少，因此统制赵渥于乾道七年（1171）一月，又招募了一千人。[2] 依乾隆《泉州府志》的记载，水军先后分驻于水澳寨、法石、宝林，嘉定十一年（1218）以后又在围头立宝盖寨，以正将衙立于法石，各寨都听其命令。淳祐六年（1246），泉州的左翼军共有一千八百八十二人，其中马步军一千三百三十一人，分成四将二十二队，每将有副将、准备将各一员，每队训练官一人。水军分屯四寨，将官各一人。[3]

汀州：南宋初，汀州变乱相继，宋廷时遣大军讨捕，绍兴十年（1140）翟皋统广东摧锋军一千二百人到汀州，驻于同庆文殊寺，后奉旨创寨，改隶左翼军额[4]，这是构成左翼军的主力之一。二十一年，陈敏命呼延迪招集，凑成一千人，不久，以郡内盗贼已灭，下令抽军队回泉州，汀州只留三百二十八人，二十八年，以州兵不足，即差官兵二百人，二十九年差拨一百三十三人至宁化县下土寨驻屯，

[1] 《三山志》，卷 18，页 14 上、下。

[2] 《宋史全文》，卷 25 下，页 2 下;《中兴两朝圣政》，卷 50，页 3 上。

[3] 《泉州府志》，卷 24，页 28 下。

[4] 《永乐大典》，卷 7892，引《临汀志》作绍兴十三年摧锋军改隶左翼军，疑误。左翼军正式名号是绍兴十八年才有的。

又拨一百三十九人，使汀州左翼军总数达六百人。[1] 三十年召回宁化县驻兵。乾道五年（1169），遣五十名左翼军戍建宁县。庆元元年（1195）又令汀州本寨拨福林寺及驻县士兵九十人至宁化驻扎，绍定年间（1228—1233）晏梦彪之乱，士兵被抽回郡地，绍定六年（1233）陈韡改下土寨为安远寨，最多时达三百人[2]，每年轮番更易。宝祐五年（1257）再派五十人戍守建宁。汀州左翼军设有正、副、准备将各一员，宝祐间增统领一员。[3]

除了上述福州、泉州、汀州的左翼军数字之外，其他驻地的数字不详，目前仅知在端平二年（1235）时，漳州有左翼军五百六十六人，建宁府（建州）为一千九十六人，另南剑州北乡寨兵一百人。[4] 此外，在乾道二年（1166）七月己酉，也曾奉朝命调泉州左翼军二千人屯平江府许浦镇，防守海道。[5] 绍定三年（1230），晏梦彪之乱时，泉州的左翼军也曾于永春县设寨，建宁府的左翼军则出戍浦城县。[6]

总之，宋廷为维护福建的治安，在该地始终维持五六千名的左翼军，从驻防地区的情况看来，左翼军的任务也相当清楚。左翼军的兵源虽以当地人为多，宋廷亦以调派的方式，将其他军队改隶左翼军，甚或招盗贼、充罪犯为军，使左翼军的组成分子，显得庞杂，这种情形与广东摧锋军一样，是宋廷借杂糅各种兵源以冲淡地方势

[1] 《永乐大典》，卷 7892，页 27 下。

[2] 嘉靖《汀州府志》，卷 6，《公署》，页 18 上、下；又《永乐大典》，卷 7892，页 28 下。

[3] 《永乐大典》，卷 7892，页 27 下—28 上。

[4] 《泉州府志》，卷 24，页 28 下。又见郑庆云、辛绍佐，《延平府志》（天一阁藏明代方志选刊，台北：新文丰出版公司影印），卷 6，页 3 下，称泉州分兵来镇，职员未详。

[5] 《宋史》，卷 33，《孝宗本纪》，页 635。

[6] 《真文忠公文集》，卷 15，页 260 上。

力，强化中央领导权威的一项努力。

（二）指挥体系

左翼军创立时，宋廷对它的隶属关系即有清楚的界定——在制度上隶属于殿前司，不过，它与南宋其他驻于福建而分别隶于殿前司或步军司的禁军，如威果、全捷等军队有所不同，那就是他们主要驻扎在福建境内，以维护地方治安为任务。同样的，左翼军因体制上隶属中央，也与福建地方其他厢军、乡兵如诸寨土军、诸县弓手或壮城军等不相同。这点从乾隆《泉州府志》的记载就能清楚地反映出来。[1] 严格说来，左翼军和摧锋军一样，在体制上和其他屯驻大军或禁军不同的是，屯驻大军只受中央指挥，不受地方的帅司节度[2]，而左翼军则同时受中央与福建安抚使的指挥，形成二元体系；名义上隶属中央的殿前司，官员也由中央政府调派，但实际上，财务由地方政府筹措支持，接受安抚使的节度，军队的成员也以福建地区为主，又旨在维护地方治安，明显具有地方军的色彩，中央政府则借人事任命与指挥调度的方式来操控军队，淡化地方的色彩。

左翼军成立之初，总部驻守福州，由知福州、福建安抚使调度。后来移驻泉州，仍由安抚使调度，并不受泉州最高长官知泉州的节制。高宗末年及孝宗初年，由于宋金战争爆发及宋谋北伐，左翼军被分解为破敌军，调派到淮东等宋金边防线上负责防御重责。泉州兵力减弱，面对地方治安，无法独力应付。调动军队又须凡事向枢密院及殿前司请示，恐失先机。因此，知泉州赵必愿向孝宗反映，奏请节制左翼军，淳熙二年（1175）二月癸亥，宋廷诏："泉州去朝

[1] 《泉州府志》，卷 24，页 23 下—28 下。

[2] 《浪语集》，卷 33，页 33 上。

廷两千里，每事必申密院殿司，恐致失机。自今遇有盗贼窃发，一时听安抚节制。”[1] 这个命令赋予安抚使紧急处置权，对以往双重指挥体系稍作调整，但一方面只有在盗贼发生的紧急状况下，左翼军才接受福州的安抚使节制，而非直接听命于知泉州，另一方面军令指挥全由统制官负责，地方官无权参与，显示宋廷在处理地方军事时，仍对“殿司大军不应听外郡节制”此一理念有所坚持。淳熙十二年（1185）春天，枢密使周必大给知福州赵汝愚的书信中，对汝愚准备招募与拣汰左翼军的请求，表示由于左翼军“缘隶殿司”，招军之事“须略令勘当，即便取旨”，对拣汰士兵则说“见用三衙及御前诸军法，恐难独异耳”[2]，明白反对。显示左翼军在体制上隶属殿前司所受到的限制，及宋廷掌控地方军队事务的企图，十分强烈。

宋廷这种让地方军、政互为敌体、不相统摄的政策，对地方政治运作造成相当大的困扰。乾道七年（1171）汪大猷知泉州时，就曾发生军、政不协调的案子，如左翼军为图捕盗之赏，将真腊商人诬为来犯的毗舍耶人而加以逮捕，虽由大猷验明身份及货物，但士兵仍哓哓不已，要待大猷与其将领沟通，才无事。说明军、政分离所造成的纷扰。[3]

这一种现象从嘉定十一年（1218）起，不断受到知泉州真德秀的挑战。他在“申枢密院乞节制左翼军状”中指出，左翼军驻守泉南已七十年，军中所有粮饷、赏给及出戍借请，均倚赖泉州支付，知泉州甚至也负责审验招刺效用兵，显示左翼军的事务几乎无一不

[1] 《中兴圣政》，卷 54，页 1 上；又《泉州府志》，卷 29，页 17 下;《宋史》，卷 413，《赵必愿传》，页 12412。

[2] 《文忠集》，卷 191，页 17 下。

[3] 楼钥，《攻愧集》（四部丛刊初编缩本，上海商务印书馆缩印武英殿聚珍版本），卷 88，页 817。

与泉州相关，但知泉州与左翼军的统制官不相统属，互成敌体，军中内部事务如升迁赏罚、兵籍虚实、器械优劣、教练等，知州都完全不能预闻。殿前司远在杭州，帅司所在的福州又在数百里之外，军政修废，无法考察。知州虽然知道军中弊病却不能过问，造成军政的败坏。为了避免矛盾，集中事权，请求宋廷比照殿司、步司出戍两淮边境的体例，令左翼军听泉州守臣节制，使彼此一家，缓急可以调发，不致乖违抵牾。[1] 宋枢密院只接受部分意见，准许“如遇海道盗贼窃发，许本州守臣调遣收捕”[2]，只将淳熙二年（1175）准许在紧急状况下安抚使可权宜节制的权力下放到由知泉州节制而已。因此真德秀在离任前，又上状分析由泉州守臣节制之利，恳切呼吁枢密院，说：“朝廷置此一军，关系甚重，若欲军政常常修举，非付州郡以节制之权，终有所不可”[3]，嘉定十四年（1221）终获宋廷答应“令泉州守臣节制左翼军”[4]。左翼军总部移驻建宁府后，从资料看来，也是由知建宁府来节制左翼军。[5]

此外，驻守在汀州的左翼军，置有正、副、准备将各一名，先是由安抚司奏准于摧锋军中留存人员就州驻扎，仍是受安抚使调度、节制。嘉定年间，江西黑风峒李元砺为乱，由于情势紧急，宋廷命知汀州邹非熊节制本州屯戍军马，知州才有统摄左翼军的权力。[6]

[1] 《真文忠公文集》，卷 8，页 165 上、下。

[2] 《真文忠公文集》，卷 9，页 168 下。

[3] 《真文忠公文集》，卷 9，页 170 上。

[4] 《真文忠公文集》，卷 9，页 170；又《宋史全文》，卷 30，页 66 上，嘉定十四年十一月癸巳条。

[5] 知建宁府兼节制左军马的宋臣有袁甫、王遂、包恢、雷宜中等人，如雷宜中在咸淳三年，兼知建宁府、节制左翼军，见《江西出土墓志选编》，页 245。其余见夏玉麟等纂，《建宁府志》（天一阁藏明代方志选刊，台北：新文丰出版公司影印），卷 6，页 4 上—5 下。

[6] 《永乐大典》，卷 7892，页 28 上。又嘉靖《汀州府志》，卷 10，页 8 下；卷 12，页 4 下。

显示宋廷在面对急要事件时，允许地方的长官有了较大的权限来节制左翼军，这一来地方势力与地方长官的关系就更为密切了。

（三）组织架构

南宋各军队的军官，依《宋史·兵志》所述有统制、统领、正将、副将、准备将、训练官等六个职级。左翼军在名义上属于殿前司，受枢密院指挥，但长期驻防福建，负责维护地方治安、敉平盗贼，接受福建安抚司的节制。早期与各地方长官不相统属，互为敌体，只有在乱事发生时才由地方官节制。因此，军队的领导、指挥和训练上，左翼军的统制是地方最高负责人，其余各级军官多与《兵志》所述相合，从现有资料可考的将领名单，表述如下：

表 2-1　左翼军将官表

官职	姓名	时间	驻地	出处
统制	刘宝	绍兴十五年（1145）	泉州	乾隆《泉州府志》，卷 24
	陈敏	绍兴十八年（1148）		《要录》，卷 158 《浪语集》，卷 33
	范荣	绍兴?		《絜斋集》，卷 15
	高温	乾道二年（1166）前	泉州	《宋会要·职官》，71 之 15
	赵渥	乾道七年（1171）	泉州	《中兴圣政》，卷 50 《宋史全文》，卷 25 《宋会要·职官》，63 之 15
	薄处厚	嘉定十一年（1218）?		《真文忠公文集》，卷 8
	杨俊	嘉定十一年十一月起		《真文忠公文集》，卷 8 《后村先生大全集》，卷 82（由统领升任之）
	齐敏	绍定年间（1228—1233）		《真文忠公文集》，卷 9、15

续表

官职	姓名	时间	驻地	出处
统领	郑广	绍兴十五年（1145）后	福州	《浪语集》，卷33，页33下（水军统领）
	卢真	绍兴十八年（1148）		《三山志》，卷18，《兵防》
	元玘	绍兴二十二年（1152）（讨虔州齐述战死）		《要录》，卷163，页28
	李彦椿	乾道二年（1166）	江阴军	《宋会要·食货》，50之21
	贝国珍	宝祐年间（1253—1258）	汀州	《永乐大典》，卷7892，页28上
	陈鉴	景定三年（1262）		《后村先生大全集》，卷93
	夏璟	宋末		《四如集》，卷4
正将	谢宜	绍兴二十八年（1158）	宁化	《永乐大典》，页3646
	丘全	嘉定十一年（1218）		《真文忠公文集》，卷8（权正将）
	贝旺			《真文忠公文集》，卷9（第四将正将）
	廖彦通			《真文忠公文集》，卷8（权准备将权清石寨正将）
	谢和	景定三年（1262）		《后村先生大全集》，卷93
副将	周成	绍兴二十二年（1152）	虔州	《要录》，卷163
	张福	绍兴三十年（1160）	宁化	《永乐大典》，卷3646
	刘显祖			《真文忠公文集》，卷8（准备将权永宁寨副将）
准备将	邵俊	嘉定十一年（1218）		《真文忠公文集》，卷8（降充长行）
	吴宝	绍定一、二年（1228、1229）		《真文忠公文集》，卷9（死）
训练官	朱胜	淳熙十二年（1185）		《宋会要·兵》，19
	吴世荣	嘉定十一年（1218）		《真文忠公文集》，卷8（改为权法石宝盖寨准备将）
拨发官	陈聪	嘉定十一年（1218）		《真文忠公文集》，卷8（进义副尉充）
	廖庚	嘉定十一年（1218）		《真文忠公文集》，卷8（效用充）
	王大寿	嘉定十一年（1218）		《真文忠公文集》，卷8

续表

官职	姓名	时间	驻地	出处
队将	秦淮	嘉定十一年（1218）		《真文忠公文集》，卷 8
左翼军将	伍全	绍兴二十二年（1152）		《胡澹庵先生文集》，卷 27
	邓起	绍定年间（1228—1233）	宁化	《宋史》，卷 405，《王居安传》

上列左翼军各类将领职官名称，由于文献非常零散，无法得到较完整的资料，进一步分析讨论，只能说左翼军和广东摧锋军在军队的编制与组织上相类似，但左翼军的拨发官、队将、军将却不见于摧锋军等其他禁军的编制中，显得相当特别，不过，拨发官等的职掌为何，未见记载，无法推断，大概均属下级军官。

（四）财务状况

从现存的南宋文献，实在很难完整地掌握左翼军的所有军需、补给等财务状况。由于资料相当零散，因此，所能重建的状况也是局部的、孤立的。从现有的资料，很难对左翼军的财务有全面而一贯的认识。

左翼军的经费由福建各地供应。左翼军的主力是陈敏、周虎臣两人所领导的私人武力转化而成，在福建安抚使薛弼组织这些私人武力成“奇兵”时，是“日给钱米”，一千人是岁费钱三万六千余缗、米九千石，平均每人每月约为三缗及米七斗五升，这样的待遇，在南宋初期仅与一般军兵一样，条件并不算优厚[1]，而这些费用是由转运司负责筹措的。[2] 在陈敏率这批武力屯驻漳州，以防虔州盗寇时，漳州通判林安宅，怕财用不足，乃以鬻卖食盐给民间的做法来佐军

[1] 王曾瑜，《宋朝兵制初探》，页 222。

[2] 《要录》，卷 154，页 14，绍兴十五年九月壬申条。

需，颇能收到维护治安之效[1]，可见左翼军成立以后，其所需经费逐渐转移到由驻在地的州县负担。后来，左翼军移驻泉州，漳州仍然时常卖盐，形成漳州百姓一项长期的经济负担。直到绍兴三十一年（1161）四月经侍御史汪澈批评之后，被宋廷接受，才停止卖盐赡军。[2]

左翼军总部驻屯泉州后，军中所有的军需用品、钱粮都由泉州通判所供应。这种情形一度发生变化，到嘉定初，石范通判泉州时，“左翼差军之费，复隶焉”[3]，此后当成定制。嘉定十一年（1218），真德秀知泉州时，更指出：“左翼一军屯驻泉南垂七十载，官兵月粮衣赐，大礼赏给，及将校折酒等钱，间遇出戍借请，悉倚办于本州。”[4]绍定三年（1230），真德秀建议在永春县置寨，差左翼军百人防守，所需费用也由泉州通判厅内钱支用。[5]而淳祐六年（1246）在泉州的一千八百八十二名驻军，每月计支钱九千三百九十八贯、米二千七十石，此外春冬衣钱计四万三百四十贯[6]，形成泉州极大的财政负担。因此当郡计穷乏之时，只有仰赖朝廷拨付。嘉定十一年（1218）十一月，真德秀向枢密院申措置沿海事宜状时，指出创置围头新寨、添展旧寨、制造军器及移徙军人家属，所需费用，朝廷拨付不足，乞请拨十五道度牒支用。宋廷降十五道度牒，每道作官会八百贯变卖，共计一万二千贯，作为创置新寨、添展旧寨等费用。[7]

左翼水军在泉州各寨均有战船，旧管甲乙丙三只，其经费依《宋

---

[1] 陈淳，《北溪大全集》（文渊阁四库全书本），卷 44，页 5 下。
[2] 《宋会要·食货》，27 之 7。
[3] 《絜斋集》，卷 18，页 26 上。
[4] 《真文忠公文集》，卷 8，页 165 上。
[5] 《真文忠公文集》，卷 15，页 260 上、下。
[6] 《泉州府志》，卷 24，页 28 下。
[7] 《真文忠公文集》，卷 8，页 164—165。

会要》绍熙三年（1192）八月二十七日的诏令“殿前司行下泉州左翼军，将创造到海船三只，常切爱护，毋致损坏”[1]，造船费用系由转运司与泉州就管官钱内各拨一半应付。绍兴二十八年（1158）七月，宋廷令福建安抚转运司依左翼军现有船样造六艘尖底船，每艘面阔三丈，底阔三尺，约载二千料，所需经费，令福建转运司在上供钱粮内应副，不准科扰百姓。[2] 三艘战船的维修，依规定是“三年一小修，五年一大修”，船只修缮费用拨付的程序，是由本军申帅府（安抚使），帅府申朝廷。获准后，按程序支应金额。如此一来，公文往返、官吏来回勘查，动辄经年累月，每每造成船只腐坏不堪使用的情况。为革除层层报核的烦琐程序，增进效率及加强地方权限，真德秀请求宋廷一次拨官会二万贯，其中五千贯造二艘船，另一万五千贯则设置抵当库，由军官经营，以其息钱支付修船之用。此议经宋廷允诺[3]，委由泉州通判负责[4]。

后来左翼军总部移驻建宁府时，其军饷改由建宁府通判负责供应[5]，显示左翼军总部所需粮饷、费用是由驻屯地区负担的。

至于分驻各地的左翼军，其经费则由各州县负责支应。[6] 先前驻漳州时，漳州通判以抑配卖盐来支付军需就是一例。乾道二年（1166）九月，殿前司调左翼军择官兵二千人，募海船三十六艘，由统领李彦椿率领至江阴军弹压海盗时，也是由江阴军依江上人船例，给这些左翼军人“钱米券历，应副食用”[7]。被调派讨伐吉州峒寇时，

[1] 《宋会要·食货》，50之31。

[2] 《宋会要·食货》，50之18。

[3] 《真文忠公文集》，卷9，页166下—167上。

[4] 《泉州府志》，卷24，页24下。

[5] 《后村先生大全集》，卷157，《林贵州墓志铭》，页1389上。

[6] 《泉州府志》，卷24，页28下。

[7] 《宋会要·食货》，50之21。

宋廷也令诸司于见管钱内，应副激赏供亿之费。[1] 但到晚宋，福建船分戍许浦都统司，防备海道时，则由朝廷科降钱粮。[2]

上述左翼军的费用，多由地方政府或福建路转运司支应，或是由上供钱中拨付。对福建路各府州而言，卖盐的收入中，有相当比例是提供左翼军等驻军的军需。如包含卖盐收入在内的福州系省钱，其用途中有一项即为“支县镇寨官兵及宗室、岳庙、添差等官请受”[3]。泉州属下的永春、德化两县也有“置场出卖”的现象。[4] 建宁府卖盐所得，在支用上除了上供、经总制钱等项外，也包括军人衣料。

总之，左翼军是福建地区军队的主力，军队屯驻地的地方官又须负责支应所有费用，以盐在福建财政收入所占的比重而言，鬻盐的收入中，当有相当的比例提供左翼军的军需。而当地方财政艰难时，也有以籍没田地及寺院助饷的情况，如度宗咸淳四年（1268），左翼军乏粮，宋臣即有将籍没田地及向寺院抽饷助之议，就是一个例子。[5]

左翼军的费用，除了由地方支应、朝廷拨付外，朝廷的赏赐也是它的一项收入。乾道七年（1171），汪大猷知泉州时，就发生左翼军为了获得军赏，以毗舍耶人侵犯泉州为名，径自捕捉真腊商船

---

[1] 陈元晋，《渔墅类稿》（文渊阁四库全书本），卷 4，页 17 下—18 上。

[2] 徐鹿卿，《清正存稿》（文渊阁四库全书本），卷 1，页 12 下。

[3] 淳熙《三山志》，卷 17，总页 7774。“支”，原文为“友”，按文意脉络，疑为“支”。此条见于国泰文化事业有限公司影印钞本（1980 年初版），不见于中华书局影印之明崇祯十一年刻本。

[4] 梁庚尧，《南宋福建的盐政》，《台大历史学报》，17 期（1992 年 12 月），页 205。

[5] 文天祥著，熊飞等点校，《文天祥全集》（南昌：江西人民出版社，1987 年 8 月初版），卷 11，《知潮州寺丞东岩先生洪公行状》，页 421。

的例子。[1] 另外，在左翼军成立的初期，军人的费用除一般俸额外，也以“御寇出戍”的名义，增给小券，因此“名为一兵，而有二兵之费”，士兵的薪俸显然较为丰厚，这也可能是早期善战的原因之一。到淳熙年间，赵充夫为减低朝廷及地方的负担，以渐进的方式，在招补阙额时，只给本俸。这一措施，使左翼军的收入明显地减少。[2]

五、中央权威的展现：左翼军的调驻与角色演变

左翼军成立之初，虽以维护福建治安为主，但宋廷也借平乱、御侮的名义调派它参与境外的军事行动，这是宋廷行使指挥权的表征，也是中央领导特质的展现。

绍兴二十二年（1152）齐述据虔州叛，虔州土豪出身的陈敏即奉诏率左翼军至他的家乡虔州，联合摧锋军、鄂州、池州等禁军，一齐讨伐叛乱，终在伍全等人全力猛攻下，克复虔州城。[3] 这是左翼军被调派参与境外军事行动的第一步。

由于左翼军参与平乱的表现卓越，因此在绍兴二十九年（1159）三月，宋廷令陈敏由福建路兵马钤辖、殿前司左翼军统制改任湖北路马步军副总管兼知鼎州 [4]，并令他统领泉州左翼军的官兵二千名随行 [5]。军队尚未发动，宋廷随即又调陈敏为殿前司破敌军统制，率领这批左翼军与家眷、器械，由海道赶赴临安，改隶破敌军。[6] 显示

[1] 《攻愧集》，卷 88，页 817。

[2] 《絜斋集》，卷 18，《运判龙图赵公墓志铭》，页 22 下。

[3] 《要录》，卷 163，页 28，绍兴二十二年十月壬戌条；卷 168，页 19，绍兴二十五年六月辛卯条。

[4] 《要录》，卷 181，页 15，绍兴二十九年三月壬申条。

[5] 《宋会要·兵》，5 之 19。

[6] 《要录》，卷 181，页 19，绍兴二十九年四月庚寅条。

在金兵南侵之声甚嚣尘上的时候，陈敏与左翼军为宋廷所器重，被调至行在，担负更重要的使命，是左翼军第二次被调至福建境外。而且随着陈敏的调动，不仅抽调部分左翼军，甚至更动它的名称，这也显示中央政府在军队指挥调度的权威性。

这个时期是陈敏与左翼军声誉最盛的时候，从当时归朝官李宗闵在上书给高宗的建言中，清楚地反映在宋金情势危急时，时人对左翼军的倚重。李宗闵指出金帝完颜亮聚兵近边，觇视宋的虚实，战争将不可避免。建议宋廷实行三个策略，一是严守御，二是募新军，三是通邻国。在募新军的意见中，李宗闵指出三衙正规军都是市井游手、资性疲懦之辈，不堪战阵。反之“福建汀赣建昌四郡之民，轻剽勇悍，经涉险阻，习以为常”，如果有善于驾驭役使者，必得其死力，而“殿前司左翼军统制陈敏，生长赣上，天资忠勇，其民亦畏而爱之，所统之兵，近出田舍，且宜占籍，遂为精兵，人人可用”，如果朝廷专门委任他招集闽赣四郡之人，一旦金人叛盟，则“攻守皆可为用”。即使与金朝维持和好的关系，也可以让这批军队来填补三衙的阙额。李宗闵进一步建议，宋金倘若爆发战争，两军在江淮正面对峙。此时，应当令陈敏率领他所招募的数万人，造战船，从海道直赴山东，深入金朝的巢穴，与从湖北北向的李横部队会师，必能顺利完成任务。假如朝廷认为由海道深入过于迂回，也请求以陈敏所召的人屯驻襄阳，相信能有效阻挡金兵的侵犯。[1] 宋廷显然很重视这一个建议，而这一来对陈敏与左翼军未来的发展，则造成了重大的影响。

陈敏改任破敌军统制后，宋廷命令部分左翼军改隶破敌军，加

[1] 《要录》，卷181，页26—31，绍兴二十九年夏四月，是月条。

上陈敏自己招募的共有两千人。宋廷为了扩大破敌军的阵容，下令挪移殿前司其他部队的人马，组成以五千人为定额的部队。[1] 不过，显然这项任务还没有完成,陈敏就守丧辞官。到绍兴三十一年（1161）三月一日，宋廷下诏起复陈敏，令他以所部破敌军一千六百人往太平州驻扎，并将之改隶属马军司。[2]

这时金朝正积极筹划南侵大计，宋金战争有一触即发之势，宋廷在谋图求和之余，也进行备战准备，对陈敏所领导的军队诸多期许。殿前司感于他率领的马军司的破敌军阙额尚多，乃建请派将官到福建路南剑、吉、筠、建，邵武、建昌军等地，会同守臣，招刺游手之人为军。[3] 在而后宋廷调配闽浙赣诸路军的防务时，陈敏率福建诸郡兵赴太平州驻扎[4]，受大将刘锜节制[5]，负责淮东防务。这是左翼军蜕变成破敌军后，被征调参与宋金战役的任务。陈敏与淮东制置司统制官刘锐在金海陵王亮死后，曾一度收复泗州。[6]

除前述李宗闵在上书中，提议宋金战争时，让陈敏率军、造舰，由海道到山东攻金的中枢要地之外，李宝、虞允文也向高宗建议由海道出击[7]，这些意见在战争发动后，都受到宋廷的重视。因此，宋廷命令陈敏的部将冯湛，以破敌军统领率八百人及海船二十艘，与李宝、魏胜至海州，冯湛率左翼军、破敌军等近二千人，击退进犯

[1] 《要录》，卷 183，页 9，绍兴二十九年夏七月己酉条。

[2] 《要录》，卷 189，页 1，绍兴三十一年三月甲戌条。

[3] 《要录》，卷 189，页 20，绍兴三十一年四月丁卯条。

[4] 《要录》，卷 190，页 19，绍兴三十一年五月庚子条。

[5] 刘锜于三十一年六月被宋廷任命为淮南、江南、浙江制置使，节制逐路军马，见《要录》，卷 190，页 29，绍兴三十一年六月乙卯条。

[6] 《要录》，卷 195，页 18—19，绍兴三十一年十二月癸丑条。

[7] 《要录》，卷 190，页 30，绍兴三十一年六月丙辰条；卷 184，页 2，绍兴三十年正月戊子条。

的五千金兵。随即率师北上，缔造了著名的唐家岛大捷。[1]

陈敏及其所领导由部分左翼军改名的破敌军，被征调参与抗金战争后，在海陆战方面均卓有功绩。到绍兴三十二年（1162）五月，判建康府负责措置两淮事务、兼节制江淮军马的张浚，向高宗建议招募淮楚强壮北人填补军籍时，特奏差陈敏为神劲军统制[2]，并亲自训练安抚。陈敏在收复泗州后，可能主帅不和，称疾还姑孰。及获张浚拔擢，十分感激，尽力从事，很快就成立神劲军。张浚建议招募福建海船，谋由海窥东莱，由清泗窥淮阳，作为北伐的主力。宋廷乃诏福建选募。[3]张浚甚至有意遣陈敏随李显忠北伐，但他认为当时非出兵时机，而未偕行。符离败后，陈敏改戍高邮军，兼知军事。[4]

从上述左翼军的变化现象，说明自宋金关系紧张到双方爆发战争期间，由于左翼军的战力受到宋廷的肯定，而被征调至边境从事防务，以至在陆战与海战上均有杰出表现，因此，在尔后宋廷谋图恢复的招募行动中，都注意福建民、船的积极角色，加以征调，这正是左翼军在这一时期的辉煌表现所间接造成的，但从宋廷征调甚至变更左翼军的番号中，也显示宋廷具有主导调度军队的权威性。

除被调至边境御侮外，左翼军也常被宋廷征召到境内外，与其他军队合力从事敉平乱事的军事活动。规模较小的有淳熙九年（1182）参与平定沈师之乱。[5]嘉定四年（1211），在广东提刑邹非熊向朝廷请求下，左翼军与其他军队分戍汀州五个佛寺，阻止了以李元砺为

[1]《絜斋集》，卷15，《冯湛行状》，页12上—13下。

[2]《宋史》，卷402，《陈敏传》，页12182。

[3]《要录》，卷199，页35—36，绍兴三十二年五月癸亥条。

[4]《宋史》，卷402，《陈敏传》，页12182。

[5]《宋会要·兵》，19之29。

首的江西黑风峒盗寇入犯汀州。[1] 嘉定十一年（1218），在左翼军统制薄处厚的领导下，捕获活跃于漳泉一带的温州海盗首领赵希郤、王子清、林添二等人，使闽粤海道畅通，海外贸易活络。[2] 参与平定绍定元年（1228）起至三年底以晏梦彪为首的汀州宁化县盐寇之乱[3]，以及端平元年（1234）知建宁府袁甫调派左翼军与禁军等，由包恢监军，平定以龚日末为首的唐石山寇乱。[4] 在江西安抚使陈韡指挥下，统制齐敏领导左翼军参与敉平江西陈三枪之乱。[5] 端平三年（1236）江西峒寇又起，峒首傅元一聚集数千人，分扰各地，形成赣粤闽边地严重祸患。知赣州兼江西提刑李华乃请调淮西招信军池司人马，及建宁府、泉州左翼军兵二千人，由总管张旺指挥，至嘉熙元年（1237）初乱平。[6] 此外在开禧北伐时，左翼军被北调参与海道的征伐行动等，这一连串的军事行动，使左翼军在维护闽粤赣境内治安乃至参与北伐行动上，都扮演一定的角色。其中资料比较丰富的是嘉定十一年（1218）参与平定浙闽一带海寇入境为祸，以及参与绍定年间晏梦彪之乱。分别介绍如下：

温州海寇为祸闽粤沿海，约在开禧北伐之后，当时泉州武备空虚，浙江温、明海寇乘机寇掠，这些人意在“劫米船以丰其食，劫

[1] 嘉靖《汀州府志》，卷 12，《秩官》，页 4 下。

[2] 《真文忠公文集》，卷 8，页 56—58。参见蒋颖贤，《真德秀与泉州海外贸易》，《海交史研究》，第 4 期（1982 年），页 123—126。

[3] 朱瑞熙，《南宋福建晏梦彪起义》，见《宋史论集》（中州书画社，1983 年 6 月 1 版），页 285—312。

[4] 《宋史》，卷 405，《袁甫传》，页 12240；包恢，《敝帚稿略》（文渊阁四库全书本），卷 6，页 7 上、下。

[5] 《后村先生大全集》，卷 146，《忠肃陈观文神道碑》，页 1279—1280；齐敏是左翼军统制，见《真文忠公文集》，卷 15，页 252 下、260 上。

[6] 《渔墅类稿》，卷 4，《申省措置峒寇状》，页 18 下；又卷 5，《赣州清平堂记》，页 11 上。

番舶以厚其财，掳丁壮、掳舟船，以益张其势”[1]，不仅影响福州、泉州等地军民的米粮供应，也阻碍了海外贸易的进行，使舶利减少，更危及地区治安。因此，真德秀知泉州后，为招徕舶商，重振泉州在海外贸易的地位，积极整治海疆，弭平海盗。[2]

嘉定十一年（1218）四月二十九日，温州海寇入犯泉州，真德秀牒请左翼军官兵会同晋江、同安管下诸澳民船，合计兵民九百四十人，大小船只四十五艘，在左翼军统制薄处厚的领导下前往围捕，经一番激战后，在漳州沙淘洋擒获盗首赵希郤、林添二等四人，盗徒一百三十二人，救回被掳民众十一人，加上先前几次讨捕行动，使得泉漳一带“盗贼屏息，番舶通行”[3]。嘉定十一年（1218）真德秀知泉州时，与左翼军及民兵密切配合下，使福建沿海稍呈安稳，到泉州的外国商船，由嘉定十一年（1218）的每年十八艘，增加至三十六艘。[4] 泉州海外贸易再度繁盛，左翼水军肃清海寇是一大因素。

晏梦彪之乱，约始于理宗绍定元年（1228）十二月，初期只是以汀州宁化县的私盐贩或盐民而已，规模不大，福建安抚使派左翼军将领邓起率兵镇压，但邓起贪功，趁夜冒险，被杀，宋军溃败。宋廷乃命知福州王居安专任招捕之责，然由于权摄汀州的陈孝严处置失当，乱事者拒降。于是，从绍定二年（1229）十二月起，以晏梦彪为首的盐贼，遂以汀州宁化县的潭飞磜为基地，揭起叛乱的旗帜，汀州及建宁府、南剑州诸郡及江西的盗徒啸聚蜂起。[5] 此后，声势不断扩大，乱势及于江西的赣州、建昌军等地。最盛的时候，

[1] 《真文忠公文集》，卷 15，《申尚书省乞措置收捕海盗》，页 254。

[2] 蒋颖贤，《真德秀与泉州海外贸易》，页 124。

[3] 《真文忠公文集》，卷 8，页 156。

[4] 《后村先生大全集》，卷 168，页 1494。

[5] 朱瑞熙，《南宋福建晏梦彪起义》，页 290—293。

活动地区曾达到福州以外的福建路大部分地区，并且深入江西建昌军和抚州、赣州等地，总数达二万人以上。[1]

陈孝严在汀州处置盗贼时，由赣州石城县朱积宝兄弟所率的盗贼进入汀州宁化县，陈孝严本想倚朱氏兄弟为腹心，仇视禁军，反引起禁军黄宝的叛乱，朱积宝等旋即联合晏梦彪的部众攻汀州城，幸赖时任汀州推官的李昴英调集左翼军和地方武力守御，与盗贼相持五日，终能守住汀州城。[2] 绍定三年（1230）二月十七日，宋廷为迅速敉平乱势，任命魏大有为直宝章阁学士，知赣州，“措置招捕盗贼”，并起复陈铧为“直宝章阁知南剑州、福建路兵马钤辖、同共措置招捕盗贼”[3]，陈铧乃奏调淮西兵五千人至福建平乱[4]，陈铧旋被任为福建路招捕使，并于六月升任宝谟阁学士，福建路提点刑狱，仍兼知南剑州，充招捕使。在宋廷全力发动大军讨捕下，驻扎在洪、抚、江、吉、建宁等州府的左翼军，倾巢而出，参与剿乱任务。[5] 在陈铧领导下，绍定四年（1231）二月杀晏梦彪，乱事敉平。[6]

当左翼军受到朝廷重视，而被征调至境外从事御侮平乱的军事活动，发挥了卓越的战绩时，它原来的角色却逐渐变调了，其防卫福建地区的主要功能，也逐渐降低了。左翼军初期在海陆防御上均有卓越的表现，当金人南侵或孝宗谋图恢复时，即将精锐的左翼军北调，变成宋廷戍守淮边的军队，或因参与海战，成了随军令调动

---

[1] 朱瑞熙，《南宋福建晏梦彪起义》，页 303。

[2] 李昴英，《文溪集》（文渊阁四库全书本），卷首，《忠简先公行状》，及《永乐大典》，卷 7892，《汀字、寺观》。此一资料转引自朱瑞熙，《南宋福建晏梦彪起义》，页 311。

[3] 《宋史全文》，卷 31，《理宗》，页 54 下，绍定三年二月庚戌条。

[4] 《后村先生大全集》，卷 146，《忠肃陈观文神道碑》，页 1279。

[5] 《敝帚稿略》，卷 5，《书平寇录后》，页 18 下。

[6] 朱瑞熙，《南宋福建晏梦彪起义》，页 295—296，307。

的调驻军。这一来，它原来戍守闽粤赣边界，维护地方治安的角色反而模糊了。更甚于广东摧锋军的是，北调以后的军队，连番号及行政上的隶属关系都改变了，成了长驻边境的禁军。留在福建地方的，虽然仍轮守各地，但由于地区性的变乱规模不大，承平时多，军队训练效果不彰，以及军队与地方长官不相统属的二元领导体系等因素，使得左翼军逐渐显现腐败的现象。如前述乾道八年汪大猷知泉州时，就发生左翼军贪功图赏及盗库银的事迹，汪大猷却无权干涉。淳熙十一年（1184），朱熹给林择之的信中，提到早期左翼军与辛弃疾所募敢死军是破贼巢穴的主力，但此时的左翼军“已无复旧人，只与诸州禁军、土军无异”[1]。不过，这些人到底是地方防卫的主力之一，朱熹就认为赵汝愚借此起发诸州禁军“决是无用”，仍建议在不得已的时候，向朝廷申请拨广东摧锋军与左翼军相掎角。[2]可见左翼军战力虽不如初期旺盛，但在对付地区性叛乱上仍具有一定的分量，这也许导致次年知福州赵汝愚有意直接招募与拣汰左翼军，来增强战力。只是这个建议遭到在中央任枢密使的周必大的反对，而被搁置。左翼军的体制经过多次变动后，它在防卫福建地区的弱点逐渐显露，虽有守令意图改革，却受体制的限制，无法推动，使左翼军的战力渐趋不振。

宁宗朝，韩侂胄发动北伐时，左翼军也曾被征调到淮边参与北伐及御敌任务。开禧北伐是一项重大的军事行动，韩侂胄虽然没有预先做好周详的规划与准备，但一旦发动战争，势须调动军队，于是于开禧元年（1205）八月命湖北安抚司增招神劲军，十一月置殿前司神武军五千人，屯扬州，十二月庚午，增刺马军司弩手，二年

[1]《朱文公文集》，卷 27，页 422—423。

[2]《朱文公文集》，卷 27，页 423。

四月，升四川及两淮宣谕使为宣抚使，又调三衙兵增戍淮东，诏郭倪兼山东、京东招抚使，赵淳兼京西招抚使，皇甫斌副之。五月一日，韩侂胄得知宋军复泗州，谋下诏北伐，乃再调泉州兵赴山东路会合，归郭倪指挥。[1] 这里所指的泉州兵应该就是左翼军。嘉定十四年（1221）真德秀在“申枢密院措置军政状”中，荐升左翼军将领廖彦通为法石寨正将时，说彦通等“皆因开禧二年（1206）起发山东进取，补授上项官资”[2]，而在嘉定十一年（1218）十一月，他在“申枢密院措置沿海事宜状”中也提到“国家南渡之初，盗贼屡作，上勤忧顾，置兵立戍，所以为海道不虞之备者，至详且密。开禧军兴之后，戍卒生还者鲜，舟楫荡不复存，于是武备空虚，军政废坏，有识之士所共寒心”[3]。说明福建左翼军曾调赴前线，参与北伐，除海道外，亦有发赴扬州，接受郭倪指挥的。

然而，当战事爆发后，金兵随即反扑，宋军先后败于蔡州、唐州、宿州、寿州等地，郭倪所领导的马司、池州等诸军渡淮军队共有七万，先后因败折损，仅剩四万。宋廷改命丘崈为两淮宣抚使至扬州，改采守势，布置十六余万三衙及江上军民，分守沿淮要害之地，并由淮东安抚司招募士卒，置御前强勇军。二年十月，金兵渡淮，围楚州，各地告急，宋廷急诏诸路招填禁军，以待调遣。十一月，真州陷，于是豪、梁、安丰及沿边诸戍皆没于金[4]，十二月郭倪弃守扬州。一直到三年二月丁卯，宋金战事缓和，才罢江、浙、荆

[1] 不著撰人，汝企和点校，《续编两朝纲目备要》（北京：中华书局，1995 年 7 月一版），卷 9，页 163。

[2] 《真文忠公文集》，卷 9，页 168 上、下。

[3] 《真文忠公文集》，卷 8，页 159 上。

[4] 《续编两朝纲目备要》，卷 9，页 168。

湖、福建等路的招军行动。[1] 可见开禧北伐时期，宋兵不论是初期的进攻，以至后来的防守，除了原有禁军系统外，也相继调动、招募江南各路军队，左翼军也是其中之一。左翼军参与这场宋金战争，不论北伐或守御扬州，都有所牺牲，真德秀所述“戍卒生还者鲜”正显示开禧北伐是左翼军军力减弱最重要的关键。

经过开禧之役，左翼军的实力大伤，此后，再也无法担任全国性的平乱或御侮的任务，即便在防卫闽、粤、赣地区安全上也显得力有不逮。自嘉定十一年（1218）以后这种情况尤其明显。真德秀认为是主将非其人而又缺乏监督所造成的，“是以数十年来，士卒不复如向时之精锐，舟船器械不复如向时之整备”，因此主将“得以肆其贪叨掊克之私，士卒平时未尝有一日温饱之适，怨气满腹，无所告诉，则缓急必欲其捐躯效命，难矣”[2]，战力既弱，遂难以独力应付境内兴起且较具规模的叛乱，因此“江闽盗起，调兵于淮”形成一种现象。[3] 像绍定年间领导左翼军平海盗有功的正将贝旺，原隶淮西庐州强勇军，自嘉定十一年（1218）以后在边境屡破金兵有功，绍定元年（1228）改充雄边军准备将，三年汀州晏梦彪叛，贝旺随淮西军到福建收捕贼盗，升为正将，后由福建招捕司将他改调左翼军第四将正将[4]，就是由外地调来领导左翼军的例子。

除了淮西军之外，也有其他人员参加左翼军的行列。嘉定十一年（1218）在泉州捕获海寇的泉州潜火官商佐是另一个例子。商佐的父亲商荣在孝宗年间原为知福州赵汝愚的部属。[5] 庆元三年

[1] 《续编两朝纲目备要》，卷 10，页 177。
[2] 《真文忠公文集》，卷 9，页 169 上。
[3] 《后村先生大全集》，卷 165，《刘宝章墓志铭》，页 1465。
[4] 《真文忠公文集》，卷 15，《申左翼军正将贝旺乞推赏》，页 251 上。
[5] 《文忠集》，卷 191，页 14 下，时为淳熙十年。

（1197），广东东莞县大奚山盐民暴动，宋廷命知广州钱之望以武力镇压。钱之望差调福州延祥寨的摧锋水军，由将领商荣及其子商佐、商佑将兵以往，大败大奚山贼，商荣因功被任为福建路总管兼延祥水军统制，商佐授进武校尉。[1] 开禧北伐时，商氏父子奉命由海道攻海州，失利，士军丧亡甚重，开禧三年（1207）二月荣被削夺官爵，柳州安置。[2] 商佐亦遭追夺官职。及真德秀知泉州，任商佐为部押潜火衙兵。嘉定十一年（1218），温州海盗犯泉州，左翼军统制薄处厚以佐熟知海道，令他随船捕贼，立了大功。[3] 此外，端平元年（1234），唐石山龚日末倡乱时，知建宁府袁甫调动平乱的军队中，除了左翼军和禁军之外，由唐石地区所组成的一千名民间自卫武力——忠勇军，扮演着更重要的角色。[4]

在宋廷平定晏梦彪与陈三枪叛乱的过程中，更能显示左翼军实力的低落。晏梦彪崛起与倡乱区域正是左翼军负责防卫的地区。但是，初期由于左翼将领贪功及地方长官剿抚策略运用失当，反使各股势力兴起、坐大，成为燎原之势。因此，到绍定三年（1230），陈韡起复为知南剑州、提举汀邵兵甲公事、福建路兵马钤辖时，“贼势愈炽”。至此时，左翼军已无法主导敉平乱事的能力。陈韡在批评政策失误之余，认为只有“求淮西兵五千人，可图万全”[5]。晏梦彪等破邵武，急攻汀州时，陈韡被任为福建招捕使，并获宋廷同意由淮西置制使曾式中调派精锐部队，任命将领王祖忠率领三五百名南下参

[1] 《真文忠公文集》，卷 8，页 157。又参见《宋会要·兵》，18 之 39—40。

[2] 《宋史》，卷 38，页 743；又《宋会要·职官》，74 之 24，作“追毁出身以来文字，除名勒停，送郴州安置”，与《宋史》不同。

[3] 《真文忠公文集》，卷 8，页 157。

[4] 《敝帚稿略》，卷 6，页 6 上—8 上。

[5] 《后村先生大全集》，卷 146，页 1279。

与平乱，此外通判安丰军李华也受命率淮西军南下平贼。[1] 由于王祖忠沈勇有谋，所将士兵皆骁勇善战，颇有功绩，吴泳在《江淮兵策问》中就说："而今一方有变，自应不给，所恃以称雄于天下者独江东、淮西两军尔。"[2] 淮西军的加入战局后，内外交急，人心动摇的局面才得以安定，诚如方大琮在给淮西帅曾式中的书中所说：

> 始汀邵扰，浸及其邻，既调诸邵暨诸道兵，又调殿旅。故视之蔑如，益披猖，遂越而残泉之永德，而某所领邑又邻焉，岌乎殆哉。未几连以捷告，遂成陈招使战胜之功，问之则花帽军也、铁桥军也，此西淮制垣所遣也，非独一邑拜公赐，全闽同之。[3]

真德秀于绍定五年（1232）再度知泉州时，也承认这一事实，指出平晏梦彪之役，除当事任者适得其人之外，"调发淮师，又皆一可当百，故凶渠逆俦，相继剪灭，闽境肃清"[4]。左翼军战力之弱，也可由此得到印证。因此当陈三枪在江西称乱，扰及闽粤边境时，真德秀就十分担心，他指出"泉、建虽分屯左翼，而士卒未练，纪律未修，诸郡守臣多文吏，鲜或知兵，一旦有急，未见其深可恃者"[5]，连负责地方治安的能力，都令人担心。陈韡敉平陈三枪之乱的过程是：先由"刘师直扼梅州、齐敏扼循州"，他自己则自提淮兵及帐下亲兵"捣贼巢穴"。齐敏所统的左翼军与李大声的淮军乃至摧锋军，

[1] 《渔墅类稿》，卷 5，《汀州卧龙书院记》，页 4 上。
[2] 《鹤林集》，卷 33，页 11 上。
[3] 方大琮，《铁庵集》（文渊阁四库全书本），卷 20，《曾大卿》，页 8 下。
[4] 《真文忠公文集》，卷 15，《论闽中弭寇事宜札子》，页 254 下—255 上。
[5] 同上，页 255 上。

在平乱时均有贡献[1]，但淮军的角色显然重于左翼军及摧锋军，更充分显示左翼军在南宋晚期战力低落。这也可以从次年的事件中得到证实。绍定四年（1231）五月，陈韡改知建宁府，不久浙江衢州寇汪徐、来二，相继破常山、开化，声势甚盛。当时数千殿前司及步军司的军队不敢战，陈韡指挥淮将李大声提兵七百夜击，敉平乱事。此次征剿中，左翼军并不能扮演更积极的角色。从创立初期的威武善战，表现卓越，后来却变成次要角色，到景定四年漳州畲民为乱时，左翼军虽会合诸寨卒合力剿捕，仍劳而无功，以致要改为招安，才平息乱事，左翼军显然连扮演维护福建地区性治安的任务都难以胜任了。

六、地方性格的显现：左翼军的弃宋投蒙

宁宗嘉定十一年（1218）以后，左翼军虽然在敉平福建地区的乱事上难以发挥积极战力，但不论就长期的历史发展，或从晚宋内外形势观察，左翼军在福建地区仍是维护治安的主要角色。绍定五年（1232），真德秀检讨晏梦彪之乱，指出泉州永春、德化两县无兵驻守，受害甚深，因此，当地士人要求在永春县适当的冲要地点设置军寨，派左翼军百余人驻屯，“庶可弭未然”[2]，可见泉州人仍视左翼军为一股稳定秩序的力量，而请求宋廷设置军寨。

左翼军的军需费用一向由福建各州县提供，形成地方财政的极大负担，真德秀就任知泉州后，一再向宋廷请求财务支援，足以显

[1] 《后村先生大全集》，卷 146，《忠肃陈观文神道碑》，页 1279—1280；摧锋军事迹参见本书第一章，《广东摧锋军》。

[2] 《真文忠公文集》，卷 15，页 260 上。

示地方支应左翼军的窘境。咸淳四年（1268），监都进奏院洪天骥指出泉州的左翼军缺乏粮饷，情况严重，有生变之虞。建议以籍没民田拨为军饷之助。[1] 此时，泉州左翼军所需费用的总数，由于资料不足，无法有较全面的了解，但从洪天骥的讨论中，可以发现粮饷与财政，是晚宋左翼军与泉州所共同面临的重大难题，这也说明两者之间，有着较强的依存关系。此外，嘉定十一年（1218）真德秀知泉州时，要求由知泉州节制左翼军，其目的即在强化地方长官对军队的掌控，期能在平乱御敌上发挥更积极的效果，避免因军、政指挥分离，引发负面作用。这一要求被宋廷接受了。从以后的发展看来，左翼军在维护福建地方秩序上，并未能发挥如真德秀所期望的作用，反而让地方势力与地方官吏的利益有机会紧密结合，形成命运共同体。这种既有经济上的依存关系，又有行政上的隶属关系，两相结合，遂使泉州的地方势力与经济利益结合在一起，展现强烈的地方性格，一旦外在情势有所变化，很容易影响左翼军的发展方向。

宋蒙二国在经历联合灭金、短暂和好相处之后，很快由于宋朝要收复三京的入洛之役，而以兵戎相向。不过，宋蒙战争爆发初期，由于宋廷强化边防及蒙古并未倾全力攻宋等因素，双方战争呈现胶着状态。等到忽必烈即位后，改变战略，由四川转攻京湖，训练水军。经五年包围苦战，迫使宋襄阳守将吕文焕投降。透过吕文焕的招降，使南宋政权面临了存亡绝续的考验。[2]

咸淳十年（元至元十一年，1274）六月忽必烈发布“平宋诏书”，由伯颜统率大军进攻南宋，进展迅速，势如破竹，加上吕文焕招降

[1] 《文天祥全集》，卷 11，《知潮州寺丞东岩先生洪公行状》，页 421。

[2] 胡昭曦，《宋蒙（元）关系史》，页 342—343。

的效应浮现，沿江州县先后降附。宋军经历丁家洲与焦山二次战役的失败，无力再战。德祐二年（1276）一月，元军兵临临安，宋廷上降表[1]，此后，除了两浙、四川部分地区拒不投降，或激烈抗元，以及江东、江西、荆湖地区时有反复之外，福建、两广是宋流亡政权建立的基地，更成为宋遗民抗元图存的最后据点。

左翼军为维系福建地区安全的主要军队，而且是代表地方势力的重要武力，因此当元廷派董文炳等人分路进攻留在福建的宋流亡政府时，左翼军的动向，对时局自然造成相当大的影响。

德祐二年（1276）正月初，当元兵包围临安时，文天祥就奏请宋廷派吉王赵昰和信王赵昺出镇福建、广东，以图兴复。十日，谢太皇太后下令赵昰和赵昺二王出镇，十七日，进封昰为益王、判福州、福建安抚大使，昺为广王、判泉州兼判南外宗正事。[2] 宋廷派员向伯颜献降表时，益王赵昰和广王赵昺、右丞相陈宜中、张世杰、苏刘义、刘师勇等人，相继率军队离开临安。[3] 在朝臣护卫下，二王经婺州到温州，与陆秀夫、陈宜中、张世杰等会合，朝臣推益王为天下兵马都元帅，广王为副都元帅，开府于温州。后入海，经壶井山进入福建，由陆境到福州[4]，五月一日，朝臣正式拥益王赵昰在福州即皇帝位，是为宋端宗，升福州为福安府，改年号为景炎，任陈宜中为左丞相兼都督。及文天祥逃归，乃任之为右丞相兼枢密使。[5] 十月，元军分道进逼福州，陈宜中、张世杰奉二王登舟入海

[1] 《宋史》，卷 47，《瀛国公》，页 937—938。

[2] 《宋史》，卷 47，《瀛国公》，页 937。

[3] 《宋史》，卷 47，页 938；胡昭曦，《宋蒙（元）关系史》页 425，引《钱塘遗事》及《宋季三朝政要》之《广王本末》，作一月十二日出城，疑误，此从《宋史》。

[4] 胡昭曦，《宋蒙（元）关系史》，页 427。

[5] 李天鸣，《宋元战史》，页 1379；陈世松等《宋元战争史》（四川省社会科学院出版社，1988 年 11 月一版），页 332。

以避敌。这时宋有正规军十七万，民兵三十余万，内有淮兵精锐一万，是抗元的重要战力。[1]

元政权为了歼灭残余的拥宋势力，自景炎元年（1276）九月起，分六路向华南各地展开攻击，其中有三路是以福建为目标。[2] 福建地区由于人心浮动，战力不足，各地宋臣除偶有率众抵抗者外，或降或逃，情势相当危急。左翼军分驻福建各要地，在元军入侵福建的过程中，发挥了多少战力，由于资料不足，并不清楚。不过，泉州是它最重要的主力所在，资料较充足，因此当端宗等流亡政权的臣僚抵泉州后，左翼军对它的支持程度，对泉州的政治动向就有关键性的影响了。

宋君臣到泉州后，提举市舶司蒲寿庚请求端宗驻跸的提议，遭张世杰反对。宋廷需索军粮之外，由于大队人马所用船舶不足，世杰派兵抢夺寿庚的船只及粮食，引起寿庚的不满，乃怒杀在泉州的宗室子、士大夫及停留的淮兵，端宗等人转趋潮州。[3] 至十二月八日由阿剌罕与王世强所统元军，兵临泉州，蒲寿庚乃与知州田真子献城投降。[4]

关于蒲寿庚举泉州降元，对宋抗元势力所造成的冲击与影响，乃至蒲寿庚个人身份等问题，长期以来引起学者热烈讨论。经过不断的探索与辨析，使我们对整个事件的始末有较清楚的了解。其中苏基朗教授的论文使我们更清楚蒲寿庚降元与左翼军的关系，及左

[1] 不著撰人，《宋季三朝政要》（丛书集成简编，台北：台湾商务印书馆，1966年6月台一版），卷6，《广王本末》，页66。

[2] 参见李天鸣，《宋元战史》，页1390。

[3] 《宋史》，卷47，页942；《宋季三朝政要》，卷6，页66。

[4] 《宋史》，卷47，页942。

翼军在整个事件中所扮演的角色。[1]

苏教授指出蒲寿庚虽然在景炎改元前约一年，才任泉州市舶司，但由于他在泉州已拥有相当的势力，因此益王在福州组织流亡政权时，任他为招抚使，是承认他既成势力的结果。后来蒲氏与拥有节制左翼军权力的知泉州田真子，及左翼军统领夏璟等为代表的泉州地方精英，在大厦将倾之际，不免以个人、家族及地方的利益为依归，与宗室派及抗元派爆发大冲突。由于他们控制当地的兵权，最后以铲除抗元、宗室这两股势力而降元。这一看法扭转了以往过于凸显蒲寿庚以一人一姓之力降元，以及异族人在宋代楚材晋用等的看法。从地方势力重组的角度观察问题，颇有创见。[2]

对左翼军在宋元立场的改变，苏教授提供最直接有力的论证。他举出兴化军人黄仲元（1231—1312）在所撰的《夏宣武将军墓志铭》中说：

> 宣武讳璟，字元臣。其先自淮入闽，占籍于泉。帐前总辖隐夫之孙，閤门宣赞必胜之子。宣武旧忠训郎殿前司左翼军统领。智足应变，勇足御军，功足决胜。海云蒲平章（蒲寿庚）器爱之。河汉改色，车书共道，帅殷士而侯服，篚玄黄而臣附。是时奔走先后，捷瑞安、捷温陵、捷三阳，宣武之力居多。[3]

[1] 苏基朗，《论蒲寿庚降元与泉州地方势力的关系》，收入《唐宋时代闽南泉州史地论稿》（商务印书馆，1991 年 11 月初版），页 1—35。

[2] 苏基朗，《论蒲寿庚降元与泉州地方势力的关系》。苏教授的论文颇有新见，但文中仍有待商榷及修正之处，如说左翼军是全由闽人组成而从未离开福建（页 15）。在讨论招抚使时，引《文献通考》及《宋会要》都是较早的记录，其实吕文德与吕文福兄弟曾分别于淳祐四年六月及开庆元年十一月担任过招抚使一职，见《宋史》，卷 43、44，《理宗本纪》。

[3] 黄仲元，《四如集》（文渊阁四库全书本），卷 4，页 27 上、下。

指出夏璟是泉州人，及率左翼军附元的情形。此外，苏教授也在《宝祐登科录》（参考文献 51）中，发现知泉州田真子是泉州晋江县人，在宝祐四年（1256）与文天祥同榜进士。[1] 从这些事例足可说明蒲寿庚的降元，是得到包括左翼军领导阶层在内的泉州地方势力及精英分子支持的。

这种情况，也可以从随后在泉州爆发宋元双方攻防战中得到证明。第二年（即至元十四年，1279）七月，张世杰率淮军及诸洞畲军，回师包围泉州，蒲寿庚、田真子也是在林纯子、颜伯录、孙胜夫、尤永贤、王与、金泳等泉州地方精英的协助下，坚守九十日，并派人至杭州向元帅唆都求援兵。[2] 加上蒲寿庚阴赂畲军，畲军未全力攻城，使唆都得以率元兵解泉州之围。[3] 这一事实说明蒲寿庚与泉州地方势力，当宋元势力交替之际，在政局反复不定的情况下，政治态度并不犹豫。因此，元朝在至元十九年（1282）于泉州设置军队的建制时，除调扬州合必军三千人镇戍外，也成立泉州左副翼万户府，正是以宋殿前司左翼军改隶以及征集当地土军而成的。[4]

蒲寿庚与左翼军等泉州地方势力在降元的行动中，尚牵涉到“怒杀诸宗室及士大夫与淮兵之在泉者”一事，其中士大夫问题与左翼军的关系较少，且苏教授论文已有讨论，此不赘述。以下拟以左翼军为主，进一步讨论地方势力与宗室、淮兵二者的关系。

宋室南渡，泉州在当时对外海上交通上，逐步超越广州，成为

[1] 陈大方，《宝祐登科录》（粤雅堂丛书本），页 1。

[2] 苏基朗，《论蒲寿庚降元与泉州地方势力的关系》，页 17—21。

[3] 《宋季三朝政要》，卷 6，页 68。

[4] 乾隆《泉州府志》，卷 24，《元军制》，页 28 下—29 上。

南宋对外交通贸易的重要港埠[1]，市舶司初期的收入相当丰厚[2]，除解缴朝廷之外，亦负担寄居郡中的宗室的供养费。从高宗起，宋廷在泉州置南外宗正司，供养宋太祖的子孙，与福州的西外宗正司所养太宗子孙成为两处宗室重要聚集地。南外的宗子人数在绍兴元年（1131）共有三百四十九人[3]，后来人口迅速增加，据真德秀的说明，庆元中，泉州有宗室子一千七百四十余人，绍定五年（1232）达二千三百十四人。[4] 到南宋末年，在泉州的宗室人数当在三千人以上。南外宗室的供养费，宋廷规定由泉州及转运司各负担一半，但自淳熙十二年（1185）转运司负担定额（四万八千三百余贯）费用，其余均由泉州供应。由于宗室人口不断地增加，他们的供养费形成泉州另一项重大负担。绍定五年（1232）真德秀为减轻泉州负担，建议由朝廷、转运司、泉州各负担三分之一，朝廷负担的部分，拨市舶司钱充付。[5] 如此一来，宗子供养费反而成为泉州与市舶司二者共负的重担。此外宗人又仗势，在地方挟势为暴，占役禁兵，或盗煮盐产，破坏盐法，胡作非为，造成地方的祸害。[6] 这批宗室，不仅成为泉州与市舶司财政上的极大负担，其仗势凌虐乡民，为祸地方，亦必与地方势力相冲突。

当流亡政权在福州成立后，宗室为借赵宋政权以维护自身的利

[1] 参见李东华，《泉州与我国中古的海上交通》（台北：台湾学生书局，1986 年 1 月初版），第三章第一、二部，页 131—174。

[2] 李东华，《泉州与我国中古的海上交通》，页 189，他指出初期全国收入为二百万缗，泉州不低于三分之一。

[3] 马端临，《文献通考》（台北：新兴书局影印武英殿本，1963 年 3 月新一版），卷 259，《帝系十》，页 2057。

[4] 《真文忠公文集》，卷 15，页 256；李东华将绍定五年列为嘉定十一、二年，误，见页 186—187。

[5] 《真文忠公文集》，卷 15，页 258。

[6] 李东华，《泉州与我国中古的海上交通》，页 188。苏基朗，《唐宋时代闽南泉州史地论稿》，页 22。

益，势必坚持拥护这个政权。然而，流亡政权已处于危亡之秋，政局变动的形势非常明显，拥宋抗元所带来的后果，对地方势力及拥市舶之利的蒲氏家族，亦必非常清楚。在这种既有宿怨，又有新虑的情况下，地方势力与宗室的利益矛盾是不言可喻的。

从军队结构与作战能力看，左翼军与淮军也是截然不同的。南宋军队基于不同任务与需求，分成州郡兵（含禁军与厢军）、县兵、禁卫兵、屯驻军与民兵五种类型。[1] 泉州驻扎的军队包含了上述三种（除屯驻军及民兵），这些军队实际上缺乏作战能力，这是左翼军产生的重要因素。左翼军是以地方武力为基础，纳入三衙的指挥体系，转化成政府调控的军队，这是在旧有类型之外，出现分隶于中央与地方，形成二元指挥体系的地方军。这支军队由于作战能力强，成为维护地方治安，甚至被调派出境征讨、防御的重要力量，但这一来也逐渐削弱了它原来防卫福建地区的角色。后来，加入左翼军的分子较杂、战力也较弱，以至发生如前节所述，在嘉定后期起，福建地区爆发的若干较大规模的叛乱活动，多要仰赖原驻防两淮，防守宋金边境的屯驻大军（淮兵），才得以敉平乱事。

嘉定以后，由地方势力为主的左翼军，虽然仍是福建地区的重要军队，但它在维护地方治安的能力显然逊于往昔，宋廷乃借调派的方式，让淮军将领渗入左翼军中。情况改变后，外来武力与当地既存武力之间，是否引发利益冲突或能和好相处，由于史料不足征，无法得其详。不过，到景炎元年，随同流亡政权到泉州的万余淮兵，当是元军由淮渡江的争战过程中，不愿归顺新朝，或在主帅领导下南下勤王的效忠部队，他们既追随二王等人，由福州到泉州，历经

[1] 李天鸣，《宋元战史》，页 1514—1515。

海陆流徙的艰辛，仍不改其对宋室的忠诚。这种情形尚可从后来张世杰在至元十四年七月回师攻泉州城时有淮军参与[1]，及同月留在福州的淮兵，谋杀害降元的知福州王积翁，以接应张世杰，最后全为积翁所杀[2]，知道这批淮兵不仅是晚宋支撑政局最精锐的部队，也是对宋室忠诚度最高的部队。这种情况显然与在体制上虽然仍隶属于中央，但实际上却是地方性格占优势，以维护地方利益为前提的左翼军，对待宋元政权交替，在政治方向的抉择有很大的差异。这两种截然不同的政治态度及政治利益的武力集团，共处泉州，冲突必不可免。况且这批淮兵可能是阻碍蒲寿庚与泉州左翼军等地方势力弃宋投元的最主要力量，当然要设法铲除。

因此可以说，当宋元政权交替之际，在泉州的蒲寿庚与左翼军为主的地方势力，基于自身利益的考量，与抗元派士大夫、宗室以及淮兵，对新旧政权的认同有极大的差异，甚至发生冲突，遂使蒲寿庚等人须借左翼军等铲除不同政治意见的集团，而投向新的蒙元王朝。

七、结论

从南宋建立起，福建地区相继有范汝为、叶浓等叛乱，其后，小规模变乱则经常发生，地方军队既难以发挥息乱之效，只有赖各地自发性的民间自卫武力奋力作战，才能保家卫乡。这些地方武力成了维护地方安宁、社会秩序的重要力量，陈敏所领导的奇兵，就是一个典型的私人武力。后来，薛弼由广州移知福州，他目睹广东

[1] 《宋季三朝政要》，卷 6，页 68。

[2] 《宋史》，卷 47，页 943。

结合地方武力成立摧锋军，在维护地方治安上，发挥了卓越的成效，到任后，积极推动，在他的努力下，终能结合地方武力，与不同来源的军队，仿照广东摧锋军的例子，在福建成立了一个地方属性较强的左翼军。由于军队的主要组成分子是地方人士，又受到地方官吏的支持，由地方供应军需费用，因此，很快展现了因时因地制宜的机动性和优势战力，缔造了多次平乱的优越成果，成为维护福建地区及东南沿海治安的重要武力。

左翼军的组织建制，与广东摧锋军及以后成立的湖南飞虎军一样，充分反映南宋朝廷亟欲延续北宋以来“强干弱枝”的国策。虽然军队的军需财务和人员组成，多仰赖福建地区，但军队名义上隶属于殿前司，由中央及福建安抚使分层负责指挥训练与节制，军队驻扎地区的长官反而无权干预，形成军、政二元化的指挥体系。这一现象，可以看出南宋朝廷在政策上，既要维护地方治安，却又担心地方权重，形成尾大不掉而为害政权的苦心。但是这样的指挥架构，既削弱地方长官的权限，也可能因地方军、政首长不能和衷共济、协同一致，而影响到地方的治安，甚或敉平暴乱的成效。因此，不断有地方长官，尤其是左翼军总部驻扎所在的知泉州，向宋廷反映军、政分离的弊病，建议由知州节制左翼军，以发挥更大的效果。几经波折，到了嘉定十四年（1221），宋廷终于同意知泉州可以节制左翼军。这一转变，显示宋廷到中期以后，外因蒙古南侵，金朝濒于覆亡，北方情势不稳，边境日益紧张；内政上也由于朝臣对和战及皇位继承的意见分歧，引发政争，使朝政日坏，加以内乱相继，中央难以掌控一切。为避免乱事蔓延，影响地方治安，不惜对既有的“强干弱枝”政策，做较大的修正，试图赋予地方长官较大的权限来调度军队，借以维护社会秩序。地方长官既可以指挥军队，遂使左翼军与地方势力的依存关系，日益密切，地方性格更为彰显。

左翼军成立之后，在敉平地方叛乱上，屡获佳绩，以至在高、孝之际，宋廷要征调它北上，参与御金甚至北伐的军事行动。这一举动，一方面显示宋廷肯定左翼军的实力不逊于在边境上防金的精锐之师，欲借地方军来填补正规军之不足，同时也表示宋廷在军事指挥体制的规划上，维持"强干弱枝"基本国策的理念，并落实在实际的军事调度上，借以彰显中央政府的权威性，甚或具有冲淡左翼军在福建地区的影响力的意味。不过，由于开禧之役，宋方失利，受征调北上的左翼军，不仅士卒受损，船只也被毁坏，使其整体战力大为减弱。此后，宋廷面临内忧外患，朝政日坏，中央无法强化军队训练，提振战力，为扭转此一颓势，在真德秀等人不断呼吁下，同意由知泉州节制左翼军。然而，节度指挥权的下移，并无法改变左翼军战力削弱的事实。因此，嘉定以后福建地区兴起几次较大规模的变乱，左翼军都难以独力平息，甚至需要调动在边境上防卫金兵的精锐部队——淮兵，才得以敉平乱事，而且在平乱过程中左翼军多居于次要角色。此一现象，说明军队调度、指挥权的转移，未必能有效提振战力，但这一改变，不仅提高了地方长官的权限，更凸显了地方上各种势力彼此之间复杂的关系与利益的纠葛。

左翼军的战力，尽管有每况愈下的情况，但仍是福建地区平时维护治安最重要的武装力量。左翼军与福建，特别是泉州有着密切的依存关系，一方是社会秩序的守护者，另一方则是生活资源的供应者。自从知泉州可以直接节制左翼军以后，地方势力与地方官吏之间，形成一个更强而有力的互利团体，彼此依存度增高，尤其在晚宋政权处于危急存亡之秋，为了救亡图存，对地方长官的任命不再遵守惯有的避籍制度，泉州出现了由当地士人田真子出任知州的情况以后，泉州地区各种势力之间，彼此的关系更为密切，地方上的共同利益，势将凝聚彼此的力量，形成地方优先的观念。此一观念也将主导着他们尔后对政治方向的抉择。

从这个线索去探索，将有助于我们理解左翼军及泉州地方精英在最后阶段，弃宋投元行动背后的因素。蒲寿庚和田真子、夏璟等人，在南宋晚期分别掌管泉州地区的财政、行政与军政，他们都是隶籍泉州的地方精英。当流亡政权抵达泉州时，既要仰赖当地的人力、财力来支撑岌岌可危的政权，却又要指挥一切，这种情况当然引起泉州领导精英的不满，他们对宗室长期在地方为祸反感，又不免与淮兵有所冲突。况且当新旧政权交替的时刻，拥宋与降元之间的利弊得失至为明显，对掌握地方势力的领导者而言，在地方优先观念的驱使下，如何抉择以维护地方利益，必有所斟酌、折冲，乃至爆发冲突。蒲寿庚、田真子、夏璟等人做了面对现实的选择，最后导致以暴力的手段，铲除抗元的士大夫、宗室和淮兵，毅然走向依附新的王朝。左翼军加入了这场冲突，也选择了新的方向，这与他们的领导者的利益考量，固然关系密切，但也颇能反映地方势力的利益依归。他们要杀害拥宋的这批人，显然与宿怨和利益均有关系，而正规淮兵是当地唯一具有实力阻止依附新王朝的军队，对包括左翼军在内的地方势力而言，虽然与淮兵的利益纠葛未必深切，但威胁性却更大，必须加以铲除。

总之，左翼军与泉州地区的多数精英分子，面对新旧政权交替之际，为维护自身及地区利益，在理想与现实之间，经过折冲与冲突的过程，最后经由武力解决争端，一齐走向弃宋投元的政治行列。这是南宋地方军中采取现实的立场，面对变局的一个例子。

第三章　湖南飞虎军

一、前言

辛弃疾（1140—1207）是中国文学史中杰出的词人，更是一位具有多方面才智的英雄人物。他年轻时抱忠仗义，举义军反金。奉表归宋后，虽然屡受排挤和摈斥，使他不能大展抱负，但生平“以气节自负，以功业自许”[1]，而且“谋猷经远，智略无前，精明豪迈，任重有余”[2]，从他在南宋政坛活动的二十多年间，可以看出凡他仕宦所到之处，都在从事兴利除弊的措施，表现杰出；不但能把滁州、江西治好，也能亲提死士平定茶寇，更能训练一支雄镇一方的飞虎军，真可说是文才武略兼而有之的英雄人物。

在辛弃疾的事功中，飞虎军的创置，最能表现“他勇往直前，果决明快”的作风。由于他的才能和努力，飞虎军虽然匆促成立，却很快地成为一支精锐的部队；更重要的是由于他“为而不有”的

[1] 范开，《稼轩词序》，收入辛启泰原辑，邓广铭校补，《稼轩诗文钞存》（上海商务印书馆，1947年12月初版），附编二，页1。

[2] 邓广铭，《辛稼轩年谱》（上海古典文学出版社，1957年），页2。

观念，不把军队变成私人武力，使飞虎军能长期存在于南宋复杂的军政体之中，达成他“了却君王天下事，赢得生前身后名”[1]的愿望。

为辛弃疾撰写年谱、传记的著作很多，他们对稼轩一生的事迹、功业，都有详细的叙述。本文以处理飞虎军的建立与发展为主，为避免重复，对辛弃疾的事迹尽量简述。在诸多关于稼轩的著作中，笔者以为邓广铭教授的《辛稼轩年谱》一书，最为翔实可信，因此，本文有关稼轩的纪事，以邓著为主。透过飞虎军的发展，借以检讨地方武力在南宋的地位，则是笔者所悬的目标。

二、飞虎军创置的背景

辛弃疾原字坦夫，后改名为幼安，自号稼轩居士。宋高宗绍兴十年（1140）五月十一日生于山东历城。自幼受祖父辛赞的影响，志切国仇。绍兴三十一年（1161），金主完颜亮举兵侵宋，稼轩聚众两千，与耿京共图恢复，次年（1162）奉表南归，授右承务郎，以后历任江阴签判、通判建康府、知滁州、仓部郎官、江西提点刑狱等官。淳熙四年（1177），改差知江陵府兼湖北安抚，迁知隆兴府兼江西安抚。五年（1178）出为湖北转运副使。六年（1179）三月，转任湖南转运副使。不久，湖南安抚使王佐（1126—1191），以平定郴州宜章（今湖南宜章）陈峒叛变有功，徙知扬州。由稼轩继任湖南安抚使，兼知潭州（今湖南长沙）。

自淳熙二年（1175）以来，稼轩先后在江西、湖北、湖南任职，对长江中游的形势及军事部署，有相当的认识。这时，更感于湖南

[1]　邓广铭笺注，《稼轩词编年笺注》（北京：中华书局，1962年10月一版），卷2，《带湖之什》《破阵子》，页204。

地理环境复杂及武备单薄，以致盗乱时起，就谋建立一支地方性的军队。

（一）湖南地理环境复杂

湖南虽然不在宋金边防线上，却是宋朝镇抚西南边区的要地，北宋名臣吕大防（1027—1097）曾说：

> 湘中七郡，弹压上游，左振牂蛮，右驰瓯越，控交广之户牖，拟吴蜀之咽喉，翼张四隅，襟束万里。[1]

宁宗嘉泰三年（1203），前湖南安抚使赵彦励也说："湖南九郡，皆与溪峒相接，其地阔远，南接二广，北连湖右。"[2]

湖南同时也是汉族和西南少数民族接触的地区。孝宗隆兴初年（1163—1164），右正言尹穑即指出："湖南州县，与溪洞蛮傜（同'徭'）连接，以故省民与傜人交结往来"[3]，尤其是湖南与江西、广东、广西四路交界的丘陵山区，包括今湖南湘水以东，江西赣水中上游以西，广东北江上游部分，以及广西的贺县到桂林一带，更是民族冲突频仍，少数民族叛乱的渊薮。从南宋以来，中国西南地区几个比较著名的叛乱，都源于本区，如绍兴元年（1131）李冬至二之乱，绍兴九年（1139）起的骆科之叛，隆兴二年（1164）的李金之乱，淳熙六年（1179）一月，郴州陈峒之乱，同年五月，李接在广西容州陆川县（今广西陆川）的叛乱等都是。这些叛变，大部分

[1] 《永乐大典》，卷 5770，页 15 下—16 上。

[2] 《宋会要·蕃夷》，5 之 102。又《文献通考》，卷 328，《四裔五》，页 2574，作"赵亮励"，误。

[3] 同上。

都曾波及湖南境内，而潭州为湖南的都会，《玉海》称：

> 重湖通川峡之气脉，九郡扼蛮傜之衿喉，中兴以来（即南宋），见谓重镇。[1]

宋朝派到西南平乱的军队，即驻守潭州。为了拱卫湖南，以至长江中游的安全，亟须有一支骁勇善战的军队。淳熙八年（1181），湖南安抚使李椿（1111—1183）就说：

> 长沙一都会，控扼湖岭，镇抚蛮徼。而二十年间，大盗三起，何可无一军。[2]

（二）湖南武备单薄

北宋初年，湖南的正规军原是很薄弱的，仁宗庆历三年（1043），经桂阳蛮傜内犯之后，才在湖南设置安抚使。[3] 宋室南渡后，湖南地位日趋重要，就在原有荆湖三千五百名地方性的民兵——义军[4]之外，增加兵员，到孝宗乾道（1165—1173）末年，驻守荆南的正规军达二万人，[5] 其辖区包含湖南。而潭（今湖南长沙）、连（广东连县）、道（湖南道县）、英（广东英德）、韶（广东韶关）、郴（湖南郴县）、桂（广西桂林）诸州，又有以“乡社”为名的民间自卫武

[1] 王应麟，《玉海》（台北：华联出版社，1967 年 3 月再版），卷 19，页 34 上。

[2] 《朱文公文集》，卷 94，《敷文阁直学士李公墓志铭》，页 1657。

[3] 《宋史》，卷 493，《蛮夷一》，页 14183。

[4] 《文献通考》，卷 156，《兵八》，页 1359。

[5] 《玉海》，卷 139，《兵制》，页 43 上。

力。[1] 此外，另有由董苹、刘枢所创的军队。[2] 可见在辛弃疾上任时，湖南在表面上拥有不少的军队，但是一则戍守的地区辽阔，备多力分，再则纪律腐败，无法作战，辛弃疾就指出：

> 军政之弊，统率不一，差出占破，略无已时。军人则利于优闲窠坐，奔走公门，苟图衣食。以故教阅废弛，逃亡者不追，冒占者不举。平居则奸民无所忌惮，缓急则卒伍不堪征行。[3]

因此，每逢乱事发生，总要求助于邻近诸路的军队，才能平乱。如李金叛变时（1164），负责平乱的湖南安抚使刘珙（1122—1178），听从攸县（湖南攸县）令赵像之（1128—1202）的建议[4]，向京西制置使沈介求援[5]，借着六千五百名的鄂军，才将乱事平定[6]。陈峒叛乱时（1179），湖南虽然调集了三千多名正规军及地方武力，仍未能平乱，最后还是靠广东摧锋军和鄂军三千多人，合力围攻，才敉平叛乱。[7] 而李接之乱（1179）的平定，依然得力于广东摧锋军的帮助。[8]

除平定乱事外，连平时防患性的戍守，也得求助于邻路。如一向是少数民族叛乱的根据地——桂阳军（湖南桂阳），南宋初年原驻厢、禁军三百人，由于战斗力不足，到绍兴十四年（1144），朝廷改

---

[1] 《朝野杂记》，甲集，卷 18，《湖南乡社》，页 14 下。

[2] 《文忠集》，卷 195，札子七，《林黄中少卿》，页 19 上。

[3] 《宋史》，卷 401，《辛弃疾传》，页 12163。

[4] 向祥海，《南宋李金与陈峒起义初探》，《中国农民战争史论》，第 4 辑，页 417。参见杨万里，《诚斋集》（四部丛刊初编本），卷 119，《朝请大夫将作少监赵公行状》，页 1062。

[5] 《朱文公文集》，卷 88，《观文殿学士刘公神道碑》，页 1573。

[6] 向祥海，《南宋李金与陈峒起义初探》，页 418—419。

[7] 向祥海，《南宋李金与陈峒起义初探》，页 421—424。

[8] 朱瑞熙，《南宋广西李接起义》，页 282—283。

差五百名鄂军戍守。乾道元年（1165）以后，又加派鄂军五百人。[1]平时的戍守与乱起后的平乱工作，既然得倚仗于邻近诸路的军队，可见湖南守备的虚弱了。但是调动外地军队“千里讨捕，胜负未决，伤威损重，为害非细”[2]，为了“免致缓急调发大兵”[3]，湖南实有强化或另成立一支地方军的必要，淳熙四年（1177）春，枢密院曾建议：

> 江西、湖南多盗，诸郡厢禁军单弱，乞令两路帅司，各选配隶人置一军，并以敢勇为名，以一千人为额。[4]

但当时担任湖南安抚使的王佐与江西安抚使的吕企中，都认为“亡命之徒，恐聚集作过”，遂使湖南成立地方军之议作罢。及辛弃疾接任湖南安抚使（1179），鉴于湖南的环境复杂，军力寡弱，就在整顿乡社之后，着手创置地方军——飞虎军。

飞虎军成立以后，朱熹（1130—1200）和周必大（1126—1204）在公事上都支持辛弃疾的做法，但私下却对辛弃疾的作风有所批评，朱熹说：

> 潭州有八指挥，其制皆废弛。而飞虎一军独盛，人皆谓辛幼安之力。以某观之，当时何不整理亲军？自是可用。却别创一军，又增其费。[5]

[1]　陈傅良，《止斋集》（四部丛刊初编本），卷19，《桂阳军乞画一状》，页113上。
[2]　《宋史》，卷401，《辛弃疾传》，页12163。
[3]　《文忠集》，卷143，奏议十，《论步军司多差拨将佐往潭州飞虎军》，页11下。
[4]　《朝野杂记》，卷18，《湖南飞虎军》，页17上。
[5]　《朱子语类》，卷130，页3102。

周必大也说："长沙将兵元（原）不少，因董苹及刘枢各创一军，往往舍彼就此，若精加训练，自可不胜用"，"辛卿又竭一路民力为此举，欲自为功，且有利心焉"[1]。话中提到董苹和刘枢曾各创一支军队。刘枢的生平事迹不可考，军队创于何时、规模如何，无法了解。董苹的事迹散见于《建炎以来系年要录》中，他曾于绍兴三十二年（1162）六月知潭州[2]，或于此时创置军队，但也没有军队的明文记述。由于史料不详，这二支军队的情形已无可征考，想来规模不会太大。以辛弃疾的气魄和个性，旧有军队，积习已深，改造不易，不如一切从头开始，亲自训练一支配合他宏图大略的军队，或许正是他要创置飞虎军的另一因素吧。

三、飞虎军的建置和特点

淳熙七年（1180）夏，辛弃疾开始筹设湖南地方军队。经他努力奔走，积极招募，到七月间，已有步军千余人，马军一百六十多人[3]，于是利用五代时楚国马殷（852—930）营垒的旧址，搭盖营寨[4]，八月十八日，奉旨以"湖南飞虎军"为名，拨属步军司，以一千五百人为额。后来，共招募了二千步军、五百名马军及若干傔人，并以五万缗买了五百匹的"广马"[5]。

除了兵、马、装备以外，辛弃疾为了确保飞虎军长期性的经济来源，作为"备器械、修营寨、充激赏"的费用，还设了"营田庄、

[1] 《宋史》，卷 401，《辛弃疾传》，页 12163。

[2] 《要录》，卷 200，绍兴三十二年六月庚午条，页 5。

[3] 《朝野杂记》，卷 18，《湖南飞虎军》，页 17 上。

[4] 《文忠集》，卷 143，奏议十，《论步军司多差拨将佐往潭州飞虎军》，页 11 下。

[5] 同上。

房赁、租地钱、营运钱”，此外，更兴建了一所漏泽园，作为士卒及家眷的埋葬地。[1] 宋代军队虽也有个别筹募财源的现象，但像辛弃疾这样为安定军心，而作长期性、整体性的筹募规划，则是宋代其他军队所罕见的。[2] 所以朱熹说：“所费财力以巨万计，选募既精，器械亦备，经营葺理，用力至多。”[3]

这么一来，筹创的费用就相当庞大了，据说辛弃疾创立飞虎军共“费县官缗钱四十二万”[4]。此外，每年经常费用是“钱七万八千贯，粮料二万四千石”[5]。虽然每年的经常费后来是由步司阙额钱粮支用的，但建军的庞大经费是怎么筹措的呢？由于缺乏记载，目前已无法掌握飞虎军的全部经费来源。不过，辛弃疾把潭州向来抽酒税的办法，改成官方制及售卖——也就是改税酒为榷酒——以所增加的收入充当飞虎军的财源之一。

从绍兴元年（1131），马友在潭州推行税酒的办法以来，湖南一直实施税酒制度，到淳熙七年（1180），辛弃疾才改变实行了五十年的办法。宁宗嘉定十五年（1222），湖南安抚使真德秀对这项改变说得很清楚，他说：

> 税酒之法，实起于绍兴元年（1131）……至乾道二年（1166），刘珙讨平郴寇，增置新兵，又乞屯军郴、桂，一时调度百出，亦不敢轻变税法……及辛弃疾之来，创置飞虎一军，

[1] 《历代名臣奏议》，卷185，页7下。

[2] 王曾瑜在《宋朝兵制初探》一书中，对宋代军俸，以及各种名目的补助，均详加叙述，唯未见辛弃疾所创的营田庄等名目，见该书页215—234。

[3] 《朱文公文集》，卷21，《乞拨飞虎军隶湖南安抚司札子》，页333。

[4] 《朱文公文集》，卷94，《敷文阁直学士李公墓志铭》，页1657；又见杨万里，《诚斋集》，卷116，《李侍郎传》，页1022。

[5] 《朝野杂记》，卷18，《湖南飞虎军》，页17上。

> 欲自行赡养，多方理财，取办酒课，乃始献议于朝，悉从官卖。[1]

这项改变，确实增加不少收入，最盛时期，每天所入有七八百缗[2]，全年的总收入，保守估计也有十几万缗，是飞虎军的主要财源之一。不过，这项改变，曾引起很多争论[3]，当时“议者以聚敛闻”[4]，这点也可能是后来辛弃疾遭到弹劾的原因之一。而且，财源是军队的命脉，后来财源起了变化，整个军队的性质就跟着变了。

飞虎军创立初期最明显的特点，就是它是支地方属性很强的军队，所以李心传（1167—1244）说“湖南飞虎军者，潭州土军也”[5]。从飞虎军的兵马、器械，以至营寨、财源，都是辛弃疾以地方长官的身份，就地筹措，固然可以反映它的地方性，甚至在飞虎军成立后，辛弃疾向朝廷奏请“以湖南飞虎为名，止拨属三牙（衙）密院，专听帅臣节制调度”[6]，而且建军的目的在“弹压湖南盗贼”[7]，也说明辛弃疾希望这支军队，表面上是正规军，实际上是地方军。因此，当淳熙七年（1180），宋枢密院在讨论飞虎军的隶属问题时，曾有两种意见：枢密院的官员岳建寿主张完全按照正规军的方式来编制和训练，这么一来，朝廷须派统领官、将官、拨发官、训练官等共一百一十人；同时要依照三衙规定的方式去教练。而枢密使周必大则

---

[1] 《真文忠公文集》，卷 9，《潭州奏复税酒状》，页 175。

[2] 同上。

[3] 《真文忠公文集》，卷 33，《潭州复税酒颂》，页 521，曰：“昔在中兴，舍榷而征，民既胥乐，官维省刑。有臣弃疾，易征而榷，正论盈庭，争折其角。”

[4] 《文忠集》，卷 143，奏议十，《论步军司多差拨将佐往潭州飞虎军》，页 11 下。

[5] 《真文忠公文集》，卷 9，《潭州奏复税酒状》，页 175。

[6] 《文忠集》，卷 143，奏议十，《论步军司多差拨将佐往潭州飞虎军》，页 11 下。

[7] 《朱文公文集》，卷 21，《乞拨飞虎军隶湖南安抚司札子》，页 333；又见杨万里，《诚斋集》，卷 116，《李侍郎传》，页 1022。

认为若完全照正规军的编制，一千多名的飞虎军，朝廷就得派一百名军官，不仅造成兵少将多的现象，在领导上也会有十羊九牧的麻烦，况且：

> 臣闻蛮傜僻在溪洞，惟土人习其地利，可与角逐。所用枪牌、器械，专务便捷，与节制之师，全然不同，此则辛弃疾创军伍之本意。[1]

若用三衙规定的战阵去训练，更会形成“用违所长”的现象。建议只派两三个军官前去，“与辛弃疾相度”就好了。至于部队的长官，则“只就飞虎军千五百人中，推事艺高强，为众所服者，为教头、押队之属……亦使上下相习”[2]。这两种意见，经孝宗斟酌后，采行周必大的建议，使飞虎军更显现地方军的性格。

从招募的情形，也可以看出飞虎军的地方色彩。初招的成员是以潭州为主的湖南百姓。后来，这批人在战争中有所损伤、逃亡。[3]到宁宗嘉定年间（1208—1224）曾新招了一千九百多人，这些人仍是“本路（湖南）诸州招收，既而就潭州选刺，押下本州新寨居止教阅”，他们都“视本州（潭州）为乡土”，更有“就本州结亲者”[4]。

辛弃疾在创置飞虎军时，要把它当作地方军，除了基于适应湖南接邻少数民族的地理特性外，和他平定茶商军赖文政叛变的经验，

[1] 《朝野杂记》，卷 18，《湖南飞虎军》，页 12 下。

[2] 《朝野杂记》，卷 18，《湖南飞虎军》，页 13 上。关于飞虎军的军官，王曾瑜认为朝廷一共派了一百十人，见氏著，前引书，页 188。笔者的意见则相反，认为宋廷实际上只派少数的军官去参与领导而已，其他均由军中推选。

[3] 卫泾，《后乐集》（文渊阁四库珍本），卷 12，《奏升差李义充飞虎军统领袁任充亲兵忠义统领状》，页 8 下。

[4] 《真文忠公文集》，卷 9，《申枢密院乞免将飞虎军永戍寿昌状》，页 180。

以及当时地方军兴起的风气也有密切关系。

首先是他平定茶商军赖文政的经验。淳熙二年（1175）四月，茶商赖文政等叛于湖北[1]，当时茶商军只有四百余人，却能冲破宋正规军的堵截，由湖北转入湖南，入江西，进军广东。政府招安不成，改派明州观察使江南西路兵马总管贾和仲，率领上万兵马，前来攻讨，又被茶商军所败。[2] 最后，宰相叶衡推荐辛弃疾，担任“节制诸军，讨捕茶寇”的任务。他到江西以后，即着手整顿赣州（江西赣县）、吉州（江西吉安）和湖南郴州、桂阳等地的民间自卫武力，如乡兵、弓手等，简汰老弱，留下勇壮，加以训练后派到各阵地。同时征调熟悉乡土地理的土豪彭道等人，率领乡丁，入山搜索。[3] 而由荆鄂的正规军扼守冲要之地。由于乡兵熟悉当地环境，充分发挥了“因时制宜”“因地制宜”的机动性，很快就扭转局势，反败为胜，终于敉平茶商军之乱。这种经验，使他体认到地方武力在该地区作战上的优点。等到他就任湖南安抚使时（1180），有人认为当地存在已久的武装团体“乡社”，积弊已深，建议废罢。辛弃疾知道民兵可用，并没有解散乡社，而是把它纳入地方政府的管辖内，加以组织、整顿。飞虎军所招募的仍是潭湘之人，借着他们熟悉当地形势，及地方百姓保障乡党邻里的生存与安全的信念，加以军事化的组织和训练。

南宋地方军的兴起，对辛弃疾的建军也有影响。南宋以来，负责镇抚湖广一带的正规军队是鄂军，但鄂军主要任务在防卫长江中游接邻金的边境的安全，长期拨调鄂军去平定地方性的乱事或少数

[1] 邓广铭，《辛稼轩年谱》，页 41。

[2] 邓广铭，《辛弃疾（稼轩）传》（上海人民出版社，1956 年 11 月一版），页 44。

[3] 《止堂集》，卷 11，《论解彦祥败茶寇之功书》，页 9 上—10 下。

民族的叛变，弊病很多，因此，高宗时（1127—1162）已在正规的屯驻大兵之外，另外成立新军，如循州摧锋军。这种军队名义上虽然隶属于殿前司，实际上是独自成军，受当地文臣的节制。[1] 孝宗时（1163—1189）成立的神劲军，约有一千人，也是湖北安抚司的直属部队。[2] 摧锋军和神劲军，都是新兴的地方军，士兵虽然不多，但训练甚精，骁勇善战。从乾道（1165）以来，这二支军队在对付湖广地区的乱事中，联合作战，发挥了相当的效果。辛弃疾自淳熙二年（1175）以来，在江西、湖北、湖南的经历中，看到这种地方军对付叛乱时的威力。因此，当他在湖南筹备建军时，自然也希望建立一支像摧锋军、神劲军一样的军队。从他奏请成立飞虎军的奏章中，就可以清楚地反映出来，他说：

> 乞依广东摧锋、荆南神劲、神建左翼例，别创一军，以湖南飞虎为名，止拨属三衙密院，专听帅臣节制调度。[3]

四、飞虎军的演变——从地方军到调驻军

淳熙七年（1180）到十五年（1188），飞虎军仍是地方军，但淳熙十五年（1188）以后，则成为受中央节制的调驻军了。

淳熙七年（1180）冬，朝廷改任辛弃疾为知隆兴府（江西南昌）兼江南西路安抚使。[4] 飞虎军成立才四五个月，辛弃疾就得转到江西。次年（1181），权给事中芮辉又奏请罢榷酒，飞虎军的财源顿时

[1] 王曾瑜，《宋朝兵制初探》，页 188。

[2] 《朝野杂记》，甲集，卷 18，《京西湖北神劲军》，页 17 下。

[3] 《文忠集》，卷 143，奏议十，《论步军司多差拨将佐往潭州飞虎军》，页 11 下。

[4] 邓广铭，《辛稼轩年谱》，页 72。

受到影响[1]，军情有不稳的现象。当继任者李椿到任时，湖南官吏中有人怀疑飞虎军不易控制，幸好李椿支持辛弃疾的做法，极力解决财源短缺的问题，并且“善遇其将，而责之训厉”，使飞虎军“技击精，纪律明，隐然为强军”[2]。但到十一月，辛弃疾被王蔺论列罢官[3]，次年（1182）李椿又告老，新任者并不热烈支持，飞虎军的动向，成为被议论的课题。此后，在政府有意推动的改变下，飞虎军在形式上以至性质上都有相当大的变化，兹按隶属关系、驻扎地区、军官与士兵四方面的变化，加以讨论。

（一）飞虎军的隶属关系

飞虎军成立时，宋廷规定它“遥隶步军司”，“遇盗贼窃发，专听帅臣节制”[4]，与辛弃疾奏请成立时的建议相同。但到淳熙九年（1182）李椿告老，林栗接任湖南安抚使后，一方面地方财政无法负荷庞大军费，同时，飞虎军经辛弃疾、李椿的训练，已成为一支勇悍善战的军队，于是屯驻在荆、鄂的正规军统帅，极力争取拨调飞虎军，朝廷对飞虎军的隶属和拨调问题，又有所讨论。王佐反对拨调，他认为飞虎军“皆乌合无赖，在帅府成队伍，方帖帖无事，若使出戍，无异虎兕出柙”[5]。十年（1183）五月，宋廷接受鄂州、江陵府驻扎御前副都统制江陵府驻扎郭杲的请求，把飞虎军改隶“御前江陵军额”[6]，在名义上飞虎军已隶属于屯驻大兵了，这是名分上的

[1] 《真文忠公文集》，卷 9，《潭州奏复税酒状》，页 175。又《文献通考》，卷 17，《征榷四》，页 172。

[2] 《诚斋集》，卷 116，《李侍郎传》，页 1022。

[3] 邓广铭，《辛稼轩年谱》，页 80—81。

[4] 《朝野杂记》，卷 18，《湖南飞虎军》，页 17 上。又见《皇宋中兴两朝圣政》，卷 58，页 15 上，淳熙七年八月，是月条。

[5] 《文忠集》，卷 195，《林黄中少卿》，页 19 下。

[6] 《宋史》，卷 35，页 680，《孝宗本纪三》，淳熙十年五月甲戌条。

一大变动。次年（1184），牛僎继任江陵府御前副都统制，他和赵雄（1129—1193）都曾建议移调飞虎军到江陵，以使名实相符，十二年（1185）再次请求，周必大则极力反对。他的表面理由是“小人重迁，恐生变”[1]，实际上则为湖南治安着想，他说：

> 人皆云飞虎军当并入江陵，殊不思湖南藏有傜人、强盗，自得此项军兵，先声足以弹压，是为曲突徙薪计，兹固可以默喻矣。[2]

其后，朱熹更指陈这种做法的不切实际，他说：

> 窃详当日创置此军，本为弹压湖南盗贼，专隶本路帅司。本路别无头段军马，唯赖此军以壮声势。而以帅司制御此军，近在目前，行移快疾，察探精审，事权专一，种种利便。今乃遥隶襄阳，襄阳乃为控制北边大敌，自有大军万数，何借此军为重。而又相去一千二百余里，其将吏之勤惰，士卒之勇怯，纪律之疏密，器械之利钝，岂能尽知，而使制其升黜之柄，徒使湖南失此事权。不过礼数羁縻，略相宾服而已，于其军政，平日无由觉察，及有调发，然后从而节制之，彼此不相谙，委有误事必矣。[3]

周必大这时担任枢密使，由于他的反对，飞虎军仍驻屯潭州。不过，

[1]《朝野杂记》，甲集，卷 18，页 17 下。

[2]《文忠集》，卷 194，《赵德老总领》（淳熙十三年），页 10 上、下。

[3]《朱文公文集》，卷 21，《乞拨飞虎军隶湖南安抚司札子》，页 333。

到淳熙十五年（1188）五月，孝宗征求升任右丞相的周必大，对飞虎军“以屯田为名，渐出戍荆南”的意见时，他虽反对以屯田为名，却同意郭杲相机调拨。[1] 从此以后，荆鄂都统司对飞虎军拥有正式指挥、调度的权力，飞虎军遂由地方军变成调驻军了。

（二）驻扎地区

飞虎军创置时，只驻守潭州。到淳熙十一年（1184）十一月，曾派三百人到郴州黄沙寨[2]，取代原来戍守的正规军，不过，驻区仍是湖南，任务也没有改变。淳熙十五年（1188）以后，飞虎军受荆鄂都统司的节制、指挥，戍守的地区增加了，包括江陵府及鄂州[3]、寿昌军与信阳军。[4] 这四个地区都在湖北，而且接近宋与金（及后来的蒙古）的边界。因此，随着戍地的增加，飞虎军的任务也由原来对付区域性的叛乱，兼及于抗御金、蒙的侵犯。这是飞虎军从地方军变成调驻军后，最明显的变化之一。而这种改变，恐怕也是宋朝为防范地方势力凝聚、形成尾大不掉的现象，所推动“众建”政策下的产物。其后，随着宋朝与金、蒙关系的紧张，飞虎军逐渐转变得以御侮为重。因此，当绍定二、三年（1229、1230），郴州蛮乱发生，反而要劳动鄂军南来协助平乱。[5] 此后，虽然又派了一百名飞虎军戍守郴州兴宁县北的荒田岭[6]，以镇压溪洞，但总的趋势看来，

[1] 《文忠集》，卷 146，《奏诏录一》，页 8 下。

[2] 《止斋集》，卷 19，《桂阳军乞画一状》，页 113。

[3] 参见《文忠集》，卷 146，页 8 下。戍鄂州，《历代名臣奏议》，卷 185，页 7 上、下。

[4] 戍寿昌军，见《真文忠公文集》，卷 9，《申枢密院乞免将飞虎军永戍寿昌状》，页 180；另参见吴潜，《许国公奏议》（十万卷楼丛书本），卷 1，《应诏上封事条陈国家大体治道要务凡九事》，页 48 下。

[5] 参见上注引吴潜奏疏。

[6] 《永乐大典》，卷 11980，页 10 下。

飞虎军的主要任务，已由敉乱变成御侮了。

尽管飞虎军随着调驻地区的增多而分散，但它的主要据点仍在潭州。潭州有许多房舍来安顿飞虎军的眷属，部队调驻外地时，家眷仍留在潭州，而且每一年或二年，调驻各地的飞虎军，分批调回潭州，又有漏泽园以供埋葬。因此，潭州是飞虎军的根，这也是飞虎军能凝聚战力的重要原因。嘉定十五年（1222），知寿昌军朱索建吁请朝廷命令飞虎军携眷永戍寿昌军。当时军中“颇有家产破荡，亲属远绝，祖宗坟墓不能拜扫”之憾，经知潭州兼湖南安抚使真德秀（1178—1235）多次力争，遂罢永戍之议。[1]

除了上述经常戍守的地区外，宋朝也临时派飞虎军到他地去敉平乱事，这种临时性的调遣，将于下节叙述。

（三）军官

飞虎军成立时，宋朝允许其维持地方军的形态，只派刘世显等少数朝廷军官去参与领导而已。淳熙十五年（1188）以后，飞虎军既在名分上与实质上都属于荆鄂都统司所管辖，成为屯驻大兵的一个支系，加上分戍地区增多，以及被调派参与平乱或御侮战争，领导的军官随之加多，朝廷及荆鄂都统司的影响力更大。谨将从淳熙七年（1180）到开庆元年（1259）共八十年间，所见飞虎军将官的资料表列如下：

表 3-1 飞虎军将官表

姓名	驻地	职务	时间	以前职务	史料	备注
刘世显	潭州	统领	淳熙七年（1180）	步军司统领官	《文忠集》，卷 143	

[1] 《真文忠公文集》，卷 9，页 181。

续表

姓名	驻地	职务	时间	以前职务	史料	备注
边宁	湖南	统领	嘉定元年（1208）		《宋会要·蕃夷》，5之68 《文献通考》，卷328	战殁
李实	黎州	正将	嘉定二年（1209）		《续编两朝纲目备要》，卷11 《宋史全文》，卷30	改领禁军
董照	黎州		嘉定二年（1209）	四川制置大使统领官	《续编两朝纲目备要》，卷11 《宋史全文》，卷30	改领飞虎军
李义	潭州	权统领	嘉定三年（1210）	正将	《后乐集》，卷12	
封彦明	潭州	统制	嘉定五年（1212）	殿司统制	《后乐集》，卷12	
郭荣	潭州	统领	嘉定五年（1212）	鄂军统制	《宋会要·兵》，13之47 《昌谷集》，卷12 《历代名臣奏议》，卷185	
许用	信阳军	统领	嘉定十一年（1218）		《鹤山大全集》，卷73	
唐亮	寿昌军	将官	嘉定十六年（1223）		《真文忠公文集》，卷9	
赵遵	寿昌军	正将	嘉定十六年（1223）		《真文忠公文集》，卷9	
王友苹	茶陵	统领	绍定二年（1229）	湖南安抚司属官	《后村大全集》，卷145	
留子迈	茶陵	统领	绍定二年（1229）	湖南安抚司属官	《后村大全集》，卷145	
郑大成	寿昌军	统制	淳祐四年（1244）		《宋史全文》，卷33	
吴龙	永州	正将	淳祐四年（1224）		《宋史》，卷43	
郑存	永州	统制	淳祐四年（1244）		《宋史》，卷43	
钱万	广西	总管	宝祐五年（1257）	淮西总管	《可斋杂稿·续稿后》，卷5	

续表

姓名	驻地	职务	时间	以前职务	史料	备注
吴彰	广西	统领	宝祐五年（1257）		《可斋杂稿·续稿后》，卷5	
程俊	广西	统领	开庆元年（1259）		《可斋杂稿·续稿后》，卷9	兼管安边右军
黄青	潭州	总管	开庆元年（1259）		《可斋杂稿·续稿后》，卷9	
罗诠	湖广		开庆元年（1259）		《竹溪鬳斋续集》，卷21	

上述所列二十名飞虎军的将官，只是南宋全部飞虎军将领中的极少数，而且资料也残缺不全，无法借此分析飞虎军的发展情形，只能约略看出一些现象。从表中可看出最少有八个将领，是由朝廷或潭州以外地区调派的，其中有七名是在战争前临时调派领导飞虎军作战的，这点可反映宋朝“将不专兵”“兵无常将”的军事政策，但临时领导，可能造成朱熹所说“彼此不相谙，委有误事必矣”[1]的后果，若是不谙地形，更可能影响战争的成败。关于这一点，下文拟再讨论。上述朝廷或其他地区调派的将官，也看出朝廷加强对地方军控制的情形。不过，尽管中央逐渐加派军官领导，强化中央权威，实际上军队的主干仍是潭州人，军队基本结构改变不大。

（四）士兵的添补

飞虎军创置时，总人数不出三千人，加上战马，称不上是支大部队。后来相继被调派参与“开禧北伐”及平定“黑风峒”的乱事，不免有所损伤，都随即添补[2]，因此，先后加入不少新成员，当时称为“飞虎新军”。真德秀在嘉定十五年（1222）的奏章中，提到调戍

[1] 《朱文公文集》，卷21，页333。

[2] 曹彦约，《昌谷集》（文渊阁四库全书本），卷18，《黄承议墓志铭》，页9下。

寿昌军之中有近二千人属于“飞虎新军”。到理宗宝祐五年（1257）六月，李曾伯在广西抵抗蒙古军的进犯，曾要求在潭州飞虎、武胜二军中，调派六千人戍守广西[1]，飞虎军被调去的约有三千人。次年（1258）五月，广西又将所招的九百二十名安边军与飞虎军成立“安边新军”[2]，总计当时飞虎军被调派到广西者不超出三千五百名，这是文献上看到的最高数据，其他戍地的人数虽然无法得知，但后期飞虎军的人数确比初创时多。不过，仍不是一支大的部队。

飞虎军原有战马五百匹，是从广西买来的。当时朝廷还规定每年由广西买三十匹，以备汰换。[3] 淳熙十五年（1188）以后，受命调驻他地，战马也许被调走一半，加上广西未能按照规定，供应马匹，到嘉定二年（1209）十一月，湖南安抚司向朝廷报告时，就指出“本司飞虎军旧管马军二百五十人，今马数截自五月终，止管一百四十二匹，见阙一百八匹”[4]。此后马军的资料，没有明文记载。但从宁宗（1194—1224 在位）以后，宋逐渐减少购买广马的情况看来[5]，飞虎军的马军，似乎不能维持初创时的盛况。大概自宁宗以后，飞虎军是以步战见长。

五、飞虎军的战绩

飞虎军初期的任务，主要在对付西南少数民族的叛乱。由于辛

---

[1] 《可斋杂稿·续稿后》，卷 5，《乞宣借总管钱万等状》，页 3 下。

[2] 《可斋杂稿·续稿后》，卷 6，页 31 上。

[3] 《文忠集》，卷 143，奏议十，《论步军司多差拨将佐往潭州飞虎军》，页 11 下。

[4] 《宋会要·兵》，26 之 20。

[5] 黄宽重，《南宋时代邕州的横山寨》，《汉学研究》第 3 卷第 2 期（1985 年 12 月出版），页 530。

弃疾在建军之初，奠下良好的基础，加上继任者李椿的极力支持，很快产生了效果，朱熹就说："数年以来，盗贼不起，蛮徭帖息，一路赖之以安。"[1] 从淳熙七年（1180）到开禧二年（1206）的二十六年间，湖广一带的蛮傜（同"徭"），可能就是震于飞虎军的声威，而没有叛乱的行动。飞虎军已隐然是一支强军了。等到淳熙十五年（1188），飞虎军的隶属关系改变，又受命调驻长江中游的宋金边界上，于是它就担负起内平盗贼，外御强敌的双重任务了。

南宋的主要正规军，原是屯驻大军。[2] 到开禧年间（1205—1206）屯驻大兵已趋颓靡，不堪作战了，袁甫说："开禧丙寅（1206）之事，弃甲曳兵而走者，皆平日厚廪于县官者。"[3] 到理宗时期（1225—1264 在位），屯驻大兵腐化的情形更为严重，李鸣复就指出：

> 今天下兵数，视祖宗时，何啻数倍，厢禁军散在郡国，殿步司拱卫京都，御前军分屯要害，皆官军也。……禁军本以备征战，今供杂役矣。御前军专以充调遣，今多占破矣。散在郡国，动干纪律，而每怀不逞之心。号为御前者，数增券廪，而且有无厌之心。竭天下之力以养兵，而流弊至此，尚足为国哉。[4]

屯驻大兵既不能战，原由地方官吏筹组的地方军，就逐渐取代正规军。飞虎军既由地方军变成调驻军，驻防区域又近宋金边境，自然成为防卫疆土、稳定长江中游的一股力量。嘉定中卫泾就说：

---

[1] 《朱文公文集》，卷 21，页 333。

[2] 王曾瑜，《南宋兵制》，《宋朝兵制初探》，页 127—154。

[3] 袁甫，《蒙斋集》（文渊阁四库珍本），卷 2，《入对札子》，页 5 上、下。

[4] 《历代名臣奏议》，卷 339，页 2 上。

“湖南一路，所恃官军，惟飞虎与亲兵、忠义，粗为可用。”[1] 理宗初年，曹彦约（1157—1228）也说：“荆鄂之大军，不得如长沙之飞虎。襄阳之副司，不得如江陵之神劲。”[2] 到理宗宝祐五年（1257），李曾伯还说：“飞虎犹素练。”[3]

宁宗以后，宋的衰兆已显，内乱外患接踵而来，其中有不少起于长江中游。飞虎军既负责湖湘的防务，自然负起平乱、御侮的重责大任。总计，从创置起到宋末（1180—1259）的八十年间，飞虎军前后参与了八次大小战役，现在把它表列于下：

表 3-2 飞虎军战绩表

次	时间	战区	对象	领导者	出兵数	成败	史料及参考文献	备注
1	开禧二年（1206）至开禧三年（1207）		金			败	《历代名臣奏议》，卷 185	此次即开禧北伐
2	开禧三年（1207）至嘉定三年（1210）十一月	郴州	黑风峒	边宁 郭荣 李义 封彦明		先败后胜	《水心文集》，卷 21 《宋会要·兵》，13 之 47 《文献通考》，卷 328 《宋会要·蕃夷》，5 之 68 《历代名臣奏议》，卷 185 《后乐集》，卷 12 《昌谷集》，卷 12 李荣村，《黑风峒变乱始末》	统制边宁战殁

[1] 《后乐集》，卷 12，页 8 下。

[2] 《历代名臣奏议》，卷 224，页 28 下。

[3] 《可斋杂稿·续稿后》，卷 5，页 3 上、下。

续表

次	时间	战区	对象	领导者	出兵数	成败	史料及参考文献	备注
3	嘉定元年（1208）至嘉定七年（1214）	雅州	黎州蛮	李实 董照	200人	败	《续编两朝纲目备要》，卷11、12、14 《宋史全文》，卷30	飞虎军只有参与嘉定元年十一月的记载，此外不详
4	嘉定十年（1217）至嘉定十二年（1219）	信阳军光州	金	许用		胜	《魏鹤山文集》，卷73、77 《宋史》，卷403 《金史》，卷15	解信阳及光州之围
5	绍定二年（1229）至绍定三年（1230）春	郴州茶陵	沙甫峒高垓峒	王友莘 留子迈		胜	《后村先生大全集》，卷145、152	平定峒乱
6	淳祐四年（1244）	永州东安县	盗贼	吴龙 郑存		胜	《宋史》，卷43	平定盗贼
7	淳祐十一年（1251）	襄阳樊城	蒙古		1000人	胜	《可斋杂稿·续稿前》，卷18、19 《宋史》，卷43	收复襄阳樊城
8	宝祐五年（1257）至开庆元年（1259）	广西	蒙古	钱万 吴彰 程俊	约3500人	败	《可斋杂稿·续稿后》，卷5、6、9 陈智超，《一二五八年前后宋蒙陈三朝间的关系》	

上述飞虎军所参与的八次战役，从对象看，蒙古、金、郴州峒各两次，黎州蛮、永州盗贼各一次，也就是属于敉平内乱的有四次，对抗外犯的也有四次。就战争的规模看来，除了绍定二、三年（1229、1230）讨郴州峒乱及淳祐四年（1244）讨捕永州东安县盗贼，规模

较小。其他六次，都是南宋中、晚期的重要战役，如起于开禧三年（1207）的郴州黑风峒之叛，前后历时四年[1]，嘉定元年（1208）十一月，黎州蛮蓄卜的倡乱，前后长达六年[2]，是南宋中期著名的少数民族的叛乱。对外战役中，像开禧北伐（1206）与嘉定十年（1217）信阳、光州之战，是宋金后期大规模的战争。而淳祐十一年（1251）宋收复襄樊之战与宝祐、开庆间（1257—1259）在广西的抗蒙，则是宋与蒙古之间的重要战役。

就人数而言，飞虎军在所参与作战的南宋军队中，比例虽不重，却相当被看重。飞虎军不是一支庞大的部队，从现有的史料看，它所派参战的人数也不多，像讨黎州蛮时，飞虎军只有二百人，只占当时正规军的七分之一弱。[3] 恢复襄樊的战役，飞虎军只有一千人，占当时政府征调兵数的七分之一。[4] 而在广西抵抗蒙古时，南宋政府最高曾征调了二万六千名正规军到广西布防，飞虎军约有三千五百人，比例上不及七分之一。[5] 因此，从人数上看，飞虎军显然不是主力。但是，每次战争爆发时，当地官吏就建议征调飞虎军与役，

[1] 见李荣村，《黑风峒变乱始末》，收入《宋史研究集》，第6辑，页497—545。

[2] 《续编两朝纲目备要》，卷11，页202、204、210；卷12，页218；卷14，页256、269；又见《宋史》，卷39，《宁宗本纪三》，页751。

[3] 《续编两朝纲目备要》，卷11，页210。当时飞虎军外，其他禁军土丁共一千三百多人，合计一千五百多人。

[4] 宋廷除了调潭州飞虎军一千人外，尚调沿江制司二千人，江定军都统司二千人及江州节制司二千人，见《可斋杂稿前》，卷18，《回奏经理事宜》，页21上、下。

[5] 据陈智超的统计，当时南宋调派到广西备蒙古的军队，最高达二万六千人，见《一二五八年前后宋蒙陈三朝间的关系》一文，收入邓广铭、程应镠主编，《宋史研究论文集》（上海古籍出版社，1982年1月初版），页424。

可见飞虎军在当时是支被看重的军队[1]，这同时也反映宋正规军已不堪作战了。

从时间上看，飞虎军从开禧二年（1206）到开庆元年（1259）间，参与战争的时间，前后凡五十四年。其中有四次集中在开禧二年（1206）到嘉定十二年（1219）的十四年间，而开禧二年（1206）到嘉定元年（1208）三年之内，飞虎军就参加了三次战役，这可能正是正规军趋于颓靡，飞虎军最著声誉的时候。但三次战争中，除了平定黑风峒战役，先败后胜外，另两次都失败。这是不是宋廷或正规军主将，想借大规模的战争，来消除有地方色彩的飞虎军，或是正规军主将为保全实力，而以飞虎军打先锋的一项策略呢？现在已经无法征考了。从作战区域看，除开禧北伐之役战区不详外，其他七次的区域，包括南宋的荆湖南路（郴州、茶陵、永州）、荆湖北路（信阳军）、京西南路（襄阳、樊城）、淮南西路（光州）、成都府路（雅州）及广南西路等六路，也就是现在的湖南、湖北、广西、四川四省。与上文飞虎军的驻扎地区比较，可看出它受调征战的地区较驻扎地区辽阔，真是名副其实的调驻军了。

从这八次战争的结果，可以看出兵将关系的疏密，及将领对地形的熟悉与否，是飞虎军胜败的关键。飞虎军有四次胜利，三次战败及一次先败后胜的纪录。由于每次战争，飞虎军投入的兵力并不算多，基本上对大规模战争的成败，没有决定性的影响，开禧北伐及广西抗蒙，就是好的例子。但就飞虎军本身而言，其成败的因素

[1]　嘉定十二年（1219）二月，金兵围光山县，当时宋臣张忠恕曾建议急调飞虎军来解围，见魏了翁，《鹤山先生大全文集》（四部丛刊初编本），卷 77，《直宝章阁提举冲佑观张公墓志铭》，页 634。绍定二年（1229），郴州峒乱，知郴州赵汝锋也请荆湖安抚使余嵘，派飞虎军剿乱，见《后村先生大全集》，卷 145，《龙学余尚书神道碑》，页 1274。

主要取决于主将对地形的了解和兵将关系。以两次胜利的战役为例：嘉定十年（1217）至嘉定十二年（1219）信阳、光州之役，当时进犯的金兵有十万[1]，知信阳军赵纶，任用飞虎军统领许用，率精兵袭击，打退金兵[2]，接着又由信阳军教授程光廷督导飞虎军，会合信阳军的其他正规军，及淮西兵，解了浮光之围。[3] 绍定二年（1229），郴州峒乱时，湖南安抚使余嵘，命属官王友莘、留子迈督战，与来援的鄂军一齐平定峒乱。[4] 这两次战役，缺乏兵将关系的记载，但都是由当地官吏负责督战，殆为致胜的关键。相反的，从战败的例子，更可以证明这一点。开禧北伐和平黎州蛮是明显的失败，平定黑风峒之役，最后虽成功，飞虎军作战过程却是失败的。这三次的致败，都和将官临时由外地调来，不熟悉地形，及兵将没有良好的默契有关。飞虎军参与开禧北伐的情形，现已不明，不过从现存唯一资料——卫泾的奏章——对开禧之役所以失败的评论，就不难想象了，他说：

> 开禧用兵，盖尝调发，缘统御无术，分隶失宜，兵将素不相谙，枉致銼衄，人皆惜之。[5]

平定黑风峒之役，主要将领多由他处临时调来。封彦明是殿司统制，临时调任飞虎军统制，由于不清楚郴州一带的地形，轻举妄

---

[1] 魏了翁在赵纶的墓志铭中，作金兵二十万入寇，见《鹤山先生大全文集》，卷73，《直焕章阁淮西安抚赵君墓志铭》，页594。而《宋史》卷403《赵方传》则作十万（页12204）。此从《宋史》，《赵方传》。

[2] 《鹤山先生大全文集》，卷73，页594。

[3] 《鹤山先生大全文集》，卷73，页595。

[4] 《后村先生大全集》，卷145，页1274。

[5] 《历代名臣奏议》，卷185，页6下。

动，打了败仗。[1] 另一位统制郭荣，是率驻鄂的飞虎军南下协助剿乱的，他最后因捉到黑风峒酋长之一的李孟一而升官。但初到时，对地理不熟，作战时有延误事机的现象，当时湖南安抚使曹彦约曾告诫他："若有机会可乘，便自向前立功，若无机会，且只安住无害，不可日复一日，易得因循也"[2]。又说："前日不合张皇多日，遂致贼人守险"[3]，后来，卫泾更奏劾他"拥兵养寇，初乏战勇，夤缘奏功"[4]。最明显的例子是平黎州蛮之役了。嘉定元年（1208）十一月，黎州蛮寇边，当时四川吴曦之乱平，新任四川制置大使安丙，令统领官董照与傅顺、正将李实等，率二百名飞虎军，驻守雅州备边。不久，安丙的儿子安癸仲到雅州，命李实率飞虎军到安静寨，观察蛮人动静。这时"飞虎军皆选士，自为无不一当十者，故锐欲渡河"[5]，但是，安癸仲却临时改命董照领飞虎军，而由李实领禁军，由于将兵不熟，对地理环境更不清楚，在蛮人突击下，宋军溃败，飞虎军的损失相当重。[6] 临时派将官领兵是宋朝控制武将与军队的手段。上述三次战争，正是飞虎军参与作战的前三次。这时候，可能是飞虎军最负盛名，地方色彩也浓厚的时期，宋廷想借派人领导作战的同时，强化中央的影响力，冲淡飞虎军的地方色彩，却没想到由于将兵不相习，加上领导人不谙地形，遭到连串的失败。大概受到教训，在此后的战争中，宋廷改由熟悉地形的地方官去领导，而有四次胜利的战绩。

---

[1] 《后乐集》，卷 12，《奏举封彦明充将帅状》，页 14 下。

[2] 《昌谷集》，卷 12，《与郭统制札子》，页 18 上。

[3] 《昌谷集》，卷 12，《与郭统制札子》，页 19 上。

[4] 《历代名臣奏议》，卷 185，页 6 下。

[5] 《续编两朝纲目备要》，卷 11，页 210。

[6] 《宋史全文》，卷 30，页 17 下。又见上一条注释。

广西抗蒙，是飞虎军见诸史籍的最后记载。此后，飞虎军的动向如何，不得而知。不过，在飞虎军被征调到广西后，广西帅臣李曾伯与湖南安抚使向士璧，曾争夺飞虎军的统制权。[1] 到度宗（1265—1274 在位）时，湖南安抚使汪立信（1269—1272 任湘帅）曾另创“威敌军”，飞虎军可能被整编入“威敌军”，以致南宋末年，没有飞虎军进一步的讯息。[2]

六、结论

飞虎军的发展是辛弃疾奠下了良好的基础。辛弃疾自金归宋后，虽然不能大展长才，而郁郁不得志，但他眼光远大，在江西、湖北、湖南任官时，看到民变频繁，及地方武力在应付地区性叛变上的优点，于是任湖南安抚使时，以卓越的组织和领导能力，不到半年，就建立了一支人数虽不多，以本地人为主的地方军——飞虎军。他知道军队的命运与财政有密切关系，积极开发财源，改税酒制为榷酒制，以供军需。为了凝聚飞虎军的力量，并且持续发展，广筹财源，成立永久性的基金，这是飞虎军发展的重要条件。他离任后，继任者李椿支持他的做法，更加强训练，使飞虎军成为一支强军。不久，地方财政无力支持飞虎军，宋朝政府为强化朝廷的权威，支持飞虎军的军费，同时改变了飞虎军的隶属关系，进一步调驻他处。在不失去与本地联系的条件下，飞虎军接受朝廷的调动，甚至参与作战，战绩相当卓异，成为南宋中、晚期，在长江中游，平乱、御

[1] 《可斋杂稿·续稿后》，卷 9，《以湘帅申押回飞虎统领程俊及分界运米二事》，页 37 上—39 上。

[2] 《宋史》，卷 416，《汪立信传》，页 12474。

侮的重要武力之一，而且持续八十年，是当时几支地方军中，维持最久、发挥最大战力的部队之一。

在宋朝，地方武力的长期存在与发展，会碰到两个问题，一是和宋朝强干弱枝的政策相抵触，二是如何与正规军相处。南宋中期兴起的地方武力，都曾遭遇相同的难题，像以李全为主的山东忠义军，以及由孟宗政、孟珙（1195—1246）父子所创立的忠顺军，最后都无法克服上述的两难问题，而叛宋投降蒙古。飞虎军何以竟能持续发展，是很值得检讨的。

宋朝最忌武人拥有私兵。宋怕唐末五代武将跋扈，藩镇割据的历史重演，特别提防武将，尤其是武人拥有地方性的军队。辛弃疾是归正人，在南方固然受到歧视，但他毕竟被视为文人[1]，而且以地方长官的身份，创立飞虎军。军队直接受文职地方长官的指挥、领导，跟辛弃疾没有私人联系的迹象，不会像孟珙父子，与所创的军队有十五年的关系，而被视为私人武力。

从分工的观念看，飞虎军成立之初的任务和防区，跟正规军不冲突。飞虎军的防区是湖南，任务在镇压蛮傜。湖广交界一带的特殊地形，不利于正规军的战斗，补给更成问题，而且从分工的角度看，正规军负责主要边界的不足，防区各异，也不会发生摩擦，因此相安无事。等到飞虎军成为调驻军以后，驻守宋金边界的屯驻大兵已不堪战，飞虎军的领导者多由朝廷或屯驻的大将所指派，成了正规军的一个支系，不会造成与朝廷或正规军对立的现象。

就人数而言，飞虎军初期不出三千人，到后期，可考的部分，

[1]　邓广铭指出，辛弃疾在淳熙二年（1175）九月，平定赖文政之乱后，宋朝授予“秘阁修撰”的职名，这个职名一向只作为一般学士大夫的“贴职”的。从此，南宋政府把辛弃疾看作文人，见所著，《辛弃疾传》，页 46—47。

其最高数目也仅约三千五百人而已，始终是支小部队，不像山东忠义军有二十多万人，忠顺军有两三万人[1]，容易引起朝廷的疑忌。

飞虎军的人数虽不多，却能凝聚很久，得力于辛弃疾的筹划。成员绝大多数是湖南人之外，又有优渥的福利。后来，虽然受调分戍各地，但房舍、家眷，甚至坟墓都在潭州，每一年或两年，得由戍地回潭州换防，这么一来，具有较强的凝聚力，不像其他军队，一被调离本地之后，就永戍新防区，易于丧失地方军的风格。

最后，从飞虎军演变的历程，可以反映地方军发展的情形。飞虎军创置之初，完全由地方节制，对朝廷只有象征性的隶属关系。等到地方财政无法支付军费的开销，就改隶屯驻边区的荆鄂都统司。朝廷在财政上支持之余，为了避免军队长久驻守一地，会形成尾大不掉的局面，在“兵无常帅，帅无常师”[2]的政策下，加强对飞虎军的控制，派人领导，增加戍地，都是此一政策下的产物。至此，飞虎军已渐从地方军变成调驻军。开禧（1205—1207）以后，更受调参与平定四川黎州蛮及对抗金、蒙的军事行动，逐渐有取代已趋腐败的正规军之势，朱熹就说：

> 祖宗时只有许多禁军散在诸州，谓之禁军者，乃天子所用之军，不许他役。而今添得许多御前诸军分屯了，故诸州旧有禁军皆不理会。又如潭州缘置飞虎军一军了，都不管那禁军与

[1] 参见黄宽重，《孟珙年谱》，《南宋史研究》（台北：新文丰出版公司，1985年），页41、44、58；及《南宋时代抗金的义军》（台北：联经出版事业公司，1988年10月初版），页247。

[2] 《文献通考》，卷152，《兵四》，页1327。

亲兵。[1]

由于外调作战及戍守区域增多，已无法兼顾原先防蛮的任务了。到理宗绍定二、三年（1229、1230），郴州溪峒作乱，反要调派鄂军来协助剿乱，诚如吴潜在端平元年（1234）的奏疏中所说的：

> 臣窃见湖南帅府，从来应接支吾，全在飞虎一军，近年乃以分戍信阳、武昌，及至捕寇，却要鄂兵来赴，朝廷区处倒置如此。[2]

可见理宗朝（1225—1264）以后，飞虎军虽然跟潭州的根没有断，但在朝廷或屯驻大将有意的运作下，已失去地方军的性质。等到被调到广西抗蒙时，湖南与广西帅臣争飞虎军的统制权，则导致它被收编或解组的命运。

[1] 《朱子语类》，卷 130，页 3103。又见章如愚，《山堂群书考索》（台北：新兴书局，1969 年 9 月新一版），别集，卷 21，《兵门》，页 5442—5443。

[2] 《许国公奏议》，卷 1，《应诏上封事条陈国家大体治道要务凡九事》，页 48 下。

第二篇　民间自卫武力

在社会纷乱，政权不稳的时期，由于朝廷无力维护地方安全，百姓为了自保，往往自动成立防卫组织，自行筹措财源、兵器和建立防御据点。依山傍水而建的各种寨堡，在承平时期常是盗贼、寇乱为祸的渊薮；到了乱世，却变成平民百姓逃避战祸的桃花源。这种民间武装力量防守险要据点的情形，长期存在于中国传统社会，是务农的百姓据以自卫的基本形态。至于从事贸易的商贩，为维护货物和交易的安全，不免拥有武装力量，尤其是从事走私贸易者，更是挟武力来对抗官方的追缉。这种以商人为主的武装团体流动性高，但有时亦盘踞险要，对抗强敌。这些不同的民间武装团体，因自主性强，不受官府约束，当中央政府势力强大，往往是被压制和取缔的对象。但是，一旦社会秩序崩解、政权受到威胁，政府无力控制局面，对待民间武力的政策便发生改变。

南宋时代，中央政府外受女真和蒙古的威胁，内有频仍的变乱与社会冲突。为了化解内外压力，稳定政局，宋廷调整既有政策，对在边境上抗敌护土有力的民间武力，承认其地位；再则，以各种方式来鼓励或组织地方自卫武力，作为辅助正规军抗御外患或敉平内乱的战力。因此，沿边地区存在着名目繁多、形式各异的民间武装力量，比较重要的有“义军”、两淮山水寨及茶商军等。

本篇前四章分别以个案的方式，讨论不同类型的民间自卫武力。镇抚使是南宋初建时，由朝廷给予既存民间武力的合法地位，透过授予领导人官职，来加以控制和利用。两淮山水寨则显示宋金边界上民间自卫武力的组织与发展情形，反映边境地区的特殊社会形态。茶商军则说明由业缘组织的武装力量，这种武力既可能因抗拒官府的镇压而引发变乱，亦会因外患入侵而与政府军并肩作战。李全、李璮父子领导下的山东忠义军，是民间自卫武力的典型。原本只为在乱世中求生存，后来却周旋于宋、金、蒙三大政权间，四处逢源，成为影响历史发展的重要力量。这四个例子都显示地方民间武力的性质，宋廷利用与控制的方式，以及中央政权与地方势力关系的变化。

尽管自卫武力存在形式，与政府的关系和发挥的影响都各有不同，他们的据点的形式却颇有类似之处。透过据点的建设和布置，更足以说明民间自卫武力在组成和功能上的共通性。因此，在最后一章，特别以宋、高丽经营山城、水寨抗御蒙古的经验为例，从建筑的形式和规模方面，说明民间自卫武力据守山城、水寨所能发挥自卫性、守势战略的功能。

第四章　宋廷对民间自卫武力的利用和控制

——以镇抚使为例

一、前言

南宋政权建立之初，强大的女真威胁于外，溃军、盗贼为祸于内，“内忧外患”之势甚为明显，为了巩固政权，减轻朝廷的压力，只得改变北宋以来，长期压制地方势力的政策，在宋金边境地带，设置镇抚使，主动承认既存的地方势力。镇抚使所在地，都是朝命所不能及的区域，他们在辖区内自筹财源、安辑流民、抵抗金兵，成为南宋北边的屏障，使宋廷得以推动一连串“安内”政策，消除境内反对势力，度过最艰苦的岁月。这种承认既存的割据势力，并加以利用的政策，是南宋得以扭转劣势的重要因素之一。

不过，镇抚使只是南宋朝廷救亡图存的权宜措施。它虽然对重建宋政权有所贡献，但同时也意味着地方势力抬头，和宋朝传统国策相违，若任其发展，可能重蹈藩镇亡唐的覆辙，因此宋廷同时也采取了防范和控制的措施，等到时局稳定，则断然废镇。由讨论镇抚使的兴废过程，不仅可以了解南宋利用与控制地方武力的手段，及地方武力兴替的情形，更有助于得知南宋政治的演变。研究宋代政治与军事的前辈学者，虽也注意到此一课题的重要性，但除日本学者山内正博教授有专著讨论外，迄无全面的观察与研究。山内教授在《南宋镇抚使考》一文[1]中曾详细讨论镇抚使设置的背景、制度及成效，唯对镇抚使的组织和性质，宋廷对镇抚使的利用与控制，以及南宋中晚期镇抚使重现等现象，未予深论，笔者乃利用南宋史籍，草成本文。

二、镇抚使成立的背景

当金兵南侵，宋军溃败之际，有识之士，眼见地方武力比正规军还能发挥御敌效果，皆思加以利用。靖康元年四月，金兵第一次围城后，李纲就倡议在河北设立藩镇，屏障王室，他说：

> 唐之藩镇，所以拱卫京师，故虽屡有变故，卒赖其力。而及其弊也，有尾大不掉之患，祖宗监之，销藩镇之权，罢世袭之制，施于承平边备无事则可，在今日则手足不足以捍头目。为今之计，莫若以太原、真定、中山、河间，建为藩镇，择帅付之，许之世袭，收租赋以养将士，习战阵相为唇齿，以捍金人，可无深入之患。[2]

---

[1] 见《史渊》（福冈：九州大学文学部），第64辑（1955年2月，昭和30年2月），页65—91。

[2] 《梁溪集》，卷46，《备边御敌八事》，页2下—3上。

然而，当时宋廷正徘徊和战之中，对任何议案都迟疑不决，不久，金兵两度南下，十月陷隆德府（今山西省襄垣县），宋廷为应付危急，只好改弦更张，命范讷充河北河东路宣抚使[1]，许以便宜行事，并得掌握用人大权："见任官能与乡里豪杰率众捍敌，得守城邑，大者宠以公爵，次者授以节钺，或登用于朝廷，世袭其地"[2]。然而，金兵入犯神速，十一月十五日，渡过黄河，进逼开封城，河北河东恢复藩镇的计划尚未实行，北宋已告覆亡。

高宗即位以后，为了重新组织一个稍具规模的政府，以号召人心，抗拒金兵，遂起用主战最力的李纲为相。这时候，天下扰攘不安，宋室岌岌可危，许多朝臣感于"强干弱枝"政策，无法应付紧急危难，相继倡议恢复藩镇以图存，建炎元年（1127）五月，侍御史胡舜陟建议行节度使之制，以保中原，他说：

> 今日措画中原，宜法艺祖……守边之术，以三京关陕析为四镇……择人为节帅使，各以地产之赋，养兵自卫，且援邻镇。又京帑积钱千余万缗，宜给四镇为籴本。[3]

同时，签书枢密院事曹辅也提出类似的建议。[4] 不久，知同州唐重在上疏论防金之策时，也倡议"建藩镇、封宗子，使守我土地，缓急无为敌有"[5]。

六月，李纲正式视事，在"十议"中重申"建藩镇于河北河东

[1] 《会编》，卷 58，页 2，靖康元年十月十八日条。
[2] 《会编》，卷 58，页 4，靖康元年十月十八日条。
[3] 《要录》，卷 5，页 8，建炎元年五月壬辰。
[4] 《要录》，卷 5，页 13，建炎元年五月丙申。
[5] 《要录》，卷 5，页 28，建炎元年五月丙午。

之地”[1]的建议，接着又提出更具体的建议，他说：

> 今日州郡之弊，手足不足以捍头目，理势然也，救其弊而振起之，莫若取方镇之制，用其所长，去其所短，择人而任之，使大小相比，远近相维，以藩王室，则中国之势尊矣。臣愚乞于沿河、沿江、沿淮置帅府、要郡、次要郡，帅府带安抚使，节制一路，即唐节度使之兵也……朝廷减上供金谷，使之养兵，宽法制而假之权，将佐寮属听其辟置。平居责以训练阅习，有夷狄盗贼之变，即帅府量事起兵，统率以行，与邻路约为应援、会合，有功者增秩进职而不移其任，如此数年，上下安习，即州郡之兵可用矣。[2]

七月，尚书吏部员外郎卫肤敏相继提议在河朔之地行藩镇，他说：

> 河朔国家根本之地，前日既不能有，割以与敌，幸其能守而不下。为今之计，莫若阴降蜡书，许以世守，俾各知爱其土地，而不轻与人。[3]

在短短的时间内，竟有这么多人倡议恢复藩镇，可见当时朝臣大都视此为固守疆土、拯救危亡的重要方案。他们认为黄河流域虽沦为战区，金朝仍未能有效控制，地方武力如马扩在西山和尚洞集结义军，及翟兴兄弟、邵兴等结纳豪杰，向金人袭击，均曾收到相

[1]《梁溪集》，卷58，《议国是》，页4下。

[2]《梁溪集》，卷61，页9下—10上。

[3]《要录》，卷8，页5，建炎元年八月壬戌；又见卷7，页9—10，建炎元年七月己亥。

当成果，因而建议在两河地区，推行藩镇制度[1]，俾利用两河的地方势力来攻击、牵制金兵，作为恢复疆土的先锋。主张恢复藩镇最力的李纲，既认定料理河东、河北，维系忠义人心，是巩固政权、匡复故土的首要任务，在担任宰相之后，便积极推动这项工作，成立招抚司于河北，经制司于河东，分任张所、傅亮为河北招抚使和河东经制副使，并以宗泽为东京留守，组织两河忠义之士。[2] 可惜，这些正待开展的计划，遭到为高宗宠信的主和派人士黄潜善、汪伯彦的阻挠，未能竟其功[3]，李纲见恢复计划无法推动，愤而辞职，主和派既得势，乃推翻李纲的方案，迁都扬州，罢藩镇之议。整个华北，只剩下东京留守宗泽继续从事连系义军、擘画收复失土的大业。

建炎二年（1128）七月，宗泽病死，宋廷命杜充继任东京留守。此时主和派气焰炽盛，引起抗金义军的离心，金朝利用这个时机，以各个击破的方式，次第消灭北方义军[4]，同时积极南侵。从当年十一月起三个月间，连陷各地，兵锋直抵扬州，迫使高宗仓促迁都杭州。经过这次教训，关切政局安危的朝臣，又纷纷提议恢复藩镇，如建炎三年（1129）三月，义军领袖马扩提恢复三策，其中策是:“都守武昌，襟带荆湖，控引川广，招集义兵，屯布上流，扼据形势，密约河南诸路豪杰，许以得地世守，用为屏翰。”[5] 枢密院计议官薛徽言也请“建立方镇,以固藩落”[6]。四月,李纲在给吴敏的信

[1] 黄宽重,《南宋时代抗金的义军》，第二章,《高宗初期的义军》，页 35—36。

[2] 邓广铭,《南宋对金战争中的几个问题》,《历史研究》，1963 年 2 期，页 22。

[3] 黄潜善等人既分招抚司事权，责其设立后，河北盗贼反增，又以傅亮逗留不进，撤其职。见《要录》，卷 8，页 12;《会编》，卷 112，页 12，建炎元年八月十四日。

[4] 黄宽重,《南宋时代抗金的义军》，第二章,《高宗初期的义军》。

[5] 《要录》，卷 21，页 3，建炎三年三月庚辰。

[6] 《浪语集》，卷 33,《先大夫行状》，页 4 上、下。

中，强调“为今之计，唯复方镇之制，少因革之，可以渐振中国”[1]。同时，御营使司参赞军事张浚也指出“江北之地，其势须变为藩镇，然后可守”，建议令宰执详加讨论，及早措置。[2] 朝臣朱胜非及张虞卿等十九人，也上疏建议行藩镇。[3] 八月，兵部尚书谢克家说：

> 今京东西及江淮，悉为榛莽，难用常法，宜建藩镇，文武并授，令得便宜从事，财赋亦听自用，如捍御有功，则许世袭。[4]

这些意见与靖康、建炎之际恢复藩镇的议论大致相同，只是建议实行的地区，已非两河，而是淮北、河南一带，可见这时河北、河东已在金人控制之中，宋金边界线亦已南移。然而这个建议仍未能实行。先是，高宗行止未定，而宰相黄潜善、汪伯彦以和议可恃，在金兵南犯期间，仍不断遣使求和，不事备御[5]，又多方抑止边将结纳北方抗金义军，以示好金人，甚至不惜削去皇帝名号，自居为南方藩属——宋廷乞和之不暇，何敢再议藩镇问题。接着苗傅、刘正彦发动叛变，吕颐浩、张浚因勤王有功而当政，他们对金的策略是“且守且和”“且战且避”，一方面仍遣使至军前求和，一方面为了保护高宗的安全，将兵力配置改由防淮退为守江；以杜充领重兵守建康，韩世忠守镇江，刘光世守太平及池州，而由张浚置司秦川，独任陕蜀防务，恢复藩镇之议，遂又不了了之。

---

[1] 《梁溪集》，卷 112，《再与吴元中别幅》，页 12 下。

[2] 熊克，《中兴小纪》（台北：文海出版社影印，1980 年 6 月初版），卷 6，页 2 上，建炎三年四月。《要录》作三年三月辛巳（卷 21，页 3 下）。

[3] 《要录》，卷 21，页 5，建炎三年三月辛巳。

[4] 《要录》，卷 26，页 13，建炎三月八月，是月条。

[5] 徐秉愉，《宋高宗之对金政策》（台湾大学历史研究所硕士论文，1984 年 6 月），页 52。

建炎三年（1129）十月，金帅宗弼（兀术）第三度率兵南侵，一路势如破竹，渡淮后，陷寿春，分兵二路追击高宗于江浙，隆祐太后于江西。兀术亲率兵蹑袭高宗，先被拒于采石[1]，转趋马家渡渡江，王瓆、韩世忠引兵遁，杜充弃建康北走，江防军溃[2]，吕颐浩建乘海舟避敌之议，十二月，高宗驻跸明州，决定航海避敌。不久，金兵犯明州，为张俊所败，四年（1130）一月，金兵再犯明州，又败，接着又犯，张俊遁走，明州遂陷。高宗被迫遣散官吏，与少数随从狼狈逃到海中避难。三月中旬，金人撤兵，与韩世忠相持于黄天荡，不久，北退。

经过金兵一再的入犯，宋廷也意识到官军的无能，而一向被忽视的地方抗金武力，实为抗金的主力。这时，从长江到关陕之间的江北、河南数十州辽阔的土地，为许多地方势力所盘踞，这些人有的是以溃兵义勇为基干的兵匪，有的原是义军，为了抗金而接受宋廷的节制，也有的是一些官员临时拼凑的军队，用以保守本土，情况各有不同，但宋廷却不能有效控制，诚如《要录》所说：

> 诸路盗益起，大者至数万人，据有州郡，朝廷力不能制，盗所不能至者，则以土豪溃将或摄官守之，皆羁縻而已。[3]

同时，以钟相为首的叛乱团体，也正在洞庭湖附近举兵倡乱，建号曰“楚”。势力扩充到四十万人，荆湖之地“凡十九县，皆为盗区”[4]，

[1] 《要录》，卷 29，页 5，建炎三年十一月庚戌。又《会编》，卷 134，页 10。

[2] 《要录》，卷 29，页 9—10，建炎三年十一月壬戌。

[3] 《要录》，卷 33，页 2，建炎四年五月甲辰。

[4] 白钢、向祥海，《钟相杨幺起义始末》（太原：山西人民出版社，1980 年 4 月一版），第三章，《风卷义旗天子岗与第一次革命高潮的形成》，页 85—86。

声势浩大，对赵宋政权形成巨大的威胁。

在这种外则强敌压境，内则盗贼充斥的情况下，设藩篱为保障的需要就益发殷切。参知政事范宗尹认为："此皆乌合之众，急之则并死力以拒官军。莫若析地以处之，盗有所归，则可以渐制。"[1] 遂向高宗建言：

> 昔太祖受命，收藩镇之权，天下无事百有五十年，可谓良法。然国家多难，四方帅守事力单寡，束手而莫知所出，此法之弊也。今日救弊之道，当稍复藩镇之法，亦不尽行之天下，且裂河南、江北数十州为之，少与之地，而专付以权，择人久任，以屏王室。[2]

高宗听从其议，欲行藩镇之法。适时相吕颐浩以用兵专恣，被赵鼎攻其过而求去。[3] 高宗任宗尹为相，正式在京畿、湖北、淮南、京东、京西州军设置藩镇，镇帅称镇抚使，诏书说：

> 周建侯邦，四国有藩垣之助，唐分藩镇，北边无蕃马之虞。永惟凉眇之资，履此艰难之运，远巡南国，久隔中原，盖因豪杰之徒，各奠方隅之守，是用考古之制，权时之宜，断自荆淮，接于畿甸，岂独植藩于江表，盖将崇屏翰于京都，欲隆镇抚之名，为辍按廉之使，有民有社，得专制于境中，足食足兵，听专征于阃外，若转移其财用，与废置其属僚，理或应闻，事无

[1] 《要录》，卷 33，页 2，建炎四年五月甲辰 。

[2] 同上。

[3] 《宋史》，卷 362，《吕颐浩》，页 11321。又《要录》，卷 32，页 24；卷 33，页 17—18。

> 待报，惟龙光之所被，既并享于终身，茍功烈之克彰，当永传于后裔。尚赖连衡之力，共输夹辅之忠。[1]

宋人在河南、江北地区局部恢复藩镇，和防江策略同时并行，目的是要在江北建立缓冲地带，以减轻金人侵犯的直接压力。同时，盗贼和叛乱虽同样抗拒政府的权威，但盗贼显然比另树旗帜、向高宗政府合法性挑战的叛徒威胁性较低，还可加以利用，因此，借着崇以名号，以达成外抗强敌、内御叛逆的目的，显然是宋朝成立镇抚使的主要因素。

三、镇抚使的组织与性质

建炎四年五月，宋廷正式设置镇抚使，当时朝臣对这一新制度的职权、角色与朝廷的关系等方面，有过详细的讨论。二十二日，宰相范宗尹根据朝臣讨论“分镇事宜”所提出的报告，对镇抚使的职务作了规划，《建炎以来系年要录》卷33，《宋会要辑稿·职官》42之75，《三朝北盟会编》卷140都抄录文件内容，其中以《三朝北盟会编》最为详细，这是研究镇抚使最重要的资料，特抄录如下：

> 一、诸镇臣，乞以镇抚使为名。
>
> 一、欲将京畿、湖北、淮南、京东、京西州军，并分为镇，其陕西、四川、江南、两浙、湖南、福建、二广，并仍旧制。
>
> 一、诸镇除茶盐之利，国家大计所系，所入并归朝廷，及

[1] 《要录》，卷33，页18，建炎四年五月甲子。又《北海集》，卷9，《赐门下分镇诏》，页1。唯文字与《要录》稍异，此从《北海集》所录。

依旧制提举官外，其余监司并罢，所有财赋，除供上钱帛等，自合认数送纳外，其余职并听本镇帅臣移用，更不从朝廷应副。缘今初建理宜宽假，而又责以备御之事，欲为蠲免上供三年，候事力富实日，自合依旧。

一、今来分镇州军，多经残破，或依紧要控扼去处，理宜增重事权，庶可以办应，管内州县官，并许辟置，知通令帅臣列名具奏，朝廷审量除授。官吏廉污勤惰，许按察升黜，其所管州军，并听节制。遇军兴，许以便宜从事。其帅臣不因朝廷召擢，更不除代，如能捍御外寇，显立大功，当议特许世袭。[1]

从这个文件，配合其他史料，我们可以更清楚地看到镇抚使的职权与角色，兹分述如下：

一、镇抚使的职称：镇抚使的正式称谓是“某府、州、军镇抚使”，如“楚、泗州、涟水军镇抚使知楚州赵立”，地位与各路安抚使相当。[2]

二、镇抚使的财政权：除茶盐是国家大计所系，依旧由朝廷置官提举外，其他监司并罢。所有上供财赋在分镇之初，权免三年，其余收入由帅臣自由移用，朝廷也不额外支应。[3] 这项权免三年上供财赋的规定，到绍兴五年（1135）闰二月，曾应荆南府、归、峡、

[1] 《会编》，卷140，页3—4，为建炎四年五月二十二日参知政事范宗尹等奏。

[2] 《宋会要·职官》，42之76。

[3] 关于镇抚使的财政权问题，山内教授认为镇的财赋收入，除解缴定额上供外，其余可以自由使用。唯前引《会编》云：“缘今初建理宜宽假，而又责以备御之事，欲为蠲免上供三年，候事力富实日，自合依旧”，《要录》作“上供财赋权免三年，余令帅臣移用”（卷33，页18）。参照绍兴五年闰二月辛未，诏“荆南府归峡州荆门公安军，岁贡上供更与免二年（原注云：分镇指挥免上供三年，今已二年，故潜有请）”（《要录》，卷86，页32），可知上供朝廷的财赋，是全免三年，并非解缴的。

荆门、公安军镇抚使解潜的请求，该区再延长二年。[1]

三、镇抚使的行政权：依规定管辖区内的州县官吏，由镇帅辟置，而知州、通判等长官，则由帅臣辟奏，朝廷审度除授，镇帅同时有节制地方、升黜地方官的权力。

四、镇抚使的军事权与编制：按规定镇抚使平时可以节制辖区内州军，战时许以便宜从事。后来宋廷更在实行镇抚使的区域，罢安抚使，而由镇抚使带马步军都总管的名义，以重其权。更令镇抚使司设置官属，如参议官一名，书写机宜文字一名，幹办公事两名，由镇帅奏辟。[2] 绍兴元年（1131）三月，又应解潜之请，增加镇抚司属官员额，主管机宜文字一名，幹办公事两名，准备将领、准备差遣、准备差使各十名、准备使唤二十名，听候差使不限员数，由镇抚使选官辟置。[3] 二年闰四月，再允许解潜得添置参议官一名，幹办官两名。[4]

五、镇抚使的身份保障：按规定，镇帅除受朝廷招擢外，更不除代。如因捍御外寇，显立大功，特许世袭。

六、镇抚使的司法权：这项权限，上述文件并没有明定。但绍兴二年十一月，宋任命五宣谕使察访各地时，规定诸路制勘公事徒罪，并令宣谕官酌情断遣以闻，只有“四川、分镇路分，令宣抚、镇抚司遣官结绝”[5]。可见镇抚使也拥有相当的司法权。

南宋既决定设置镇抚使，从建炎四年五月二十二日起，分批任命了三十九个镇抚使。分析这些镇抚使的资料，或可掌握镇抚使的

[1] 《要录》，卷 86，页 32，绍兴五年闰二月辛未。
[2] 《宋会要·职官》，42 之 75。
[3] 《宋会要·职官》，42 之 76。
[4] 《宋会要·职官》，42 之 77。
[5] 《要录》，卷 61，页 14，绍兴二年十二月辛丑。

性质，兹表列如下：

表 4–1　南宋镇抚使资料表

姓名	籍贯	出身	镇抚地区	时间		兵力		个人结局	备注
				开始	废罢	最初	最盛		
王亨	东都	军卒	权主管庐州寿春府镇抚使司公事兼知庐州	绍兴二年二月丙戌（一）	绍兴二年十月辛卯（二）			尝受伪齐之命，为郭伟巨师古所执	
王林			权承州天长军镇抚使兼知承州	建炎四年八月庚辰（三）	建炎四年九月辛酉			改知承州	薛庆部下
王彦	河内	豪族	金均房州镇抚使兼知金州	建炎四年十一月丁巳	绍兴五年四月丁未	七百	二十万	1. 改任知荆南府充归峡州荆门公安军安抚使 2. 绍兴九年十月丙寅死于邵州	张浚承制任之
孔彦舟	相州林虑	军官（四）	辰沅靖州镇抚使兼知辰州	建炎四年七月戊申	建炎四年十月				以捕钟相功任之
			鼎沣辰沅靖州镇抚使兼知鼎州	建炎四年十月	建炎四年十一月己酉			改任湖南路兵马副总管	
			蕲黄镇抚使兼知黄州	绍兴元年八月丙寅	绍兴二年六月壬寅（五）			1. 降刘豫 2. 金正隆六年卒，年五十五	张俊奏任之
牛皋	汝州鲁山	军卒	蔡唐州镇抚使（六）	绍兴三年二月庚戌	绍兴四年四月戊子			1. 为岳飞统制官 2. 绍兴十七年三月丁卯中毒死	由伪齐投李横，李横奏任之
史康民	濮州	盗	兼知真扬州镇抚使	绍兴元年四月二十日	绍兴元年七月			改知扬州	
吴翊		摄官	光黄州镇抚使兼知光州	建炎四年五月乙丑	建炎四年八月丙戌			死于军中	

续表

姓　名	籍贯	出身	镇抚地区	时　间		兵　力		个人结局	备　注
				开始	废罢	最初	最盛		
李　成	雄州	军卒	舒蕲州镇抚使	建炎四年五月丁酉	建炎四年八月丙戌	数万		改任	
			舒蕲光黄四州镇抚使	建炎四年八月丙戌	绍兴元年五月丁酉			1. 降刘豫 2. 卒于金，年六十九	
李　伸		盗贼	庐、寿镇抚使	建炎四年九月	建炎四年十一月戊午			1. 为王亨所执 2. 其众隶神武左军	宋廷任之
李　祐	蔡州	土豪	淮宁、顺昌府蔡州镇抚使	绍兴元年八月乙酉					范福走、祐等率民守蔡州，言于朝乃任之
李　道	相州	盗贼	邓、随州镇抚使兼知邓州	绍兴二年六月辛丑（不敢拜）	绍兴三年正月乙亥			1. 改任知随州 2. 后归岳飞为统制官	1. 桑仲部下 2. 赠太尉谥忠毅
李　横	高密	军卒	襄阳府郢州镇抚使兼知襄阳府	绍兴二年六月辛丑	绍兴三年正月乙亥			改任	1. 桑仲部将 2. 仲死横继之
			襄阳府郢邓随州镇抚使兼知襄阳府	绍兴三年正月乙亥（七）	绍兴三年二月庚戌		军马数万	1. 改任神武右副军统制，京西招抚使 2. 部众隶赵鼎	
李允文	卢阳	官	鄂岳辰沅州镇抚使		绍兴元月十月丁卯			赐死	
李彦先	东海	军官	海州淮阳军镇抚使兼知海州	建炎四年五月乙丑	建炎四年九月	四十三人	数千	1. 战死 2. 余众归刘光世（八）	宋廷以彦先执金招降人马士宗，故任之
岳　飞	汤阴	军卒	通泰镇抚使兼知泰州	建炎四年七月庚申	绍兴元年七月庚子（九）			1. 改任神武右军副统制 2. 绍兴十一年十二月赐死	张俊荐任之

续表

姓名	籍贯	出身	镇抚地区	时间		兵力		个人结局	备注
				开始	废罢	最初	最盛		
胡舜陟	绩溪	官	庐州寿春府镇抚使兼知庐州	绍兴二年十二月乙亥（十）	绍兴三年二月庚戌			1. 改任淮西安抚使 2. 绍兴十三年六月死于静江狱，年六十一	
范福		军官	权知蔡州	绍兴元年二月癸巳	绍兴元年八月庚寅			弃城，宋任李祐代之	冯长宁降齐，福率众固守
范之才		官	金均房州镇抚使兼知均州	建炎四年六月庚辰	建炎四年六月庚辰（不赴镇）			死	
郭伟		官	权知庐寿春镇抚使司公事	绍兴二月十二月辛卯	绍兴二年十二月己亥				1. 执王亨，宋廷任之 2. 宋惧其生，令胡舜陟代之
郭仲威	山东	盗	真扬镇抚使兼知扬州	建炎四年六月丙戌	绍兴元年五月丙午	五六百	几万	1. 欲从李成降伪，刘光世命王德擒之，并其众 2. 斩死	仲威兵欲犯镇江，宋廷闻之，故任之
桑仲		军官	襄阳府邓随郢州镇抚使兼知襄阳府	建炎四年八月戊戌（十一）	绍兴二年三月戊戌	十余万		1. 被部将霍明所杀 2. 其职为李横所代	1. 王彦部曲 2. 宰相范宗尹奏任之
陈规	安丘	官	德安府复州汉阳军镇抚使兼知德安府	建炎四年六月庚辰（十二）	绍兴三年四月庚寅			1. 改任沿江安抚使 2. 绍兴十一年正月病死，年七十	在辖区内营田
陈求道	鄂州	官	襄阳府邓随郢州镇抚使兼知襄阳府	建炎四年六月庚辰（十三）	建炎四年六月				1. 进士出身 2. 未赴镇
寇宏	寿春	船夫	濠州镇抚使兼知濠州		绍兴四年十一月十四日			改知濠州	郭仲威部下

续表

姓名	籍贯	出身	镇抚地区	时间		兵力		个人结局	备注
				开始	废罢	最初	最盛		
张用	汤阴	军卒	舒蕲镇抚使兼知蕲州	绍兴元年五月戊戌	绍兴元年八月丙寅	五万	四十万	为张俊之统制官，众五万归俊	1. 宋廷欲讨李允文，故任之 2. 为盗刘忠所害，不赴镇
冯长宁		摄官	淮宁顺昌府蔡州镇抚使兼知淮宁府	建炎四年六月庚辰	建炎四年十月		十余万	1. 以王命阻绝降刘豫 2. 绍兴二十五年为金帝亮杖死	长宁自言招忠义大破敌军，故任之
程括		官	权楚州泗州涟水军镇抚使	建炎四年九月丙辰					赵立之参议官，赵立战死，为众所推
程昌寓	顺昌	官	鼎沣镇抚使兼知鼎州	建炎四年六月庚辰	建炎四年十月丙子			改任知鼎州主管湖西安抚司公事（绍兴元年正月乙卯）	1. 宣抚使冯康国奏任之 2. 所据诸县，大多为贼所据，故废
解潜		官	荆南府归陕州荆门公安军镇抚使兼知荆南府（十四）	建炎四年六月庚辰	绍兴五年四月丁未	正兵二千五百人，马千匹		1. 权主管侍卫马军公事 2. 绍兴十九年十二月死，年七十余	在境内屯田
董先	河南	军官	权商虢州镇抚使（十五）	绍兴三年四月丙申	绍兴三年七月乙未	七千人		1. 绍兴三年七月以官军及老弱七千人依赵鼎 2. 三年十二月甲午归岳飞为统制官 3. 绍兴二十六年十月丙午死	翟兴部将，绍兴二年二月降刘豫，三年元月投翟琮

续表

姓名	籍贯	出身	镇抚地区	时间		兵力		个人结局	备注
				开始	废罢	最初	最盛		
董震		军官	权商虢陕州镇抚使兼知虢州	绍兴三年四月丁亥	绍兴三年四月	万余			1. 翟兴部将，曾降刘豫 2. 李横奏任之
翟兴	伊阳	土豪（十六）	河南府孟汝唐州镇抚使兼知河南府	建炎四年五月乙丑	绍兴二年三月癸丑	数百	数千	被部将杨伟所杀（十七），年六十	在境内屯田
翟琮	伊阳	土豪	权河南府孟汝唐州镇抚使兼知河南府（十八）	绍兴二年七月己巳（十九）	绍兴三年七月乙未			1. 逃至襄阳，兵归李横 2. 绍兴四年四月庚子，改充江南东路兵马钤辖，宣州驻扎 3. 后归赵鼎	1. 翟兴之子 2. 琮实遥领虚名，未实辖之
赵立	徐州	军卒	楚州泗州涟水军镇抚使兼知楚州	建炎四年五月乙丑	建炎四年九月丙辰	数千	数万	战死，年三十，谥号忠烈	
赵霖		摄官	和州无为军镇抚使兼知和州	建炎四年五月乙丑	绍兴三年四月丁亥			被免官治罪，次年十二月壬辰平反，然已卒矣	在境内营田
刘位	招信	土豪	滁濠州镇抚使兼知滁州	建炎四年五月乙丑	建炎四年六月戊寅			被张文孝所杀（二十）	
刘纲	招信	土豪	滁濠州镇抚使兼知滁州	建炎四年六月戊寅（起复）	绍兴元年八月戊寅		万人	1. 改任宋官，死于绍兴三十年六月己未 2. 兵六千隶神武中军	1. 刘位之子 2. 受命逾年不赴镇
霍明	邯郸	军卒	权襄阳府邓随郢州镇抚使司公事权知襄阳府	绍兴二年五月甲子	绍兴二年六月辛丑	二千		改任江西兵马副都监	1. 桑仲部将，投仲，宋廷任 2. 未之镇
薛庆		盗	承州天长军镇抚使兼知承州	建炎四年五月乙丑	建炎四年八月庚辰	数万		战死于扬州城下	

说明：本表资料以《建炎以来系年要录》为主，《三朝北盟会编》《宋会要辑稿》《宋史》及文集为辅。资料不同者加注说明。

（一）《三朝北盟会编》（以下简称《会编》），卷146，页10，作"元年四月二十日"。

（二）《会编》，卷153，页9，作"十一月五日为巨师古所执"。

（三）《会要·方域》，6之15，作"九月二十二日"。

（四）一作弓手。

（五）《会编》，卷151，页6，作"七月五日癸亥"。

（六）《会要·兵》，15之2，作"信阳军"。

（七）《守城录》，卷4，页11上，作"绍兴二年八月十五日"。

（八）《要录》，卷37，页14下，作"众归吕颐浩"。

（九）岳飞在泰州实际时间是从建炎四年九月癸卯至十一月癸卯，见《会编》，卷141—143。

（十）《要录》，卷61，页7下—8上，作"次年三月到官"。

（十一）桑仲于绍兴元年二月癸酉才正式受命。

（十二）《会编》，卷139，页5，作"六月十一日"。

（十三）求道坐不措置盐事，张浚用便宜责求道单州团练副使，安置忠州，朝廷未知也，见《要录》，卷34，页6下。

（十四）《会编》，卷140，页3，无"归州"。

（十五）《北海集》，卷16，页9下，作"权商虢陕州镇抚使"。

（十六）《忠正德文集》，卷8，页7下，作"弓手"。

（十七）《会编》，卷150，页9上，作"兴力战不胜坠马遇害"。

（十八）《会要·兵》，14之24，无唐州，有郑州。

（十九）翟琮的正式任命在绍兴三年五月丙辰，见《要录》，卷65，页1下。

（二十）《会要·礼》，20之43，作“与金人战死”。

根据上表资料，我们可从几方面去了解镇抚使。

一、从出身方面看，在可考的三十八位镇抚使中，官吏（含摄官三名）出身的共十二人，军卒八人，土豪与军官各六人，盗贼五人，平民一人。军卒中有六人（李成、孔彦舟、李横、张用、桑仲、霍明）在担任镇抚使前曾为盗贼，因此盗贼共十一人，居第二位。官吏只有陈规、陈求道、胡舜陟是进士出身。可见镇抚使的出身相当复杂，而且结构上呈现以武人为主，低出身者占较高比例的现象。

二、从籍贯看：可考的二十六人中，全属长江以北，没有一位江南人。

三、从镇抚使的辖区看：包括京东东路的淮阳军、淮南东路的全部，及除亳州、宿州外的淮南西路，京西北路与京西南路、荆湖北路的全部及永兴军路的陕州、虢州、商州［此三州南宋时入金，分属南京路（陕州）及京兆府路（虢州、商州）］，亦即长江以北，黄河以南的大片地区均属之。

四、从设置与罢废的时间看：依两淮、荆湖、京西三大区域分，有如表4-2：

表4-2　镇抚使置、罢时间表

区域	时间																				总计
	不及一年					一年到两年					两年到三年					三年以上					
	建四	绍元	绍二	绍三	小计	建四	绍元	绍二	绍三	小计	建四	绍元	绍二	绍三	小计	建四	绍元	绍二	绍三	小计	
两淮	10	3	3	0	16	1	0	0	0	1	1	0	0	0	1	0	0	0	0	0	18
荆湖	2	0	0	0	2	0	0	0	0	0	0	0	0	0	0	1	0	0	0	1	3
京西	3	1	4	2	10	2	0	0	1	3	1	0	0	0	1	1	0	0	0	1	15
总计	15	4	7	2	28	3	0	0	1	4	2	0	0	0	2	2	0	0	0	2	36

三十九位镇抚使中，有置、罢记录的有三十五人，由于孔彦舟

有两次出任不同区域镇抚使，总共三十六人次，其中不到一年的达二十八人，占 77.7% 强，一年到两年之间有四人，占 11.1%，两年到三年及三年以上各二人，占 5.5% 强。总之，绝大部分的镇抚使很快就被废罢。

至于镇抚使废罢后的命运，依两淮、荆湖、两京三区域分之，有如表 4-3。

表 4–3　镇抚使的结局

结局	时间	地区			总计
		两淮	荆湖	两京	
任　官	一年内	7	2	7	16
	一～两年	0	0	1	1
	两～三年	1	0	1	2
	三年以上	0	1	1	2
	小　　计	8	3	10	21
死　亡	一年内	6	0	1	7
	一～两年	0	0	2	2
	两～三年	0	0	0	0
	三年以上	0	0	0	0
	小　　计	6	0	3	9
降　敌	一年内	1	0	1	2
	一～两年	1	0	0	1
	两～三年	0	0	0	0
	三年以上	0	0	0	0
	小　　计	2	0	1	3
被　执	一年内	2	0	0	2
	一～两年	0	0	0	0
	两～三年	0	0	0	0
	三年以上	0	0	0	0
	小　　计	2	0	0	2
不　明	一年内	0	0	1	1
	一～两年	0	0	0	0
	两～三年	0	0	0	0
	三年以上	0	0	0	0
	小　　计	0	0	1	1
总　计		18	3	15	36

由表 4-3 可知：一、一年内废镇的人中有十六人改任宋官，七人死亡，二人被宋廷所执，二人降敌，不明者一人，合计二十八人，以地区言，两淮有六人，两京路十人，荆湖路二人。二、一年到两年间废镇的四人中，一人改任宋官，二人被杀，一人降敌，以地区言，一人在两淮，三人在两京路。三、两年以上的四人都改任宋官。以总数言，改任宋官的有二十一人，加上置废时间不明的寇宏共二十二人，死亡的有九人，加上李允文共十人，降敌三人，被执二人，不明者一人，加上李祐、程括共三人，则共四十人次。可见废镇以后，镇帅个人大半改任朝官，或因战死、被杀等因素死亡而废镇。其余比例偏低。四、从镇帅辖区和后继者的情形看，镇抚使一任而终的有六区，其余十一区都是两任以上，兹列表如下：

表 4–4　各区镇抚使继任表

襄阳府、邓、随、郢州

次序	姓名	出身	镇抚使置罢时间	备注
1	陈求道	官	建炎四年六月～建炎四年六月	未之镇
2	桑　仲	军卒（盗）	建炎四年八月～绍兴二年三月	被霍明所杀
3	霍　明	军卒（盗）	绍兴二年五月～绍兴二年六月	未之镇
4	李　横	军卒（盗）	绍兴二年六月～绍兴三年二月	霍明、李横、李道为桑仲部下
5	李　道	盗	绍兴二年六月～绍兴三年一月	未之镇

庐州、寿春府

次序	姓名	出身	镇抚使置罢时间	备注
1	李　伸	盗	建炎四年九月～建炎四年十一月	
2	王　亨	军卒	绍兴二年二月～绍兴二年十二月	
3	郭　伟	官	绍兴二年十二月～绍兴二年十二月	
4	胡舜陟	官	绍兴二年十二月～绍兴三年二月	

淮宁、顺昌府、蔡州

次序	姓名	出身	镇抚使置罢时间	备注
1	冯长宁	官	建炎四年六月～建炎四年十月	降刘豫
2	范　福	军官	绍兴元年二月～绍兴元年八月	逃亡
3	李　祐	土豪	绍兴元年八月～?	
4	牛　皋	军卒	绍兴三年二月～绍兴四年四月	蔡唐州镇抚使

辰、沅、靖、鼎、沣、鄂、岳各州

次序	姓名	出身	镇抚使置罢时间	备注
1	程昌寓	官	建炎四年六月～建炎四年十月	
2	孔彦舟	军官（盗）	建炎四年七月～建炎四年十月	加鼎沣州
3	孔彦舟	军官（盗）	建炎四年十月～建炎四年十一月	改官
4	李允文	官	？～绍兴元年十月	赐死

滁州、濠州

次序	姓名	出身	镇抚使置罢时间	备注
1	刘　位	土豪	建炎四年五月～建炎四年六月	死
2	刘　纲	土豪	建炎四年六月～绍兴元年八月	守区沦陷，任宋官
3	寇　宏	船夫	？～绍兴四年十一月	改任宋官

舒州、蕲州

次序	姓名	出身	镇抚使置罢时间	备注
1	李　成	军卒（盗）	建炎四年五月～绍兴元年五月	降刘豫
2	张　用	军卒（盗）	绍兴元年五月～绍兴元年八月	改任宋官
3	孔彦舟	军官（盗）	绍兴元年八月～绍兴二年六月	蕲、黄州镇抚使，降刘豫

承州、天长军

次序	姓名	出身	镇抚使置罢时间	备注
1	薛　庆	盗	建炎四年五月～建炎四年八月	战死
2	王　林	官	建炎四年九月～建炎四年九月	薛庆部下，改任宋官

金州、均州、房州

次序	姓名	出身	镇抚使置罢时间	备注
1	范之才	官	建炎四年六月～建炎四年六月	未赴镇、死
2	王　彦	土豪	建炎四年十一月～绍兴五年四月	改任宋官

真州、扬州

次序	姓名	出身	镇抚使置罢时间	备注
1	郭仲威	盗	建炎四年六月～绍兴元年五月	欲降刘豫，为王德擒斩
2	史康民	盗	绍兴元年四月～绍兴元年七月	改任宋官

商州、虢州（陕州）

次序	姓名	出身	镇抚使置罢时间	备注
1	董　震	军官	绍兴三年一月～绍兴三年四月	翟兴部下，改任宋官
2	董　先	军官	绍兴三年四月～绍兴三年七月	翟兴部下，改任宋官

楚州、泗州、涟水军

次序	姓名	出身	镇抚使置罢时间	备注
1	赵　立	土豪	建炎四年五月～建炎四年九月	战死
2	程　括	官	建炎四月九月～？	赵立部下

一任而终的六位镇抚使中，有二人（吴翊、李彦先）战死，守区陷敌，一人（岳飞）因守区沦陷，改任宋官。此外的三人都守得较久，如德安府复州汉阳军的陈规，守了近三年后改任宋官，荆南府归陕州荆门公安军的解潜，守了四年十个月，后改任宋官，和州无为军的赵霖，守了近三年后改任宋官。

南宋任命的一批镇抚使中，有十名宋官（文武均含），而代表地方势力的盗贼、土豪仅有六名。这或许可以显示宋廷原想借官吏来监视、限制地方势力的发展。但十名宋官中，除三名久守，三名战死或守区沦陷外，另四名的地位竟为土豪等地方势力所取代。相反的，六名代表地方势力的镇抚使中，仅有一名的地位为宋官所取代。

可见在兵马倥偬之际，地方势力在王命不能及的地区，其力量要比代表朝廷权威的官吏更为强固，朝廷只得借羁縻的手段，来强化他们的向心力，桑仲被立为镇抚使就是一个明显的例子。[1] 而且这些代表地方势力的镇抚使中，有九人后来改任宋官，可见宋廷始终不曾放弃强化中央权威及削弱地方分歧力量的努力。

以镇抚使间的关系而言，有两个父子群（刘位—刘纲，翟兴—翟琮），这是世袭的例子。高宗允许镇抚使世袭的条件是："当俟其别立大功，然后许之。"[2] 翟、刘二家得以父死子继，正是他们不断以战功争取到的。此外，镇抚使有隶属关系的也不少，兹列简图如下：

①王彦—桑仲—霍明　　②郭仲威—寇宏　　③翟兴—董先
　　　　　　　李横　　　　　　　　　　　　　　董震
　　　　　　　李道

④赵立—程括　　⑤薛庆—王林　　⑥王彦—岳飞

以上十五人，加上前述翟、刘两家，共有十八人，占总数的46.1%，比例相当大。除上述父死子继的例子外，还有三个部属继任长官职位的例子，如赵立在楚州战死，部众推其参议官程括权镇抚使，薛庆战死，王林代之，及桑仲死，霍明、李横、李道分别继任镇抚使。不过，这种隶属关系，并不保证彼此关系融洽，像桑仲就曾攻击王彦，以求入蜀就食[3]，霍明甚至杀害桑仲[4]。宋廷既无力控制这个区域，又想利用镇抚使不和的形势加以分化，以削弱其势力，就采取承认现状的态度，桑仲死后，先后任命霍明、李横、李道继任镇抚使。

除了父子、隶属关系外，镇抚使与其邻近镇帅的关系，也有各

[1] 《要录》，卷42，页4—5，绍兴元年二月癸酉。
[2] 《朝野杂记》，甲集，卷11，《镇抚使》，页6下。
[3] 《要录》，卷37，页14下，建炎四年九月己未。
[4] 《要录》，卷52，页6，绍兴二年三月戊戌。

种不同的情形。关系亲密的，彼此互助，如守海州的李彦先和守楚州的赵立，辖地相近，同受金患，关系最为密切，当建炎四年九月，金兵围楚州时，彦先以舟师来援，并与赵立结为兄弟，及楚州陷，彦先死之。[1] 李成和郭仲威的关系也算密切，绍兴元年五月，仲威曾想到九江依附李成。[2] 不过关系密切的为数较少，彼此仇视，坐视不救，甚至争夺地盘的例子却比比皆是。像建炎四年八月，金兵攻楚州时，郭仲威与薛庆约好一起迎敌，届时仲威不至，薛庆战死扬州城下。[3] 李成和张用不和，当李成叛宋时，宋廷任张用继任舒蕲镇抚使，使其彼此相制，章谊知道后大为称赞，他说：

> 朝廷近降指挥，张用除舒、蕲镇抚使，命下之日，缙绅之通达治体者，莫不咸有惬志，盖李成素非张用之敌。今李成敢为乱，而张用愿效忠力。李成既已削夺官爵，张用乃蒙胙以茅土。仰见拔任忠勤，贬黜反复，此诚立国之大计也。[4]

镇抚使彼此不协调，争夺最激烈的地区在两京和荆湖三路。这一地区由于地形屏障，不易受到金兵直接的侵犯，外患较轻，彼此的争斗反更厉害，像程昌寓与孔彦舟[5]、桑仲与王彦、李横与陈规[6]、桑仲

[1] 《要录》，卷 37，页 22，建炎四年九月，是月条。

[2] 《要录》，卷 44，页 9，绍兴元年五月丙午。

[3] 《要录》，卷 36，页 7，建炎四年八月庚辰。

[4] 《历代名臣奏议》，卷 239，页 2 下。

[5] 《要录》，卷 36，页 22 下，建炎四年八月，是月。《梁溪集》，卷 73，《乞下镇抚使令有寇盗贼侵犯邻镇合出兵迭相应援奏状》，页 10 上—11 上。

[6] 《要录》，卷 57，页 12—13，绍兴二年八月乙巳。汤璹，《建炎德安守城录》，收入陈规，《守城录》（文渊阁四库全书本），卷 4，页 5 下—13 下。

与李规[1]、李横与解潜[2]、解潜与王彦[3]、李横与霍明[4]等都曾彼此攻击，这种现象，反映出镇抚使的孤立性与镇帅浓厚的个人色彩。相争的结果，不仅影响了抗金的实力，更影响到镇抚使的命运，由于彼此不和，自然无法凝聚成一股强大力量以抗金或防宋。反之宋廷则充分利用镇抚使彼此间的矛盾，以维护其政治利益，巩固政权，等到时机成熟，则断然废镇。关于这点，拟于下文再详述。

当宋廷设置镇抚使的时候，朝廷财政极为拮据，但镇帅所统辖的地区，不是在金人占领区内（如翟兴），就是金兵南侵的要冲，或是盗贼、乱军所盘踞之地，宋朝原即无法掌握该区财赋的征收，因此，镇抚使的垄断财权，基本上对朝廷的利益并无太大的妨害。但对镇抚使而言，处在随时备战的环境中，生计是谋求生存发展的第一要义，其中对粮饷的依赖尤为殷切。当时，粮饷衣食不仅是南宋立国的大计所系，更是镇抚使能否持久的重要因素。不幸的是，各镇抚区缺粮的现象却非常严重，像孔彦舟、程昌寓、翟兴父子、张用、赵立、桑仲、刘纲、李横等都有缺粮的记录。宋廷和宋臣虽然也有支援粮饷的例子[5]，不过这种情形只是北伐和守区沦陷时的紧急措施，并非常例。因此，乏粮的问题，大体全靠镇帅自行设法解决。有的求助于各地茶盐官或径自夺取邻近地区财赋以赡军，如孔彦舟、

---

[1] 《守城录》，卷 4，《建炎德安守城录》，页 3 下。

[2] 《宋会要·职官》，42 之 78。《梁溪集》，卷 73，页 10 上—11 下，指出陈规被围，解潜不肯出兵救援。

[3] 《要录》，卷 108，页 10，绍兴七年正月戊寅。

[4] 《要录》，卷 53，页 30，绍兴元年四月己未。

[5] 如朝廷曾支援刘纲米二千斛、李横米五千斛，见《要录》，卷 63，页 16。赐翟琮五百两黄金，见《要录》，卷 65，页 4，米二万石，《要录》，卷 65，页 2。以度牒三百道、银五千两饷解潜军，《要录》，卷 69，页 17。此外，赵鼎曾支援李横米一千石，见赵鼎，《忠正德文集》（文渊阁四库全书本）卷 2，《乞拨米应副襄阳李横军马状》，页 5 下。张浚也曾以钱帛助解潜，见《要录》，卷 72，页 12—13。

程昌寓在湖南，曾请求提举茶盐官曾几支援，被拒。[1] 其后，程昌寓养兵太多，军粮不继，形成“五日才给糯米一斗，军人鬻妻子以自活”的惨状，昌寓闻于朝，不俟报即擅取辰、沅、邵、全四州诸司钱以赡军，又赋鼎民和预买折帛钱六万缗。[2] 有的则对外发动战争，或肆行抄掠以取得粮饷，如王彦屡断桑仲粮道，致使二人常争战[3]，后来，桑仲谋图北伐，可能也与求食有关。[4] 李横攻陈规，除了为桑仲报仇，也有求食的意思[5]，他更为缺粮而发动北伐[6]，北伐失败后，赵鼎以粮相助，并将李横的军队改编为政府军[7]。刘纲在滁州沦陷后，虽得到宋廷少量的粮饷支持，究属杯水车薪，无法供养众多部众，乃不顾朝廷的命令，率万人渡江，以抄掠为生。[8] 张用在舒、蕲，因乏粮“刈民麦而食”[9]，最后只得投归张俊。翟琮由于兵粮缺乏，朝廷供应不及，被迫南归，遂使义军在洛阳的游击据点尽失。[10] 赵立与薛庆分守楚州和承州，同受金兵的威胁，而两地都残破不堪，薛庆以重税赡军食[11]，后来，设法与据盐城县的张荣交善，粮道畅通无阻[12]，《要录》说：

---

[1] 《要录》，卷 36，页 23，建炎四年八月，是月条。

[2] 《要录》，卷 41，页 8，绍兴元年正月乙卯。

[3] 桑仲乏粮，见《要录》，卷 42，页 4。王彦断其粮道，见《要录》，卷 39，页 9。

[4] 见《要录》，卷 49，页 7，绍兴元年十一月辛丑；卷 52，页 1，绍兴二年三月壬辰。

[5] 《守城录》，卷 4，《建炎德安守城录》，页 12 下—13 上。

[6] 《忠正德文集》，卷 2，《奏乞应副李横状》，页 3 上—5 上。又《要录》，卷 65，页 10 下—11 上。

[7] 《要录》，卷 69，页 16，绍兴三年十月癸卯。

[8] 《要录》，卷 37，页 1，建炎四年九月庚子朔。

[9] 《会编》，卷 130，页 10，建炎三年六月十八日。

[10] 《忠正德文集》，卷 8，《丙辰笔录》，页 8 上。

[11] 《要录》，卷 33，页 21，建炎四年五月乙丑。

[12] 王洋，《东牟集》（文渊阁四库全书本），卷 9，《论楚州事札》，页 16 下—17 上。

军食既足，不复敛取于民。王官自京师至者，馆谷甚厚，皆案格赋禄，官兵隶承州者月粮时帛，举如令给之。至视其徒，则战士计日廪食，老弱计日受券而已。[1]

相反的，赵立守楚州，曾为了向京东路求食与制金后路，和张荣发生冲突，虽暂时解决粮食的问题[2]，却因张荣极力阻梗赵立对外通路，使楚州粮贵乏食[3]，与承州的丰裕形成强烈对比。此外，李成还以叛变为要挟，要求宋廷支援，迫使宋廷拨出五万石米予之。[4]

除上述解决乏粮的办法外，最有效的就是屯田。翟兴、陈规、解潜和赵霖都有屯田的记录。四个维持两年以上的镇抚使中，除了王彦可能得到四川宣抚司张浚的资助外，都曾兴办屯田。解潜是最早在辖区内实行营田的，他在绍兴元年（1131）五月辛酉，上奏中提到"所管五州，绝户及官田荒废者甚多"，命宗纲和樊宾负责营田事宜，招徕归业，薄立租税，"荆陕荒余，阴受其赐"[5]，"荆州军食，多仰给于营田，省县官之半焉"[6]。到绍兴四年（1134）八月，胡松年还称道他的成绩："朝廷行屯田累年，除荆南解潜略措置，其余皆成虚文无实效。"[7] 翟兴在金占领区内抗金，粮饷更为缺乏。初期他采取遣散军队就食各地的办法，只留千余亲兵在身边，由于这种办法终非良策，于是改行屯田。[8] 胡交修曾说："日者翟兴在西洛，什伍

[1] 《要录》，卷 36，页 8，建炎四年八月庚辰。

[2] 《要录》，卷 36，页 16，建炎四年八月丁亥。

[3] 《东牟集》，卷 9，页 15 上—17 下。

[4] 洪适，《盘州文集》（四部丛刊初编本），卷 74，《先君述》，页 474—475。

[5] 《斐然集》，卷 26，《左朝请大夫王公墓志铭》，页 59 上、下。

[6] 《要录》，卷 44，页 16—17，绍兴元年五月辛酉；又见《朝野杂记》，甲集，卷 16，《营田》，页 3 上。

[7] 《要录》，卷 79，页 5，绍兴四年八月辛巳。

[8] 《要录》，卷 48，页 14，绍兴元年十月戊寅。

其民，为农为兵，不数年，雄视一方。”[1] 此外，守和州的赵霖也因营田有成迁官。[2]

在诸镇中，屯田成绩最辉煌的首推陈规。靖康之乱后，陈规坚守德安城，屡拒进犯的盗贼杨进、李孝忠、孔彦舟、董平、曹成、马友、桑仲、李横等人，他基于境内官田荒芜，大力实施屯田，令民、兵分地耕垦，由军人屯险隘之地，立堡寨，敌到“则保聚捍御，无事则乘时田作，其射士皆分半以耕屯田”，“水田亩赋粳米一斗，陆田赋麦豆各五升，满二年无欠输，给为永业，流民自归者，以田还之。凡屯田事，营田司兼行，营田事，府县官兼行，皆不更置官吏”[3]。绍兴元年十一月陈规将屯田办法奏上，获得宋廷下诏嘉许，并颁布此法，令各镇仿行。[4] 次年十二月，言官以陈规深得古代寓兵于农之意，请求在淮南推行屯田。[5] 三月二月，都司检详官奏请依照陈规的办法，在各路推动营田法。[6]

一般来说，上述四个屯田的镇帅，翟兴在敌后，赵霖当宋金要冲，虽能借屯田维持其局面于一时，论成绩毕竟不能和陈规、解潜相比。

镇抚使的军队，其组织的松严，战力的强弱，大都取决于镇帅个人的性格与能力。像郭仲威、桑仲、张用、孔彦舟、李横等人，

---

[1] 《要录》，卷 42，页 16，绍兴元年二月癸巳。又见孙觌，《鸿庆居士集》（文渊阁四库全书本），卷 42，页 5 下。

[2] 《要录》，卷 60，页 3，绍兴二年十一月辛酉。

[3] 《朝野杂记》，甲集，卷 16，《屯田》，页 1 下—2 下。又《要录》，卷 49，页 10—11，绍兴元年十一月丁未。

[4] 宋廷嘉许陈规的诏书见綦崇礼，《北海集》，卷 9，《赐左中奉大夫徽猷阁待制德安府复州汉阳军镇抚使马步军都总管兼知德安府陈规奖谕诏》，页 2 下—3 上。但不久镇抚使废，此法不果行，见《朝野杂记》，甲集，卷 16，页 2 上。

[5] 《要录》，卷 61，页 20，绍兴二年十二月甲寅。

[6] 《要录》，卷 63，页 6，绍兴三年二月癸巳。

以盗贼而转任镇抚使，他们的身份虽已改变，但行径与昔日无异，如郭仲威在建炎四年二月入平江府，“纵兵扰民，民不堪之。凡民家所有，悉为仲威之党所攘夺”[1]。绍兴元年二月，桑仲被任命为镇抚使，续觱曾上书张浚，批评宋朝做法是“奖乱”[2]。

这些人所领导的军队，纪律废弛，与盗贼无异。以至有霍明攻杀桑仲、李横攻击陈规等事件。绍兴三年（1133）二月，李横率军北伐，攻下颍昌，却因“横等军本群盗，虽勇而无纪律，见敌所遗子女、金帛，乃纵掠数日，置酒高会”[3]，金人侦知，立即反攻，横仓皇南逃。李横自己也承认“我有乌合之众，所至谋衣食，人皆谓我为贼”[4]，这么松弛的军纪，当然难以发挥有效的战力。不过，仍有不少镇抚使的军队组织严密，战斗力甚高，像刘位聚乡民守濠州横山，“分乡民为军，使诸弟侄各统之”[5]。岳飞在泰州，“治军严整，将士畏之，禁止军中不得骚扰百姓，室家安堵，尤得民情”[6]。王彦在号称天府之国的门户——金州，“抚民治军，宽猛得宜，军民皆信向之”[7]。翟兴在敌后，组织民众，“什伍其民”，才能雄视一方。赵立守楚州，团结乡民为兵，为激励士气，与民歃血为誓，戮力平贼，退者必斩，严肃军纪，军威颇振，“每战皆亲履行阵，为旗头，见士卒有回顾或退移一步者，定行军法，故人人用命，不敢有退怯心”[8]。这样的军纪，是发挥御敌效果，坚守防区的重要原动力。

[1]《会编》，卷 137，页 9，建炎四年二月二十九日。
[2]《要录》，卷 42，页 4，绍兴元年二月癸酉。
[3]《要录》，卷 63，页 22，绍兴三年三月己巳。
[4]《要录》，卷 69，页 16，绍兴三年十月癸卯。
[5]《会编》，卷 134，页 13，建炎三年十一月十三日。
[6]《会编》，卷 142，页 1，建炎四年八月四日。
[7]《会编》，卷 142，页 2，建炎四年八月二十日。
[8]《会编》，卷 142，页 6，建炎四年八月二十五日。

四、镇抚使的罢废及中、晚期的再置

宋朝设置镇抚使之初，正值金兵南侵，淮南几个重要地区，如承州、楚州、扬州、泰州相继沦陷，初成立的镇抚使，难挡金兵，有的溃散，有的败亡，并未发挥守土御敌的作用[1]，因此，淮南“诸镇抚使稍因事并废矣”[2]。当时，宋朝确立守江的策略，任命吕颐浩为建康府路安抚大使兼知池州，朱胜非为江州路安抚大使兼知江州，刘光世为两浙路安抚大使兼知镇江。[3] 另一方面，金兵鉴于多次南侵仍无法倾覆宋廷，乃利用“以华制华”的过渡性策略，立刘豫为傀儡皇帝，控制河南地。绍兴元年九月，吕颐浩再度任相，提出“先平内寇，然后可以御外侮”[4] 的政策，尽量与伪齐保持和平关系，不轻启边衅，而倾力抚平内部盗贼，因此，又建立了一些镇抚使。但是，卸任江州路安抚大使的朱胜非，即抨击朝廷对镇抚使处置乖方[5]，不久，任命盗贼为镇抚使所产生中央与地方力量不均衡等问题，更引起大臣的争论。绍兴二年一月，沈与求在上言中即指出中央军弱之弊，他说：

> 唐代自府兵彍骑之法既坏，犹内有神策诸卫，外有诸镇之兵，上下相维，无偏重之势……今图大举而兵权不在朝廷，虽

[1] 刘光世说：“淮南诸镇，郭仲威溃散，薛庆身亡，赵立不知存亡，岳飞见在江阴军，不见赴镇，刘纲以所部渡江赴行在，散在南北岸作过”，《要录》，卷37，页3，建炎四年九月壬寅。

[2]《要录》，卷37，页15，建炎四年九月辛酉。

[3]《要录》，卷34，页15，建炎四年六月丙戌。《会编》，卷139，页4—5。

[4]《要录》，卷47，页12，绍兴元年九月丙辰。

[5]《要录》，卷48，页3，绍兴元年十月丙寅引《朱胜非家传》。

有枢密院及三省兵房，尚书兵部但奉行文书而已。[1]

同年二月，李纲给吕颐浩的信中，也对任命盗贼为镇抚使多所批评，他说：

近年以来，深可惜者，淮南诸郡多付盗贼，以为镇副（抚）使。未建侯于经纶屯难之时，固有所当为，然不因功德，而以与不可制御之盗贼，责其能布宣德泽于平居无事之时，捍患御侮于仓卒变故之际，何可得哉！今宜渐收镇抚使元系盗贼不得已而付之者，如孔彦舟辈，优与官职，驾驭用之。而所领川郡，择人为帅，渐屏藩之势，乃可立国。[2]

四月甲申，胡安国上书中，更反对在湖北实施分镇：

近者分镇京畿、淮甸，多使暴客错杂居之，独安陆命文臣陈规，荆渚命武臣解潜。若降指挥，以湖北与诸镇不同，宜有更张。考二人之绩，规宜因任，潜宜改移，无不可者，仍复宪、漕二司，以理财治盗。若襄阳虽已分镇，然时方用兵，乘便分割，亦岂无机会，然后上流之势全矣。[3]

十月癸巳，胡寅上书称“淮甸数十州，地方二千里，孙权以来，所恃以为障塞者，今不过置一二镇抚使以处盗贼，一旦有急，安知不

[1] 《要录》，卷 51，页 8，绍兴二年正月壬子。
[2] 《梁溪集》，卷 115，《与吕相公第一书》，页 4 下。
[3] 《要录》，卷 53，页 10，绍兴二年四月甲申。

并力助敌，为彼先驱，藩篱何赖焉”[1]。十二月，布衣吴伸献言中，对地方武力优于正规军的情势表示忧虑，建议立同姓为藩镇，他说：

> 今陛下亲御之众，不如藩镇之多，臣窃忧之……（中略）……为陛下计，莫若以沿边之郡，十州之地，建一诸侯，以同姓之亲者主之，且耕且战，足为屏翰，金枝玉叶，布在四方，足以伐敌国之谋，绝乱臣之望。[2]

到绍兴三年（1133）二月，论者认为镇抚使的军队，都是乌合之众，帅守和僚属多肆贪残之威，致百姓受其荼毒，复业者少，建议选沿江诸郡长官，责以劳徕劝相之任。[3] 因此，宋廷改命胡舜陟为淮西安抚使，兼节制本路镇抚司，接着任命贾直清提举淮西茶盐公事，两淮镇抚使至此结束。四月，陈规到临安，又建议罢镇抚使，朝廷从其议，改任韩之美知德安府，不再除任镇抚使[4]，到绍兴五年四月丁未，召荆南镇抚使解潜赴行在，镇抚使至此尽罢。[5]

此后，随着宋金和议，宋全力加强中央权威，武将受到压抑，地方势力衰微不振。到绍兴三十一年（1161）九月，金海陵王亮南侵，高宗为了增强抗金力量，下诏鼓励中原义军抗金，诏书说：

> 榜到各宜相率从便归业，内有愿立功来归人，当议优加爵赏……一、中原诸路州县官吏军民有能以一路归者，除安抚使，

[1]《要录》，卷 59，页 4，绍兴二年十月癸巳。
[2]《要录》，卷 61，页 4—5，绍兴二年十二月丁亥朔。
[3]《要录》，卷 63，页 13，绍兴三年二月庚戌。
[4]《要录》，卷 64，页 6，绍兴三年四月庚寅。
[5]《要录》，卷 88，页 6，绍兴五年四月丁未。

以一州归者与知州，以一县归者与知县，余见任官吏不改易。

一、诸路忠义豪杰小寨首领，能立功自效者，并依前项推赏。[1]

这个条件，与镇抚使相去极远。次年六月，孝宗继位，锐意恢复，极力救济两淮流民和山东忠义，以激励他们的归宋意识，这时，薛季宣也上书建议仿行镇抚使，他说：

绍兴之初，边陲所以能自定者，亦惟镇抚专任之效。臣愚窃谓淮甸、荆襄，西极兴梁岷宕，形势之壮，不减关河，所以守之略未能如祖宗之法，惴惴焉唯敌是惧，非久安之道也。伏愿陛下上师祖宗之意，近法绍兴之规，奋然独断，无牵于俗，宰辅重臣，详按舆地，分之镇守，统帅偏帅，不限文武，惟忠智有谋之士是使，悉如祖宗之法，专任责成。[2]

隆兴元年（1163）二月，孝宗意欲北伐，为了号召中原豪杰起兵抗金，特别下了一道蜡书，着由李信甫赍往中原，蜡书说：

朝廷今来敦大信、明大义于天下，依周汉诸侯及唐藩镇故事，抚定中原，不贪土地，不利租赋，除相度于唐、邓、海、泗一带，置关依函谷关外，应有据以北州郡归命者，即其所得州郡，裂土封建。大者为王，带节度镇抚大使，赐玉带金鱼涂金银印，其次为郡王，带节度镇抚使，赐笏头金带金鱼决金铜

[1] 《会编》，卷232，页1，绍兴三十一年九月二十九日。又《要录》，卷192，页30—31。

[2] 《浪语集》，卷16，《朝辞札子二》，页20上。

> 印，仍各赐铁券旌节、门戟从物。元系藩中姓名者，仍赐姓名，各以长子为节度镇抚留后，世世袭封，永无穷已。余子弟听奏充部内防团刺史，亦令久任，将佐比类金人官制升等换授。其国置国相一员，委本国选择保奏，当降真命，馆官准此。七品以下，听便宜辟除。土地所出，并许截留，充赏给军兵、禄养官吏等用，更不上供。每岁正旦一朝，三年大礼一助祭，如有故，听遣留后或国相代行。天申会庆节，止遣国官一员将命。应刑狱生杀，并委本国照绍兴敕令参酌施行，更不奏案，合行军法者自从军法。四京各用近畿大国兼充留守。朝廷唯于春季遣使朝陵，余时止用本处官吏侍祠。每遇朝贡，当议厚给茶、彩、香药等充回赐，以示抚存。遇一国有紧急，诸国迭相救援。如开斥生地，俘获金宝，并就赐本国。仍永不置监司、帅臣及监军等官。候议定，各遣子弟一人入觐，并特赐燕，劳毕，即时遣回。[1]

这件蜡书，基本上沿袭建炎年间设置镇抚使的精神，条件却更为优厚，显示孝宗期望借着恢复藩镇的办法，鼓励中原豪杰，襄助宋军，达成恢复故土的目的。配合这个措施，孝宗全力支持主战派张浚的北伐计划，不经宰相，径行下诏北伐，但宋军一战而挫于符离，北伐失败，宋金再缔和约，这个恢复藩镇的办法，并未能付诸实施。

到宁宗嘉定年间，蒙古崛起北方，金朝外受蒙古侵凌，内有汉民的叛乱，加以政治腐败，无力维持内部秩序，许多人不堪战火蹂

[1] 《宋史》，卷 33，《孝宗本纪》，页 621。蜡书见陆游，《渭南文集》（四部丛刊初编本），卷 3，《蜡弹省札》，页 45—46。又见史浩，《鄮峰真隐漫录》（文渊阁四库全书本），卷 6，《抚定中原蜡告》，页 19—21。二文字句稍异，殆由陆游撰写初稿，经史浩改定，而着李信甫赍蜡书往中原招豪杰。

蹦，纷纷组成自卫性地方武力，并逐渐地转为抗金的团体。金宣宗既无力御侮、平乱，却想取偿于宋人，乃乘蒙古西征，金威胁减低时，以南宋岁币不到，及息州饥民作乱为借口，分兵南侵。宋廷被迫反击，嘉定十年（1217）下诏北伐，并大肆招徕归正人，成立忠义军，任命义军领袖李全为东京路总管[1]，鼓励义军抗金。李全先后收复涟水、密州、东海、莒州、青州等地，并在涡口之役败金主力，缔造大功。[2] 这时，山东、淮海地区，已成为宋、金、蒙三国逐鹿的主要战场。宋廷为坚定李全的向心力，极力笼络，除赐予丰厚财富外，又于嘉定十五年（1222）十二月，正式任命李全为京东路镇抚副使。[3] 后来，李全涉及"济王案"，与宋朝关系恶化，适逢蒙古军围攻李全于青州，宋乘机镇压李全，迫得李全与宋反目。然而，宋又怕李全投向蒙古，在最后关头，又企图借高官厚禄加以羁縻，乃于绍定三年（1230）五月，任命李全为彰化保康军节度使，开府仪同三司，京东镇抚使，依旧京东忠义诸军都统制[4]，但这个迟来的荣衔已无法挽回李全叛宋之意。至此镇抚使制度又告取消。

理宗时，宋联合蒙古灭金，达成复仇的目的，不意主战的将领，谋进一步恢复行动，端平元年（1234），乘蒙古兵北退之际，毁约兴兵入洛，无端挑起与蒙古的兵端。此后，蒙古军不断南侵。当蒙古太宗第一次大规模南侵时，四川各地次第沦陷，一度只能扼守往夔州一路及潼川顺庆府而已；襄汉地区的襄阳、随州、郢州、德安府也先后失守，淮西一带的固始、六安、霍邱、蕲、舒、光等州，亦

[1] 黄宽重，《南宋宁宗、理宗时期的抗金义军》，"中研院"《历史语言研究所集刊》，第 54 本第 3 分（1983 年 9 月），页 133。

[2] 同上，页 132。

[3]《宋史》，卷 40，页 779，嘉定十五年十二月丁亥。

[4]《宋史》，卷 41，页 793，绍定三年五月甲寅。

告陷落，蒙古铁骑直趋黄州，围攻安丰，宋的情势岌岌可危。朝臣在检讨战事得失时，认为将帅事权不一，体统未明，是战败主因。为发挥有效战力，以遏阻蒙古兵的南侵，他们对将帅权限问题，有深切的讨论。

这个时期，建议恢复藩镇的朝臣，先有程珌、徐鹿卿，后有陈求鲁和文天祥[1]，其中文天祥的意见，足为代表。开庆元年（1259），他在上疏中指出宋矫唐末、五代藩镇之弊，改立郡县，集权中央。"传世弥久，而天下无变，然国势由此浸弱，而盗贼遂得恣睢于其间。宣靖以来，天下非无忠臣义士，强兵猛将，然各举一州一县之力，以抗寇锋，是以折北不支，而入于贼"。南宋初年，一度仿藩镇体制，设置镇抚使，功效颇著，可惜不久又恢复旧制，"因循至今日，削弱不振，受病如前，及今而不少变"。理宗虽命大臣建宣阃，节制一方，全权调遣官民兵财，有藩镇遗意，"然既有宣阃，又有制司，既有制置副使，又有安抚副使，事权俱重，体统未明。有如一项兵财，宣阃方欲那移，诸司又行差拨。指挥之初，各不相照，承受之下，将谁适从"，而且郡县和藩镇各有利弊。"郡县所以矫方镇之偏重，方镇所以救郡县之积轻。今郡县之轻，甚矣，则夫立为方镇之法，以少变其委琐不足恃之势"，因此建议仿藩镇，拔擢沉着英勇之人，委以数镇，让他们各当一面，"则郡县之间，文移不至于太密，事权不至于太分，兵财得以自由，而不至于重迟不易举。旬月之间，天下

[1] 参见《清正存稿》，卷 1，《丁丑上殿奏事第一札》，页 41。程珌，《洺水集》（文渊阁四库全书本），卷 4，《进故事》，页 12。林希逸，《竹溪鬳斋十二稿续集》（文渊阁四库全书本），卷 22，《秘阁提刑侍讲正言陈公墓志铭》，页 18 上。（书名疑为《竹溪鬳斋十一稿续集》之误，后同。——编者注）

雷动云合，响应影从，驱寇出境外，虽以得志中原，可也”[1]。

金亡后，南宋对付蒙古强大压力的因应之策，是设立督府，合并制阃区，有限度的扩大帅权，原无恢复镇抚使的打算。等到蒙古从大理方向攻击宋西南边时，才促使宋再度设置镇抚使。淳祐十二年（1252），蒙古宪宗计划对宋开辟新战场，命皇弟忽必烈攻大理，由侧翼突破宋的防线。宝祐三年（1255），蒙古大将兀良哈台平定大理，谋分南、北二路进攻广西、四川，宋西南边境告急。[2]为了加强西南的防御力量，理宗于是年七月，命吕文德知鄂州，节制鼎、沣、辰、沅、靖五州。[3]同时一再嘱咐辅臣，注意西南防务，如十一月谕辅臣“思、播当严为备”[4]，“斡腹之传已久，今岁措置才有头绪，施黔一路，亦是要害，合为之防”[5]，并拟进一步扩大帅权，许其便宜从事[6]。到宝祐五年（1257），蒙古决定分三路攻宋，兀良哈台担任由云南攻广西的工作，谋与忽必烈攻鄂州的军队，在潭州会合，对宋形成三面包围的形势，在此危急之秋，宋亟谋加强广西一带防备力量，首先扩大帅权，如任命李曾伯兼任广南制置大使，兼知静江府，兼广西转运使，掌管军、政、财三大权，接着在防务最紧要的地区设置镇抚使，十二月，首先任命淮将刘雄飞为广南西路融、宜、钦三郡镇抚使（后增邕州）兼知邕州，负责最前哨的防务。[7]开庆元年（1259）四月，更任命向士璧为湖北安抚副使知陕州，兼

[1]《历代名臣奏议》，卷101，页3—5。又见文天祥，《文文山全集》，卷3，《己未上皇帝书》。

[2]《宋史全文》，卷35，页4下，宝祐二年七月己酉。

[3]《宋史全文》，卷35，页13上，宝祐三年七月癸丑。

[4]《宋史全文》，卷35，页17下，宝祐三年十一月甲辰。

[5]《宋史全文》，卷35，页18上，宝祐三年十二月戊寅。

[6]《宋史全文》，卷35，页19下，宝祐四年正月辛亥。

[7]《可斋杂稿·续稿后》，卷五，《回宣谕除刘雄飞三郡镇抚奏》，页18上、下。

归、峡、施、珍、南平军、绍庆府镇抚使[1]，全力防堵蒙古从北路入犯。由于宋朝应变仓促，无法抵挡剽悍的蒙古军与西南少数民族的军队，蒙古军突破邕州横山寨宋兵主力后，势如破竹，直犯静江府（今广西桂林）、进逼潭州，颇有一举亡宋之势。幸蒙哥汗在四川合州战死，忽必烈为争取汗位，匆匆撤兵，才暂时解除危局。

经过这次经验，宋廷更感到西南边防的重要，继续设置镇抚使，加强事权，景定二年（1261）八月壬辰，任命余玠部将韩宣兼常德、辰、沅、沣、靖五郡镇抚使[2]，他先后筑渝、嘉、开、达、常、武诸州城，以抗蒙古，死于咸淳四年（1268）[3]。此外，负责广西最前哨防务的镇抚使刘雄飞，虽未能阻扼蒙古兵的入侵，但当蒙古军由广西趋湖南时，他率兵在后追击，立了不少战功[4]，由于才能卓越，于咸淳五年（1269）四月改任知沅州，兼常德、沣、辰、沅、靖五郡镇抚使[5]。其后，宋又任命张朝宝任渠、洋、开州、宁西镇抚使。[6]咸淳十年（1274）四月，宋在最危急时，又命吕文德任常德、沅、辰、沣、靖五郡镇抚使，知沅州。[7]

这段时期，镇抚使都置于近云南的四川、湖南、广西之地，以因应新的形势，盖蒙古平定大理后，宋朝的后方变成国防前线，这个地区的地形特殊，宋朝向来不曾驻扎大军，加上少数民族的种类很多，五方杂处，亟须争取笼络，以增强抗敌力量，而且西南地区

[1] 《宋史》，卷44，《理宗本纪四》，页865。

[2] 《宋史》，卷45，《理宗本纪五》，页878。

[3] 《宋史》，卷46，《度宗本纪》，页901。

[4] 《可斋杂稿·续稿后》，卷9，《奏本司调兵付刘镇抚往湖南会合》，页68下—70上。

[5] 《宋史》，卷46，《度宗本纪》，页902。

[6] 《宋史》，卷46，《度宗本纪》，页908。

[7] 《宋史》，卷46，《度宗本纪》，页918。

距政治权力中枢很远，若不假以较大权限，实难发挥因地制宜的机动性，以应付紧急情势。不过，这时候的镇抚使，都不是当地人，也不是具有地方色彩的土豪，而是由外地调动有功的将领来担任，虽然付予方面之任，但其权限如何，由于资料缺乏，难得其详，但从目前所得资料显示，此时镇抚使的权限较南宋初年有一段差距。李曾伯是晚宋在广西负责抗御蒙古的统帅，他所著的《可斋杂稿·续稿后》卷 5 至卷 9 中，留下很多南宋抗蒙的史料，其中记载邕、融、宜、钦四郡镇抚使刘雄飞的事迹不少，从这项记载中可以大致了解此时镇抚使的职权、地位。刘雄飞是淮将，淳祐五年（1245）守寿州有功[1]，李曾伯到广西时，奏调他出任融、宜、钦三郡镇抚使，宋廷应允，并令李指定置镇抚司的地方[2]。雄飞到任之初，掣肘极多，并未能一展所长，李曾伯说：

> 若上安州许忠义，臣固尝徇雄飞，如其果有罪恶，不去则为患，当一面先图之，不须拘畏人议，雄飞来书，以敏子（徐敏子）覆辙为言，必欲令先禀于朝廷，大抵此等征杀之事，一动之间，吉凶系焉，必大不得已而用，岂敢不谨审，非臣不肯担负也。[3]

当时刘雄飞的任何施为，都得“亲书粘连缴奏”，由李曾伯转呈朝廷[4]，可见事事都得接受李曾伯及宋廷的指示，谈不上便宜行事。由此可反映，晚宋镇抚使，不论在地位、权力上，都要逊于南宋初年

[1] 《可斋杂稿·续稿后》，卷 5，《至静江回宣谕》，页 28 上。
[2] 《可斋杂稿·续稿后》，卷 5，《回宣谕趣行令雄飞于紧要处置司奏》，页 14 下。
[3] 《可斋杂稿·续稿后》，卷 7，《回奏宣谕》，页 15 下—16 上。
[4] 《可斋杂稿·续稿后》，卷 5，《备广西经司报安南事奏》，页 24 下。

一筹。

五、镇抚使的功迹与宋廷的控制

南宋建立之初，处于内外交迫，风雨飘摇的局势之中，为了生存和发展，在对金战略上，采取以守江为主的策略。这时候，江北抗金的民间自卫武力，在金军前牵制，军后游击，发挥了相当大的战斗力，对阻扼金兵继续南侵，贡献很大。同时，江淮一带，还有大批游移不定或据地而守的割据势力，是宋廷命令不能及的。为了减低内部摩擦，增强抗敌力量，宋廷亟须将这些无所属的义军、盗贼，纳入抗金体系之中，因而设置了许多镇抚使，借着承认其合法地位，强化对宋向心力，使其一致对外，成为宋金边境上的边防力量。

宋朝充分利用这种地方武力，作为供我驱策的工具，因此，镇抚使设置后，发挥了两种最显著的贡献。

（一）内平盗寇

北宋末年以来，政治不修，经济破产，加上金兵南侵，使得民不聊生，盗贼纷起，多者数十万人，少者数百人，受害地区遍及黄淮平原、长江流域，甚至东南诸路，而以江淮一带为最烈，据山内教授研究，从建炎元年到绍兴二年的六年间，有一百九十六次盗贼为乱的记录[1]，对南宋政局极为不利。吕颐浩任相时，提出“先安内后攘外”的政策，即以敉平内乱，稳定江南政局为要务，而镇抚使便是平息寇乱、稳定政局的重要力量之一，胡安国曾说：

[1] 山内正博，《南宋镇抚使考》，《表 D：诸路群盗蜂起表》，页 73。

> 昨来用招安之策，偷安目前，人习为寇之利，故盗贼日滋，苍生涂地。今宣司控制关中，诸镇分屯淮、泗，朝廷稍间，自可互遣诸将，申严号令，以殄灭为期。[1]

此外，镇抚使在对付自立局面，不奉宋正朔的叛乱分子，更能发挥战力，兹举例说明如下：

南宋初期的叛乱集团中，以盘踞在湖湘地区的钟相、杨幺的声势最大，他们从建炎四年二月发动叛乱，到绍兴六年九月始被敉平，历时六年半，人数达二十万人。他们以宗教作为组织的手段，在洞庭湖沿岸，建立了庞大的营寨，拦腰切断了南宋政府与陇蜀的联系，当时朝臣视为心腹大患，方畴向高宗上书中说："方今之大患有三：曰金虏，曰伪齐，曰杨幺。然金虏、伪齐皆在他境，而杨幺在腹内，不可不深虑之，若久不平灭，必滋蔓难图。"[2] 高宗也认为"湖湘八州之地，西通巴蜀，为国上游，往连盗区，一方骚动"[3]。因此，倾全力要扑灭这个乱事，先后派遣去镇压的名臣大将，有程昌寓、刘洪道、解潜、孟庾、折彦质、李纲、王𬳽等。参与剿乱的镇抚使有孔彦舟、李允文、程昌寓、解潜、岳飞、牛皋等人。孔彦舟首先于建炎四年三月，俘杀钟相，岳飞则于绍兴六年九月，敉平杨幺之乱[4]，消除了南宋的心腹之患。

在捍御一般盗贼，卓有声誉的有翟兴、陈规、解潜、王彦、刘位等人。如翟兴自靖康以来，即戮力于敉平盗乱，相继弭定冀德、

[1] 《斐然集》，卷 30，《中兴十事家君被召命子侄辈分述所见》，页 10 下—11 上。

[2] 白钢、向祥海著，《钟相杨幺起义始末》，第四章，《前仆后继，狂飙突贯洞庭湖》，页 115 引鼎沣逸民，《杨幺事迹一》。

[3] 沈与求，《龟溪集》（文渊阁四库全书本），卷 5，《赐吕颐浩诏》，页 2 下。

[4] 参见白钢、向祥海，《钟相杨幺起义始末》一书。

韩清、杨进、王俊等人，并曾铲除自树旗帜的叛乱势力。[1] 陈规当靖康末年，曾任安陆令，率兵勤王，到蔡州以道梗而还，被推为摄德安府，先后抗拒来犯的盗贼祝进、李孝义、张世、杨进、董平、桑仲等。《四库全书提要》说："宋自靖康板荡、寓内沦胥，规独能支柱经年，不可谓非善于备御。"[2]《要录》也说："自中原失守，诸镇多失，惟规与群盗屡战，自杨进……李横之徒，皆不能犯，由是德安独存。"[3] 此外，岳飞内平盗寇的事迹，更是大家耳熟能详的事，他在任镇抚使前，曾败李成、降戚方，改任朝官后，又降服张用，讨伐李成，击破曹成，敉平吉州、虔州及杨幺的乱事。[4]

（二）固守疆土、增强战力

镇抚使为了自身的生存与利益，在敌前抗拒，敌后游击，有助于减低宋廷所受的压力，巩固疆圉。如翟兴在洛阳，不断出兵袭击金和伪齐，阻梗这两股兵力的南犯，而北方义军的敌后活动，也分散了金和刘豫的兵力，使其不能全力南下灭宋。赵立守楚州，贡献尤著。建炎四年九月，金兀术率大军围攻楚州，赵立坚苦死守，前后四十余日。此时，赵鼎呼吁援楚，说："楚当敌冲，所以蔽两淮，若委而不救，则失诸镇之心"；又说："江东新造，全借两淮，若失

[1] 像杨进，号没角牛，是著名的盗贼，曾受宗泽招安，泽死，纵其部众剽掠，并"擅置官吏，凶暴日炽"，据鸣皋山，"深沟高垒，储蓄粮饷"，有僭窃之意，"诈言遣兵入云中府，复夺渊圣皇帝及济王归，欲摇动众心，然后举事，建炎三年，为翟兴所击杀"。见《会编》，卷118，页14；卷120，页1。兴更于绍兴元年，擒杀假借信王名号，在河北招纳将士、"动摇边境"的邓州杨糕糜之子，见《会编》，卷147，页2—3。

[2] 《守城录·提要》，页2下。

[3] 《要录》，卷49，页10—11，绍兴元年十一月丁未。

[4] 王曾瑜，《岳飞新传》（上海人民出版社，1983年10月一版），第四—八章，页53—74。

楚则大事去矣"[1]。及城陷，立与家属皆死。李心传称赞赵立的功劳不逊张巡、许远：

> 自金犯中国，所过名城大都，以虚声胁降，如探囊取之。如冀州坚守逾二年，濮州城破巷战，杀伤略相当，皆为敌所惮，而立威名战多咸出其上。是役也，敌锐意深入，会张浚出师关陕，完颜宗弼往援之，又立以其军蔽遮江淮，故敌师亦困弊而止，议者谓立之功，虽张巡、许远不能过之。[2]

陈造也指出，赵立在楚州的抗拒，使金人"未敢渡江"[3]。对南宋偏安江左，贡献厥伟。

除了固守封疆外，镇抚使另一种减轻宋廷受金兵威胁的办法，是北伐牵制。翟兴在金占领区内，结纳义士，曾多次袭击刘豫与金的军队，颇收功效。《要录》说："初伪齐刘豫之将移都汴京也，以兴屯伊阳山寨，惮之。豫每遣人往陕西，则假道于金人，由怀、卫、太行，取蒲津济河以达，豫深苦之。"[4]而桑仲、李横的北伐，则是配合宋廷策略，以解川陕之危。缘富平之役后，金再犯蜀，绍兴元年，为蜀将吴玠败于和尚原。金改由宗翰率兵，于绍兴二年冬，再度发动攻势。[5]金一再犯陕、蜀，宋廷感受极大威胁，亟欲开辟新战场，以纾西陲之危，适桑仲向宋廷表明"愿宣力取京师，乞朝廷出兵淮

[1] 《要录》，卷 36，页 17，建炎四年八月己丑。
[2] 《要录》，卷 37，页 21—22，建炎四年九月戊辰。
[3] 陈造，《江湖长翁集》（文渊阁四库全书本），卷 27，《上赵丞相札子》，页 13 上。
[4] 《要录》，卷 52，页 12，绍兴二年三月癸丑。
[5] 徐秉愉，《宋高宗之对金政策》，页 91。

南，以为声援”[1]，丞相吕颐浩赞其议[2]，命桑仲“量度时势，乘时收复陷没诸县”，要求翟兴、解潜、王彦、陈规、孔彦舟、王亨“更相应援”[3]，可惜，不久桑仲为霍明所杀，北伐牵制之议暂停。到十二月，继任镇抚使的李横，由于部众乏粮，适翟琮愤伪齐河南南尹孟邦杰发永安陵，董震又谋策应，横乃发兵北伐，败伪齐兵于杨石店，复汝州[4]，下颍顺军、颍昌府。翟琮与董震亦入潼关、洛阳，俘孟邦杰，占领了“东至郑州，西至京兆”[5]的区域，牛皋、彭玘、董先等人相继来附[6]，宋除横为神武右军副统制、京西招抚使，节制京西山寨，令他“直至京城，或径往长安与宣抚司夹击”[7]。迫得刘豫匆匆遣使向金帅宗维求援。不过，李横的部众无纪律，到处抢掠，大失中原人心，反为金兵所败，随州、襄阳等重要据点，相继沦陷，宋的长江防线形成一大缺口，于是改由岳飞负起克复襄汉，长驱伊洛的北伐大业。关于岳飞的功业，已有很多研究，在此不赘。[8]

罢镇之后，镇抚使的部众纳入宋的正规军中，也增强了宋军的战力。北宋末年承平日久，军备废弛，又无作战经验，一旦面对强悍的女真兵，自然望风遁逃，每战辄北，这是北宋覆亡的因素之一。[9] 康王开府相州时，兵不满万。南宋初年，正规军不满十万，

[1] 《要录》，卷 52，页 19，绍兴二年三月庚申。

[2] 《要录》，卷 60，页 8—9，绍兴二年十一月己巳，为其北伐计划，又见卷 52，页 19，绍兴二年三月庚申，卷 53，页 5，绍兴二年四月己卯。

[3] 《要录》，卷 52，页 1，绍兴二年三月壬辰朔。

[4] 《要录》，卷 61，页 18，绍兴二年十二月辛亥。

[5] 《宋会要·兵》，14 之 24。《宋史》，卷 453，《张玘传》，页 13328。

[6] 王曾瑜，《岳飞新传》，页 132。

[7] 《要录》，卷 65，页 2—3，绍兴三年五月丙辰。

[8] 参见王曾瑜，《岳飞新传》；邓广铭，《岳飞传》（北京：人民出版社，1983 年 6 月一版）；李安，《岳飞史迹考》（台北：正中书局，1970 年 6 月二版）。

[9] 朱偰，《宋金议和之新分析》，《东方杂志》第 33 卷第 10 号（1936 年 5 月），页 65—66。

而且成员驳杂[1]，人心不齐，屡遭败绩。反之，镇抚使都是久历沙场的豪杰，部众也是骁勇之辈。罢镇后，除了孔彦舟、李成、冯长宁的部队投降刘豫外，大部分纳入宋正规军中，岳飞、解潜、程昌寓、陈规、胡舜陟、赵霖、王彦等改任宋官，史康民、王林二军分隶御前忠锐第九将和第十将。[2] 董先、李道、牛皋及郭仲威的部分部众归岳飞，张用及郭仲威部分部众隶张俊，李彦先余部归刘光世。[3] 翟兴、翟琮的部众归李横，后来李横军并归赵鼎，刘纲的部众隶神武中军，李伸的部众隶神武左军，郭仲威另一余部则归韩世忠。这些部众的投入，壮大了南宋正规军的声势，到绍兴六年以后，宋军遂能渐渐扭转军事上的颓势，获致几场大战的胜利，奠下南宋中兴的基础。

镇抚使的设置，对南宋政局的稳定，贡献诚然很大，但它毕竟代表地方的势力，若任其膨胀、发展，对赵宋王朝的权威，不免有不利的影响，因此，设置伊始，宋廷即已设下种种防范与控制的办法，其中比较重要的方法有二：

（1）约束镇抚使的行动：镇抚使设置时，宋廷并没有对其行动加以规范。后来，布衣程康国上书中提到诸镇“四邻有警，令即应援”，高宗以为可行，下诏诸镇“如有外寇侵犯，更相应援，或能解围却敌，当议推赏”[4]。这条命令，有条件地给镇抚使在辖境外的活动权。建炎四年九月，滁濠镇抚使刘位死，其子刘纲继任，部众乏

[1] 石文济，《南宋初期军力的建立》，《史学汇刊》，第 9 期（1978 年 10 月），页 75—81。

[2] 《要录》，卷 64，页 17，绍兴三年四月戊申；卷 66，页 19—20，绍兴三年六月戊申。

[3] 《要录》作吕颐浩。

[4] 《宋会要·职官》，42 之 75。

粮，纲率众渡江就食，宋廷恐其骚扰，赐米二千斛，禁其渡江，并令诸镇"毋得擅离本镇"[1]，限制境外行动的自由。然而，镇抚使辖区在边境上，经常受到金、伪齐的侵犯，势需互相应援，联成一气，才能抗敌，但宋廷又怕引惹事端，绍兴元年九月，又规定邻近金、伪齐的镇抚使，可以互相应援，但须"一处有急，候文字到，别镇方许出兵"[2]。二年闰四月，宋谋北伐前，恐诸镇个别行动，使金得以及早防备，规定桑仲、翟兴等人"非奉朝旨，毋得擅出兵"[3]。到六月，李横围攻德安府，陈规请解潜救援，潜根据上项规定，加以拒绝，引起李纲的批评，他曾建议让诸镇出兵互援，以御外寇[4]，不果。三年五月，李横北伐失败，宋谋与金议和，恐沿边镇帅、将领擅自行动，再令横等"逐镇屯驻，非奉朝旨，毋得进兵"[5]。这些对镇抚使的约束，都和朝廷政策的变化相关，不仅与设镇时"便宜行事"的初衷相违，更可反映宋廷在利用这些地方武力之余，也随着政策改变，增强对镇抚使的控制，最后更借与金议和，收夺诸镇兵权，达集权中央的效果。《中兴圣政》说："绍兴以来，所以为国者有二，金欲战则分江淮之镇，以援将帅，金欲和则收将帅之权，以归朝廷，规模既立，守备益固……故兵可以合，兵合而朝廷之势重，将帅之权轻。"[6]

（2）分化与众建：各据一方的割据势力，虽经宋廷赋予合法的地位，但若任其发展，以致联结、凝聚成一股力量时，不仅对宋的

[1] 《要录》，卷 37，页 4，建炎四年九月甲辰。

[2] 《宋会要·职官》，42 之 76—77。

[3] 《要录》，卷 53，页 29，绍兴二年四月乙卯。

[4] 《梁溪集》，卷 73，页 10 上—11 上。

[5] 《要录》，卷 65，页 16，绍兴三年五月庚辰。

[6] 《要录》，卷 155，页 25，绍兴十六年九月己丑，引《中兴圣政》。

政权有危险，甚至将威胁到高宗的帝位。高宗是在兵马倥偬之际，被朝臣拥戴即位的，本未经过正当的继承手续，这种以小宗入继大统的合法性问题，常被有野心的人用作挑衅的借口，许多企图自立局面的人，或利用宗室为傀儡，如杨进，或欲自立局面，如钟相、李成等，这对高宗而言，是极大的威胁，亟欲去之而后安。为了巩固皇权、稳定政权，势需采取种种办法，分散镇抚使的力量，因此在设置之初，固然接纳了部分盗贼，同时也任命了许多忠于王室的宋官或义军领袖，如王彦、翟兴、陈规、赵立等人为镇抚使，目的即在利用后者来监视、牵制具有分裂意识者。其次宋廷则透过分化的手法，削弱势力强大的镇抚使，霍明攻杀桑仲的例子，最为明显。桑仲任镇抚使时，与王彦、陈规不和，仲任其部将霍明守郢州，郢与德安府接壤，陈规以恩信结霍明。[1] 绍兴二年三月，仲令霍明攻王彦，陈规知此事，派人告明“朝廷以郡授汝矣，汝谨勿附仲”，明不肯攻彦，仲怒欲杀明，霍明先发制人，遂杀仲。[2] 仲死，宋廷任命霍明继任镇抚使，可见陈规可能传达宋廷的旨意，借以达到分化的效果。此外，任命张用接替李成的镇抚使职位，也是分化的事例。绍兴元年，李成叛意明显，章谊建议朝廷遣使到李成相邻的镇抚使，谕其自保封疆，勿与李成交通，同时遣辩士、说客，阴诱李成党与、部属，许其分镇，来孤立李成。[3] 后来，宋廷知道李成畏惧张用，命张用继任舒、蕲镇抚使，以牵制李成。[4] 最后，由岳飞、张俊合力击成，成败降刘豫。复次，宋廷采众建策略以削弱镇抚使权力。命李横、李道分任镇抚使，就是显例。霍明继任镇抚使后，即为桑

[1] 《要录》，卷 42，页 4，绍兴元年二月癸酉。
[2] 《要录》，卷 52，页 6，绍兴二年三月戊戌。
[3] 《历代名臣奏议》，卷 233，页 7 上—8 上。
[4] 《历代名臣奏议》，卷 239，页 2 下。

仲旧属李横、李道所逐，宋廷以四郡分授李横、李道二人[1]，李道畏横强悍不敢拜，同时襄阳通判赵去疾，站在整体防御的立场，反对这个办法，朝廷乃改任李道知随州，李横为襄阳府、郢、邓、随州镇抚使，兼知襄阳府。[2]宋廷虽然迁就现状，未能实现众建政策，但主动任命李道知随州，打破了由镇抚使自行任命州县长官的规定，也可说是削弱镇帅权限的具体方法。宁宗时，曹彦约说："中兴政府议立镇抚使，颇有众建之意"[3]，是一针见血之论。

另一方面，高宗在设置镇抚使的同时，也改造军制，加强中央权威，如撤销御营使，丞相兼知枢密院事[4]，在长江流域设置三个安抚大使，并罢"诸路帅臣见带制置使，及诸州守臣带管内安抚使"[5]，以加重安抚大使的职权与地位等一连串的改变，无疑也是镇抚使设置后，为防止地方势力过度膨胀，所进行的控制、防范的方案。

六、结语

自从北宋末年宋金战争爆发以来，"强干弱枝"国策的弱点充分暴露，为了保卫国土，大臣相继呼吁恢复藩镇，为国屏障，惜宋廷不能在有利时机，实行这个制度，以致迅速灭亡。此后，高宗在江南重建政权时，又受足了金兵攻击之苦，走投无路之余，想利用恢复藩镇的办法，在宋金边界上建立一个缓冲地带，于是配合江防策略，设置镇抚使，经由朝廷主动承认民间自卫武力的合法地位，将

[1] 《要录》，卷 55，页 7，绍兴二年六月辛丑。

[2] 《要录》，卷 62，页 10，绍兴三年正月乙亥。

[3] 《昌谷集》，卷 12，《答赣州陈守札子》，页 21 上。

[4] 《要录》，卷 34，页 2—3，建炎四年六月甲戌。

[5] 《要录》，卷 33，页 23，建炎四年五月戊辰。

之纳入宋朝政治体制中。由于镇抚使发挥了敌前抗拒、敌后游击的战力，牵制金兵，使宋廷直接承受的敌人压力灭轻，可以从容推动“攘外必先安内”的政策，消除境内各种反政府的势力，伸张王权，进而从事军政、民政的改革，加强中央政府的权威，因此，镇抚使的设立，对稳定南宋初期政局，开展中兴机运，颇有贡献。此后，当局势危急，或意图北伐开创新局时，就有人呼吁恢复这个制度，而宋廷也曾屡次采行，如孝宗为了北伐，有意在敌后恢复藩镇，惜因宋金和议而罢。宁宗、理宗之际，为了笼络义军，也曾任命其领袖李全为镇抚使，但因双方误会已深，未能奏效。南宋末年，蒙古从云南入侵，宋廷也在西南地区，任命将领为镇抚使，负责捍御蒙古。总之，南宋时期，为应付紧急状况，曾多次设置镇抚使，说明镇抚使制度，对南宋的国防是有相当贡献的，不过，后期的规模不如前期，成效也相去较远。

分析南宋初年镇抚使的组织形态和领袖出身，可以发现镇抚使具有浓厚的地方武力性格，独立性和孤立性都强，彼此联系不够，加上镇抚使的辖区，都是战火弥漫、盗贼丛生之地，人民游移频仍，土地荒芜的现象严重，除了少数镇帅利用屯田、营田等方式自求生存，或受到少量的政府补助外，极难维持庞大的军需民食，以致镇帅们为了求食，常生争端，甚至爆发战争，难以凝聚成一股大的力量。而且，这种地方势力的发展，实与宋代强调中央集权的国策相违背。为了巩固皇权，宋廷在设置镇抚使时，已有种种防范牵制的措施，如不愿扩大镇抚使的辖区，利用分化、众建的手法，削弱镇帅的力量，同时，随政策的变化，规范其活动范围，以免轶出宋廷之掌握。由于镇抚使本身的性质和宋朝的多方防范，使镇抚使的防御性较显著而进取性较弱，他们大多只能从事敌后游击，及配合宋廷政策进行北伐。由于他们个别势力单薄，加上宋廷也不愿让这些独立性强、不易听命的镇抚使来达成匡复故土的目的，因此不易有挥师北伐争衡中原的军事行动，在守势战略目标达成后，就失去了继续存在的价值，于是便借着种种手段与机会纳镇抚使于正规军政体系中，逐渐削弱镇抚使的力量，最后则以废镇终。不过，由于宋廷以渐进、温和的手段来进行削藩，并未引起巨大的反对浪潮或战争。这种借着逐步推动、渐次解决的过程，将所有独立武力纳入政府掌握中，为我国历史上解决藩镇问题的成功例子，也正反映宋廷政治运用的巧妙。

第五章　两淮山水寨

——地方自卫武力的发展

一、前言

宋室南迁后，淮河成为其防御金兵的前线，亦是边防布置的主力所在。不过，正规军的屯驻，只属点的部署，而更戍制度的实施，也使军队难以有效掌握两淮形势，发挥防御功能；反之，据守山水寨的自卫武力，在宋金战争的过程中，能掌握地利的优势，充分发挥牵制与游击的战力，较有效发挥捍御敌人与防卫乡里的作用。宋廷为了巩固边防，积极编组并训练这些自卫武装力量，以襄助正规军，形成捍卫疆土的重要力量。

不过，由于宋朝强干弱枝及以正军制民兵的传统，使得宋廷在团结民间武力时，曾引起独立性较强的山水寨民兵的反弹，加以在敌我夹缝中生存的边境百姓，生存环境复杂，生活资源匮乏，在面临维护国家与自身利益的抉择时，有不同考量，引发宋廷的疑惧，造成中央与地方关系的紧张。因此，借由观察南宋时代两淮山水寨武装力量的发展与演变，当对民间自卫武力的组织形态以及朝廷与地方的复杂关系，有深一层的掌握与了解。

近代学者对南宋两淮山水寨的论述不多。到目前为止撰述的论文仅有两篇：1960 年，张家驹撰有《宋代的两淮山水寨——南方人民抗金斗争的一种武装组织》[1] 一文，从自卫武力结集抗金、组织及战果三部分，阐述隆兴和议以前，两淮百姓的抗金事迹。陶晋生师于 1977 年发表的《南宋利用山水寨的防守战略》一文 [2]，则以南宋朝臣利用山水寨从事边防的计划与实例，说明余玠在四川利用山水寨建构整体防御网的传承。文中所揭示的例子遍及两淮、荆襄及四川等宋金边界，但两淮地区却是一个重要部分，对了解宋廷利用山水寨抗御金、蒙的重要性极有助益。不过，这两篇论文各有其讨论焦点，对宋廷团结、转化、利用、控制民间武力的成效及中央与地方的关系，乃至所产生的影响，则论述较少。因此，笔者特以两淮地区为对象，利用搜集所得的史料，参酌前人研究成果，加以讨论，作为探讨南宋地方武力的一个个案。

山水寨本指自卫武力防卫的据点，在南宋有时兼指据守在山水寨的武装力量，甚或泛指被团结的民兵。本文所述的山水寨则采广义，包含上述之三种情况。至于宋人常用的“团结”一词，在唐宋时代，常指组织训练地方丁壮的武装力量，与现代词义有别。[3] 本

---

[1] 张家驹，《宋代的两淮山水寨——南方人民抗金斗争的一种武装组织》，《上海师范学院学报》，1960 年 1 期，页 86—92。

[2] 陶晋生，《南宋利用山水寨的防守战略》，《食货月刊》，复刊第 7 卷第 1、2 期（1977 年 4 月），页 1—10。

[3] 司马光，《资治通鉴》（台北：世界书局影印点校本，1970 年 8 月再版），卷 225，页 7245，《唐纪》41，代宗大历十二年五月辛亥条说：“又定诸州兵，皆有常数，其召募给众粮，春冬衣者，谓之‘官健’；差点土人，春夏归农，秋冬追集，给身粮酱菜者，谓之‘团结’。”

文为行文之便，有时用团结或组织、训练、组训等词，其义则一。

二、女真南侵与两淮山水寨的兴起

地方性自卫武力，产生于外患侵凌、乱事频仍，乃至政权不稳的时代。魏晋南北朝是中国史上争乱、分裂的时期，也是地方自卫武力兴盛的时代。女真的入侵，结束了北宋政权，是中国历史上第二次南北对峙的时代，也是以山水寨为据点的民间自卫武力再度发展的时期。女真擅长骑战，于侵宋期间发挥了凌厉的攻城战术，然而宋人或因城的地势难以守御或因守城技术不佳，致使华北的许多城池相继被金兵所攻破；反之，奋起勤王的武装团体及由各地土豪领导的自卫武力，却能避入山水寨，据险自守，持久抗金。李若水在靖康元年（1126）向宋廷报告两河残破及沦陷区百姓立寨自保的奏文中，就清楚地描述道："又于山上见有逃避之人，连绵不绝，闻各收集散亡士卒，立寨栅以自卫，持弓刀以捍敌。金人屡遣人多方招诱，必被剿杀。可见仗节死义，力拒敌兵，真有恋君怀上之意。"[1]宋廷鉴于正规军战力不足，乱事扩大，各级政府无力保护百姓、维持社会秩序，乃下诏允许百姓据险自保，于是，以捍卫乡里为职志的民间武装团体，相继出现。接着东京留守宗泽结合这些武装力量，在汴京城外建立山水寨防御网，发挥了积极抗金的效果。[2]由于山寨内可以屯田，自成独立的经济体系，加以形势险峻，女真骑兵仰攻困难，是防守的有利地点，因此，在宋金战争期间，利用山水寨

[1]　李若水，《忠悯集》（文渊阁四库全书本），卷1，《使还上殿札子》，页4上、下。

[2]《宋史》，卷360，《宗泽传》，页11280—11281。

作为避乱或抗敌的据点，是各地自卫武力的普遍现象。[1] 宋臣曹勋使金时，在河北相州以北，就看到五十多处山寨，“每寨不下三万人，其徒皆河北州县避贼者”[2]，像庆源的五马山、太行山、永宁的白马山、太原文水县的西山寨、伊阳山寨等地，都是自卫武力恃险据守，长期抗金的山寨，而活跃在中条山一带的武装团体“红巾”，更时常骚扰金人。[3] 金人在华北，受到山水寨的地方武力的牵制与游击，使得战力分散，相当程度缓和了赵宋政权面临覆灭的威胁。

南宋肇建后，江淮山水寨成了百姓躲避战祸的基地。建炎三年（1129）十月，金帅完颜兀术统兵再次南侵。由于宋廷疏于战备，战事失利，高宗逃海避难，女真兵突破淮防，深入江淮，淮南地区成为宋金双方交锋的主要战场，正如叶适所述“淮上四战之场，虏敌往来之地”[4]。这时，自华北溃败南下的宋兵、盗贼，乃至江淮一带的官吏与地方势力，为了躲避战祸，纷纷逃入山水寨。濠州钟离县民王维忠聚集乡人据韭山为寨，与乡人共守。韭山寨是“垒石为城，周匝四里，又作大寨七里环绕之；战御之具稍备，民之愿来依者凡万余人，维忠选强壮充兵。韭山之势，巍然而立，外有群山环绕之，山有泉涌出，泉下有洞，众泉悉注焉，洞虽不大，然不论水之多寡，或连雨会群山之水，凑于其中，而洞能容之，俗呼为归水洞”，维忠恃险而守，直到建炎四年（1130）五月金人命孙兴知濠州，维忠不听伪命，才率众归于刘位。[5] 而居住在泗州招信县碑镇的豪强刘位，

[1] 陶晋生，《南宋利用山水寨的防守战略》，页 1。

[2] 曹勋，《松隐集》（文渊阁四库全书本），卷 26，《进前十事》，页 4。

[3] 黄宽重，《南宋时代抗金的义军》，页 58—59。

[4] 周应合纂，《景定建康志》（北京：中华书局影印，1990 年初版），卷 35，页 6 上，参见韩茂莉，《宋代农业地理》（太原：山西古籍出版社，1993 年 8 月初版），页 80。

[5] 《会编》，卷 138，页 7，建炎四年五月七日。

于金兵进犯时候，就聚乡民保守横山，由其弟、侄统领，形成巨大的自卫武装力量，除了王维忠投归外，当时西北官宦及平民络绎南下，听闻刘家兵势甚众，“故流移之人，渡江入招信，投横山为乐园”[1]。绍兴四年（1134）金与伪齐联兵南侵时，“北兵数万屯宿、泗，淮海大震。吴人惩建炎暴尸喋血之祸，争具舟车，徙避深山大泽旷绝无人处”[2]。

避祸之外，山水寨更是阻挡金兵的重要据点。绍兴元年（1131）三月，金帅完颜昌由泰州进攻水寨，一直据守通州缩头湖水寨的梁山泊渔人张荣，利用水退泥泞，金船不能靠岸的机会，在岸边杀敌，大败金兵。[3] 此外，在和州的双山、鸡龙二山寨，麻胡、阿育二水寨，在庐州的浮槎、方山等寨栅，以及在滁州的独山等寨，每寨多至二万余家，遇女真骑兵，则出没掩袭，颇有收获。[4] 因此，当金兵在侵犯江淮地区时，就会出现宋臣所说“江北诸郡之民，有誓不从贼者，往往自为寨栅，群聚以守”的现象。当绍兴十一年（1141）金人败盟，再犯寿春，宋将刘锜令诸军择地利，依水据山，遏阻金人之冲，金兵担心刘锜从背后牵制，不敢举兵过江[5]，则显示山水寨发挥的防御功能。

山水寨也是官府避难的据点。除了民间自卫武力以山水寨作为防守的据点外，地方官吏为了避免直接受敌，也将当地官府迁移到险要易守的山水寨，如建炎三年（1129）九月知滁州向子伋以金人

---

[1] 《会编》，卷 134，页 13—14，建炎三年十一月六日。

[2] 《鸿庆居士集》，卷 39，页 12 下—13 上。

[3] 《要录》，卷 43，页 8，绍兴元年三月壬子条。

[4] 《宋会要·方域》，19 之 22—23，参见《玉海》，卷 174，页 36 上、下。

[5] 《会编》，卷 205，页 10—11，绍兴十一年正月。

来犯，弃州治，率军民徙居琅琊山寨。[1] 女真骑兵来势汹汹，历阳县丞王之道奉双亲返回家乡无为军，适逢金人来攻，之道率族党乡民，保守境内的胡避山，以避战祸[2]，当时江淮一带盗贼蜂起，百姓遭受涂炭，“独在胡避者，皆得免”[3]。为了保境安民，建炎三年（1129）十月宋廷再度下诏，“许州县居民自为保守”[4]。绍兴初年，金人拥刘豫成立伪齐政权，宋防江策略形成，淮南成了长江的前哨，李光即说：“长江千里，守御为难，若止于两淮防托，则力省而功倍”[5]，两淮是南宋国防的最前线，地位益形重要。四年（1134），金、齐联兵南侵，淮南骚动。十一月，高宗一面下诏声讨刘豫罪行，一面则下令滁、和临敌诸州，移治山水寨[6]，以免淮南再遭蹂躏。

三、宋金蒙和战与山水寨武装力量的发展

绍兴和议之后，宋与金以秦岭、淮河为界。淮南东西两路成为宋金边境和主要战场，也是宋阻截金兵南侵、建立防御体系的前哨地带。宋廷为了建立有效的防御体系，一方面积极将两淮险要的山水寨建构成为守势防御的据点，以配合正规军在重要地区的驻防，一方面则全面而有系统地利用与组织两淮的民间武力，于是以山水寨为主的自卫武力，不仅与南宋相终始，而其组织更为复杂化。绍

[1] 《要录》，卷 28，页 7，建炎三年九月庚午。《会编》作闰八月二十四日，见卷 132，页 4 下。

[2] 《要录》，卷 29，页 5，建炎三年十一月己酉条。

[3] 王之道，《相山集》（文渊阁四库全书本），卷 30，《赠故太师王公神道碑》，页 4 上。

[4] 《会编》，卷 132，页 11。

[5] 李光，《庄简集》（文渊阁四库全书本），卷 11，《乞差文臣屯兵庐州状》，页 19 下。

[6] 《宋史》，卷 27，页 514。

兴三十一年（1161）六月，宋金再度爆发军事冲突前夕，宋廷对首当其冲的两淮安全，颇为担心，允许淮南地区施行清野，州郡措置移治。知濠州刘光时，曾以金兵即将渡淮为由，仓皇地驱使城内官民移徙至横涧山。[1] 十月，金兵攻入庐州，宋臣王权、龚涛相继逃遁，权知州事杨春见势不可为，领兵突围而出，沿焦湖团结水寨乡兵，驻守中派河，断绝金兵南下，并利用时机，率水寨民兵发动攻城，夺回庐州城。[2] 此时，安丰土豪孙立，为了保护乡人免受战火蹂躏，也结集乡里民兵移守水寨，并创置忠勇军，阻挠完颜亮的南侵。[3]

山水寨在战争中防御效果受到重视，进而成为宋廷讨论和战政策的焦点。如宋臣张阐向孝宗面陈御敌守淮三策中，就指出优恤山水寨民兵及死事之家，以劝来者，是强化战力的重要方案。[4] 此议为宋廷所接受，因此在张浚筹划北伐的过程中，责成李椿经划淮甸。椿在两淮地区积极绥集流民，部署屯兵，考察庐州、寿春一带军情，巡视当地山水寨，并作了详密的筹划。薛季宣也向丞相汤思退建议以陕西弓箭手的方式，组织民兵，鼓励江淮百姓自守，“使人自为战，制其勋赏，一同正军，亦严边之一术也”[5]。不过张浚被罢后，主和派的丞相汤思退等人以保境息民为由，“尽毁其边备山寨、水柜之类，

[1] 刘光时将濠州府移至横涧山的举动，曾引起淮人的惶恐，宋臣韩元吉也对此提出强烈的批评，认为横涧寨等地，虽有险阻，但不可作为州郡移治之所，参见《会编》，卷 229，页 5，绍兴三十一年六月二十五日；及韩元吉，《南涧甲乙稿》（文渊阁四库全书本），卷 10，《论淮甸札子》，页 8 下—9 下。

[2] 《会编》，卷 235，页 1—6，绍兴三十一年十月十七日。

[3] 孙应时，《烛湖集》（文渊阁四库全书本），卷 11，《承议淮南西路转判官方公行状》，页 20 上—21 下。

[4] 《文忠集》，卷 61，《张阐神道碑》页 6 上。

[5] 《浪语集》，卷 21，《上汤相论边事》，页 6 上。

凡险要处有备御者，皆毁之”[1]，造成宋军的挫败。

隆兴和议以后，宋金虽归于和平，但孝宗志在恢复，对两淮山水寨的经营转趋积极。陈俊卿献用民兵以补江上空虚，此策在两淮甚有规模。[2]王之望指出两淮是长江的屏障，利害一致，防守之策，除了当缓急之际，两路需相接应外，保守山水寨也很重要，“西路当据诸山之险，以控其兵锋，东路当扼清河之口，以断其粮道。淮西若不扼诸山之险，而守濠、寿，以蔽障滁州，此乃刘锜、王权辈前车之覆辙也……若吾据关守险，非徒可以自保其处，敌知吾有备，亦未必便敢深入”[3]。隆兴四年（1168）三月，宋廷接受知扬州莫蒙的建议：“楚州盐城、马逻诸处，有路可至通、泰，欲使居民保水险，设为庄寨以自固。”[4]分别将两淮民兵纳入防御体系之中[5]，同时将重要的民间自卫武力，如海州的羊家寨、楚州的李植势力[6]，也一齐纳入边防体系中，并予以奖赏。这些规划性的措施和做法，渐现成效，因此周必大在淳熙五年（1178）九月的奏论中就说“南渡以来，两淮团结民社，前后条法固备”[7]。

开禧北伐后，山水寨再度成为两淮百姓的避难所。宁宗开禧年间，韩侂胄发动北伐，宋金战端再启，两淮首当其冲，又遭受战火的威胁，山水寨成为两淮百姓避祸的重要场所，叶适说：“去岁（开

[1]《朱子语类》，卷132，页3169。

[2] 罗大经撰，《鹤林玉露》（北京：中华书局，1983年8月一版），卷1，甲编，《民兵》，页11。

[3] 王之望，《汉滨集》（文渊阁四库全书本），卷7，《论两淮镇戍要害奏议》，页4上—6下。

[4]《宋会要·方域》，19之27。

[5]《宋会要·兵》，1之33—35。《文献通考》，卷156，《兵八》，页1365。

[6] 叶适，《叶适集·水心文集》（台北：河洛图书出版社，1974年5月），卷18，《知庐州钱之望墓志铭》，页343—345。《絜斋集》，卷15，《武功大夫鄂州江陵府驻扎御前诸军副都统冯公行状》，页18上、下。

[7]《文忠集》，卷141，《论两淮民兵》，页10上—11上。

禧二年)，敌人入两淮，七郡残破，其民奔迸渡江，求活者几二十万家，而依山傍水相聚以自固者，亦几二十万家。”[1]而这些肩负捍卫乡土重责的武装力量，在宋金的战争中，不仅被征调参与作战，发挥了御敌效果，也由于具强烈的乡里意识，积极负起维护地方安全的任务，《鹤林玉露》就说：“开禧用兵，禁旅多败，而两淮山水寨、万弩手，率有功……丙寅(1207)，虏大举南牧，围安、襄以撼荆、鄂，宣司檄召诸处兵，与湖北义勇俱往救。诸郡兵不待见敌而溃，所过钞略，甚于戎寇，独义勇随其帅进退，不敢有秋毫犯，盖顾其室家门户故也。”[2]嘉定初年，刘爚在奏章中也指出：“沿边之民习不畏虏，少少结约，皆足自固。臣昨接伴虏使至盱眙，见龟山二三百家独不经兵火，问其父老，自言长于劫寨，虏兵畏之。因思彼财二三百家，协力已足自固。”[3]这些事例都说明开禧之役前后，两淮山水寨等地方势力，在保卫乡里、防御金兵侵犯上，是有正面功效的。

开禧和议之后，蒙古铁骑南犯，华北地区陷入战乱中，直接威胁金朝政权，社会纷扰不安，叛金势力相继崛起，金的疆域日蹙。不久，战火蔓延到山东地区，两淮随之成为宋、金、蒙三国势力交锋及地方武装力量互争雄长的域场[4]，山水寨也成了当地武装团体与叛金势力发展的主要据点。嘉定五年(1212)，宋臣请筑滁、扬州城时，制置使黄度认为二城与山寨接邻，当地山寨武力足以牵制金兵，不需筑城，倘若敌人攻城，“吾引山寨之兵，表里夹射，贼安得至；其或安坐不攻，吾居山上，视贼动息，日攻而夜扰之，彼亦吾

[1]《叶适集·水心文集》，卷2，《安集两淮申省状》，页10。

[2]《鹤林玉露》，卷1，甲编，《民兵》，页11。

[3]《真文忠公文集》，卷41，《刘文简公神道碑》，页624。

[4] 黄宽重，《南宋时代抗金的义军》，页210。

虞，岂能暂安乎”[1]！而后主管淮东安抚司公事崔与之鉴于淮东多平夷空旷之地，只有滁州和盱眙军多山林，其中形势险峻的山寨，上有泉源，可以驻扎，乃由官修山寨，“募民筑五山寨，累石为城，料简丁壮，选材力服众者，假以官资统之”[2]，以官府的力量、组训民间武力，作为抗御金兵南侵的基地。

两淮山水寨在宋蒙战争中，不仅是两淮百姓避祸之所，也发挥了御侮的作用。端平元年（1234），宋蒙联兵灭金之后，宋廷又趁蒙古兵北撤，兴兵入洛，蒙古引兵反击，两国由和转战，以兵戎相见。这时，两淮不仅是宋蒙边界，及两国兵锋争战之地，山水寨更成为百姓逃避战乱的处所。袁甫在《论流民札子》中提到两淮地区固然需筑城以防敌，但真正可靠的“又在城筑之外耳”[3]，所指的正是强固的山水寨，他说“两淮清野，伐敌因粮之谋，室庐田产，无尺椽寸草之留，独有山水寨，阻险为固者如故，因而葺理，增立堡寨，以处复业之民”[4]，此后，宋蒙战争越形激烈，端平三年（1236）淮西、襄汉等地相继为战火所蹂躏。嘉熙元年（1237），光州沦陷，百姓流离出境，发现黄州天台山“形势险峻，四面如壁，止通一人往来，石窍泉涌，冬夏不绝”，乃集众结群在山上造堡寨，作为避难之所，并准备枪械武器。蒙军连月攻打，都无法接近，“由是光、信残破之民，拥堡来依，屯聚十万众，果能全活”[5]。

与此同时，知黄州孟珙招纳边民，跨山为城，以护百姓，并设

[1] 《絜斋集》，卷 13，《龙图阁学士通奉大夫尚书黄公行状》，页 1 上—36 上。

[2] 《崔清献公全录》，卷 1，页 15 下—16 上。

[3] 《蒙斋集》，卷 13，《和州修城记》，页 10 下。

[4] 《蒙斋集》，卷 7，页 14 下—15 上。

[5] 吕调元、刘承恩修，张仲炘、杨承禧等纂，《湖北通志》（上海古籍出版社，1990 年），卷 104，《金石志》12，页 44 上—45 上。

章家山、毋家山两堡，作为先锋、虎翼、飞虎等自卫武力的营区。[1]黄冈县被蒙军攻陷后，宗室赵时哽带着母亲，率领部众突围而出，返回家乡六和县，团结乡里强壮，共谋抗御蒙军。嘉熙三年（1239）蒙古大军将进犯淮东，时哽怕无力抗敌，领导安丰、真、滁、濠四郡十七寨老小十余万人，强壮一两万人，渡江团聚于建康府境内广约二十里的杜真沙上避敌。[2]此外，嘉熙元年（1237），蒙古兵连攻破舒州、宜城等地，知舒州衙所移治于长江中的杨柴洲，聚了万家百姓，以避敌锋。[3]淳祐四年（1244）右丞相杜范指出蒙古骚扰沿边，先以哨骑侵轶两淮，然后用舟师，从清口、五河、涡河等处出淮径渡，"沿淮土民遁匿深山，以避寇乱，颇有豪杰窃伏其间，千百为群，各相保聚，以十万计"[4]。其后姚勉在《檄诸乡教民兵筑山寨文》中也说："守土封疆城郭，全为效死弗去之谋，设险山川兵陵，合为以全取胜之计，宜依山而筑寨，庸卫国以护民，贫富相资，主佃相养，用古者寓兵于农之意，以时乎教战于守之中，外而屯、内而耕，各有攸处，攻则胜，守则固，何惮不为。"[5]都说明了山水寨在护土卫国上的作用。

四、宋臣对招抚山水寨的意见

自宋金爆发战事以来，两淮山水寨在防卫疆土、抗御外患的功能，相继被肯定。建炎年间吕颐浩就指出金人善于攻城，宋人的防

[1] 《宋史》，卷412，《孟珙传》，页12375。
[2] 《许国公奏议》，卷2，《奏论江防五利》，页49上—52下。
[3] 俞文豹，《吹剑录》（读画斋丛书庚集），页18上—19上。
[4] 杜范，《清献集》（文渊阁四库全书本），卷13，《相位条具十二事》，页15上。
[5] 姚勉，《雪坡集》（文渊阁四库全书本），卷42，页15下—16下。

卫之道，除了积极坚守有把握的城壁外，就是据守山水寨以避敌锋，“纵官吏与民避兵，或入山林或入陂泽，庶免全郡生灵皆为鱼肉”[1]。知建康府叶梦得也以建康府辖下五个县，只有句容县一乡因自保赤山，没有受到战火蹂躏为例，说明“自兵兴以来，江淮之民有逃避不及，自结为山寨、水寨者，多得保全”[2]。而刘子翚更点出山水寨在宋金战争中防御的优势，他说：“今日淮甸虽置守师而无坚壁、无聚粮，或营一师之市，或聚乌合之徒……臣欲乞将淮甸郡县，不必尽守故城，各随所在，择险据要，营置寨栅，守以偏将。敌来仰攻，固非其利；若欲长驱深入，则我缀其后”[3]。同一时期受命宣抚川陕，负责捍卫西疆的张浚，在《奏淮南备虏事宜》一文中也指“以臣所见，恐可止于淮南东西，选择地利，安置山寨或水寨，据险保聚，分驻人马为清野自保之计”[4]。可见宋臣面对女真的威胁，为了应付危难、稳定政局，都相当肯定山水寨在防御两淮、维护时局的贡献。

由于山水寨的防御功能显著，使得宋臣要求朝廷以更具体而积极的奖励办法，对待这批捍御外侮的自卫武力。建炎四年（1130），宋臣为了奖赏在淮南掩袭金兵有功的山水寨等地方势力，建议朝廷派遣使人“赍诏遍诣逐寨，谕以恩意，寨栅首领有功绩者，命镇抚使保奏推恩”[5]。绍兴初年，李弥逊也以刘纲、孙晖等人“颇为朝廷招集乡民，耕种田亩，置立堡寨，以守一方”为例，建议宋廷直接授予他们方面之任，使这些地方武力成为朝廷的屏障，他说：“因其所

[1] 吕颐浩，《忠穆集》（文渊阁四库全书本），卷1，《上边事备御十策》，页3上、下。

[2] 《历代名臣奏议》，卷334，页19下—20下。

[3] 刘子翚，《屏山集》（文渊阁四库全书本），卷7，《论时事札子八首代宝学泉州作》，页7上、下。

[4] 《永乐大典》，卷10876，页18上。

[5] 《宋会要·方域》，19之22—23。

欲，更加选择可委之人，其上使之守州，其次使守县、镇……事初，朝廷量行应副，稍加就绪，即使自给，渐次措置人兵，别无大段费用。”这一措施，虽然眼前不能看到效益，但经营几年之后，就可以增固藩篱，为利实大。[1]

绍兴三十一年（1161）金帝完颜亮发动南侵之际，校书郎冯方在奏论措置的方策中，更指出民间武力在保聚守御及应援辎重两方面，均有功效，只是未加训练，不宜直接对敌作战，倘若期待这些人发挥战力，需要像北宋在陕西组织弓箭手一样，进一步加以组织、训练才有效果。[2] 同年五月，御史中丞汪澈在奏言中提出给予自卫武力较大的挥洒空间，避免遭受基层官员的干扰，他指出“淮南山水寨，旧来乡豪自相结集，当随宜存恤，使自为守，无令监司州县扰之，庶收其万一之用”[3]。

隆兴初年，薛季宣上书丞相汤思退，也指出江汉、淮南的民风雄健尚武，建议朝廷免除他们的田租，像北宋对待陕西弓箭手一样，让他们各自发挥战力，并给予功赏，是严守边防的可行方略。他说：“比年，议者稍知措置保甲及山水寨，然初无豫定之法可以必行，缓急无以相维，似可施用晁错之策，使其坞壁粗立，平时可以保妻子，而不废农桑之业，缓急足以自卫。”[4] 也有臣僚指出两淮地区的民兵，结集于州县城郭的山寨，或在外乡村的水寨，这些堡寨的首领，多半由地方上富豪精壮、具有影响力的人来担任，追随的徒众也多是骁健勇敢之辈，最足以保乡卫土，因此建议：“行下都督府，专委两淮守臣，各括责本州山水寨首领姓名，保明来上，先次量补官资，

[1] 《历代名臣奏议》，卷 335，页 2 下。又李弥逊，《筠溪集》，卷 1，页 11 上。
[2] 《会编》，卷 225，页 5—6。
[3] 《会编》，卷 228，页 15。
[4] 《浪语集》，卷 21，页 4 下—6 上。

专一裒集乡兵，俾之团结，明立赏格，次第迁补。”[1]

隆兴和议后，孝宗积极经营两淮地区，宋臣也就如何招纳、组训这些地方自卫武力，提出积极建议。如乾道二年（1166）七月知扬州周淙指出淮东诸州军山水寨中，多强壮精干习武的人，请求对能擒捕盗贼者，优予推恩。[2] 四年（1168），陈俊卿任相之后，鉴于两淮守备不足，民无固志，一旦金兵进犯，才仓促派兵，将缓不济急，奏请在扬州、和州各屯兵三万，并且籍民家三丁中一人为义兵，给予弓弩、战械，教以战阵，农隙之日，给以两个月的粮食，聚而教之。[3] 淳熙五年（1178）九月，周必大在《论两淮民兵》文中，提到从政郎张岩的意见，认为应免除当地臂力刚、驰射精、志气果敢勇壮者的徭税，加以组织，有效节制，纳入国防体系之中，对于疲懦不堪战斗的人，则依旧结集保伍，让他们自己来捍卫乡井、备御盗贼。[4] 八年（1181）八月史浩也建议“取山水寨总首出作州官，各有所辖，彼方有怀土保护乡井之意”[5]。十一年（1184）十二月，周必大致王希吕书中，提到关于民兵万弩手山水寨的事，希望帅司“纠合诸头项人兵，独当一面，为两淮之藩篱”[6]。这些意见虽不免有夸大之嫌，但都显示了南宋臣僚对山水寨的正面评价，及期待宋廷有更积极的办法，让他们发挥边防的正面功能。

开禧北伐失败以后，叶适进一步呼吁宋廷加强团结民间武力，修筑堡寨，他说：

---

[1] 《宋会要·方域》，19 之 26。

[2] 《宋会要·兵》，13 之 25、26。

[3] 《朱文公文集》，卷 96，《少师观文殿大学士致仕魏国公赠太师谥正献陈公行状》，页 1717。

[4] 《文忠集》，卷 141，页 10 上—11 上。

[5] 《鄮峰真隐漫录》，卷 9，《临陛辞日进内修八事札子》，页 4 上、下。

[6] 《文忠集》，卷 147，《与王希吕咨目》，页 24 下—25 下。

> 长淮之险与虏共之，惟有因民之欲，令其依山阻水，自相保聚，用其豪杰，借其声势，縻以小职，济其急难，春夏散耕，秋冬入保；将凭城郭，诸使总号令，虏虽大入，而吾之人民安堵如故。故某愿朝廷以谋困虏，以计守边，安集两淮以捍江面，使淮人不逼，则虏又安敢萌窥江之谋乎？故堡坞之作，山水寨之聚，守以精志，行以强力，少有必精，小而必坚。[1]

嘉定十年（1217）黄榦在一篇奏章中，更指出当前的要务莫急于经理两淮，而最好的办法就是“用两淮之人，食两淮之粟，守两淮之地”，淮人“生长淮堧，与虏相谙，骑射剑戟，其所素习，山川险易，其所熟知。…… 曩者虏人冲突，遇大军则索战，遇淮人则退却”。而守淮之策必先明保伍，“其为保伍，不过以防托乡井为名而已，及至缓急，人自为战，皆精卒也”。保伍既明之后，则为他们置立堡寨，“盖淮民散居平土……惟或依山或附水，创置寨屋，立囷仓，使各随其队伍而居之，闲居则预藏米麦，有急则安存老弱；既有所居，则莫不爱护乡井，与虏为敌”。保伍成、堡寨立之后，当进一步“宽其力役以安之，设马监、置军器以资之”，人民既免于重役之苦，当乐于接受保伍之法。[2]

理宗端平元年（1234）以后，宋蒙战事再启，两淮又受战火摧残，百姓流离失所，吴泳在奏论保淮的策略时，指出设险据守山水寨及维护田地之利，是防卫两淮的重要措施，但更重要的是如何避免百姓遭受科扰，安心归业，才能凝聚战斗力，“今边境暂宁，岁事

[1] 《叶适集·水心文集》，卷 2，《安集两淮申省状》，页 17—18。

[2] 黄榦，《勉斋先生黄文肃公文集》（元刻延祐二年重修本，北京图书馆古籍珍本丛刊之九十，北京：书目文献出版社影印），卷 16，《代胡总领论保伍》，页 20 上—23 下。

差稔，流徙之民，渐复归业，为之上者，节其力而不尽，田租之当蠲者蠲之，军需之当缓者缓之，使人无离心，户有固志，暇则负耒而耕，警则荷戈而战，吾封境之内，自隐然有敌国之重矣"[1]。杜范在出任丞相时，感于蒙古的威胁日亟，宋边防实力日削，而沿淮自卫武力尚可为宋廷的屏障，乃建议朝廷"若遣一多知有谋之人，挺身而入，见其头目，示以恩信，谕以朝廷之意，有愿经理浮光者，借其名目，使之自率其徒，出力经理，食其地、守其城，俟二三年间，经理有绪，则以郡符付之，以为淮西捍蔽"[2]。

从以上的叙述，可知当宋与金、蒙关系紧张，乃至引发战争，处于边防线上的两淮地区，成为首当其冲的战场。此时，据守山水寨的民间自卫武力成了百姓乃至官府恃险抗敌、逃避战祸、维护安全的重要力量，由于宋臣对于这些自卫武力在战时防卫、巩固边防上所扮演的角色有深刻的体认，因此不断呼吁宋廷积极经营山水寨。他们的意见大致上可以分成两类：一是强调多给民间武力自主权，避免遭受官府的干扰。李弥逊和杜范甚至提出更激进的做法，建议赋予方面之寄。这些意见多出现于南宋初年和末年，政局混乱、朝廷难于有效维护战区的社会秩序的时候。另一类是在承平时期，朝臣看到民间武力具有保卫乡里的能力，因此希望朝廷予以奖赏，使其致力维护地方安全；但他们也看到地方武力各自为政、战力良莠不齐、力量分散的缺点，乃建议朝廷善用资源，予以有效的组织与训练，将之纳入国防体系中，以凝聚、整合战力，发挥更为积极的御敌效果。薛季宣建议宋廷"蠲田租，以陕西弓箭手维之，使人自为战"的意见，就显示了部分宋臣期待朝廷兼顾奖励与组织训练的

[1] 《鹤林集》，卷 17，《论保淮事宜疏》，页 4 下—5 下。

[2] 《清献集》，卷 13，页 15 上、下。

措施，来对待两淮的民间自卫武力。此外，嘉定年间黄度知建康府时，担心开禧北伐期间招募而来的山水寨与地方武装力量，因朝廷疏于辅导，在战后影响社会秩序，则以每人给钱四万，复役十年，有田者先归，无田者继遣的方式，从事整编复员的工作。[1]

五、宋廷对山水寨的优奖、组织与训练

从宋室南渡至灭亡的一百五十余年间，宋廷相继面对金、蒙的武力威胁，作为拱卫南宋都城第一道防线的两淮，自然是发生战争频率最高的地区。因此，每有战事，不论大小，淮南地区都不能免于灾难，造成“民去本业，十室九空，其不耕之田，千里相望”的雕弊惨象[2]，宋廷为鼓励百姓迁移淮境，参与生产建设，以提振经济及维护边境安全，对灾民、抽调及防守有功的民兵，都予以各种奖励，其中表现最为明显的就是减免赋役以及任命领导人为官两项政策。在减免税役方面，如高宗绍兴四年（1134）宋廷以承、楚、泰三州各有水寨民兵，合力击贼，诏免十年租税[3]，五年（1135）一月的德音则揭示“应淮南诸军并行存恤，应山水寨团结人民，并赦免税役十年；尝经兵马蹂践去处，与放五年”[4]，乾道七年（1171）八月十四日，宋廷诏“两淮州军民户，既将一丁充民兵，其有本名丁钱，可与蠲免”[5]，八年（1172）七月宋廷同意措置两淮官田徐子寅的建议，将纳入训练的总首、首领及忠勇民兵“并与免户下科敷差使，

[1] 《絜斋集》，卷 13，《龙图阁学士通奉大夫尚书黄公行状》，页 1 上—36 下。

[2] 韩茂莉，《宋代农业地理》，页 80。

[3] 《文献通考》，卷 156，《兵八》，页 1365。

[4] 《鹤林集》，卷 15，《高宗孝宗降罪己赦诏四事》，页 14 下。

[5] 《宋会要·兵》，1 之 33 上。

如遇缓急使唤，官给钱米以赡其家”[1]。嘉定年间，崔与之担任淮东安抚使时，鉴于原有的万弩社抗敌有功，乃创置万马社，应募合格的人，“官助鞍辔钱二十千，人复租税三百亩”[2]。这些减免两淮地区税赋的现象，显然是宋廷为凝聚武装力量及沿边民人心，所实行的长期政策。[3]

至于任命领导人为官或推恩的例子更多。如建炎四年（1130）诏执政派人赍诏书遍诣山水寨，谕以恩意；寨栅首领有功绩者，命镇抚使保奏推恩。[4]建炎、绍兴年间，宋廷为抗御金兵南犯，大量招抚据守山水寨的义军首领，任之为官僚，如张荣、孙晖，甚至任命为类似唐藩镇权力的镇抚使，如刘位、赵立、刘纲等人都是明显的例了。[5]完颜亮南侵时，宋廷也大量奖赏两淮山水寨首领，安丰土豪孙立就是一例。[6]隆兴二年（1164）十二月宋金和议前夕，宋廷为安抚各地民间抗金武力，于德音中宣布“赦楚、滁、濠、庐、光州、盱眙、光化军管内，并扬、成、西和、襄阳、德安府、信阳、高邮军，应州县山水寨首领，自备钱粮，收集把隘，或战斗立功，仰州军守臣保明，申省取旨推恩”[7]。乾道七年（1171）冯湛招抚海州羊家寨土豪羊舜韶。[8]淳熙年间，钱之望补迁土豪李植等人官资[9]，嘉熙二年（1238），淮东总领吴潜奏宗子赵时哽部集淮东西流民十余万口，团结十七寨，其中有强壮二万可措置为兵，忠诚可嘉，乃补

[1]《宋会要·兵》，1之35。

[2]《崔清献公全录》，卷1，页15下—16上。

[3]《絜斋集》，卷13，《龙图阁学士通奉大夫尚书黄公行状》，页1上—36下。

[4]《宋会要·方域》，19之22、23。

[5] 黄宽重，《南宋时代抗金的义军》，页63—101。

[6]《烛湖集》，卷11，页20下—21上。

[7]《文献通考》，卷156，《兵八》，页1365。

[8]《絜斋集》，卷15，《冯湛行状》，页18上、下。

[9]《叶适集·水心文集》，卷18，《知庐州钱之望墓志铭》，页343—345。

时睚为官。[1]

更特殊的情况是，宋廷宽容违犯法令的民兵首领。淳熙十一年（1184），淮东水寨首领盐城人陈侃，因打造海船军器到海外贩卖，被知楚州章冲穷治断罪。陈家不伏，经由枢密院，请求改由他处勘断。周必大受命向孝宗提供解决方案，他认为陈侃本人是民兵首领，“事关边防，难与寻常打船下海，私置军器一例行遣”，“太守治民，固难沮抑，而边防所系亦当阔略”，建议将本案移至扬州审理。孝宗同意，予以恕免，并还给船只，可见宋廷在处理法律案件时，对淮边的情况，尚有特殊的政治考虑。[2]

在积极奖赏、优惠及推恩之外，要将这些分散的武力，凝聚成有效的国防战力，便要加强团结与组织训练。在这方面，北宋在组织、训练辽夏沿边的河北民兵与陕西弓箭手上就有许多经验，也收到刺探敌情、协助城守、辅翼阵势及扰乱敌境的效果。[3] 南宋朝廷则常派遣官员措置两淮山水寨，绍兴十一年（1141）二月诏王映兼通泰制置使，措置水寨乡兵，隆兴元年（1163）十月宋廷诏令江淮都督、湖北京西制置司措置山水寨[4]，乾道五年（1169）九月，遣淮西参议许子中措置淮西山水寨民兵[5]，淳祐六年（1246）五月诏令贾似道任责措置淮西山寨城筑[6]。

这一连串措置山水寨的办法，就是希望透过有系统的组织，将自卫武力纳入军事体系中。建炎初年王洋即指出，各路官吏鉴于民

---

[1] 《宋史全文》，卷 33，页 13 下—14 上。

[2] 《文忠集》，卷 147，《问陈侃御笔回奏》，页 7 下—8 上。

[3] 参考柳立言，《宋辽澶渊之盟新探》，《宋史研究集》（台湾编译馆，1995 年 2 月），第 23 辑，页 105—107。

[4] 《宋会要·方域》，19 之 26，《为山水寨》。

[5] 《玉海》，卷 174，《绍兴山水寨》，页 36 上、下。

[6] 《宋史全文》，卷 34，页 10 上。

兵捍御有功，“往往劝诱土豪、民兵，一则各保乡分，二则为众防守”，但负责防御的官员，“多虑民兵生疏，遂欲预行教阅”，招集教阅，却又有碍农务，影响百姓战斗意志。王洋则希望借由有效的组训工作，让自卫武力发挥更大的战力，“乡分土豪，各已分定把隘去处，即时拘集，当官教阅，使识旌旗、金鼓坐作之节，不过三日，即时放散”[1]。这项建议成为宋金和平时期,宋廷巩固两淮边防的一项长期措施，尤其在孝宗恢复意志强烈时，更将之制度化，如乾道四年（1168）十一月，诏令两淮守臣以户口多寡，三丁取其强壮者一名，籍为义兵，于农隙教阅，自十月开始，正月终放散，每人日支钱一百文、米二升。总首日支钱二百文，米三升，所需经费由中央与地方政府分摊。[2] 五年（1169）九月八日，措置两淮官田的徐子寅奏称：奉旨于农隙时，官支钱米，将本路诸州军已籍山水寨伍民兵，应三丁以上主户选取壮丁，赴州教阅一月。今拟令诸州军自十月十五日拘集民兵上教，至十一月初五停止；每日于辰时、未时两次训练，遇雨雪则免。所教阅的民兵，由本司派官比较拍试，武艺精熟之人，由州军优与犒赏。[3]

对武艺精良的民兵及其首领，宋廷都订定奖赏及补官的办法。乾道八年（1172）六月一日，宋廷诏“淮东、淮西两路，并沿江诸州民兵及两淮万弩手，每岁农隙，拘集教阅；其间有武艺超越之人，令逐路帅司行下所部州军，自今岁为始，将所教民兵及万弩手，遇教阅月，选择能步射一石四斗力弓，踏三石五斗力弩，马上直背射一石力弓，各应法人材智勇可以伏众，解赴本司拍试，其姓名、事

[1] 《东牟集》，卷 9，《论防秋事札》，页 18 上—19 下。

[2] 《宋会要·兵》，1 之 27。

[3] 《宋会要·兵》，1 之 28。

艺保明申三省、枢密院，以凭抽摘复试推恩”[1]。七月十八日徐子寅在山阳、宝应一带，置三十六庄寨，因担心山水寨及民兵首领补官过于浮滥，建议五项具体办法施行。一、每县选差总首一名，特与补一官名，二、诸寨应管辖教阅忠勇民兵，每一百人者，置首领一名，特与借补一官名，三、如一寨不及百人，更行劝募，俟人数足，方予推恩，四、总首、首领及忠勇民兵，并与免户下科敷差使，如遇缓急使唤，官给钱米以赡其家，五、每次检阅时，凡民兵十二箭全上帖者，特与借补阙守进勇副尉，候立到新功日补正。总首与补进义副尉，首领令本路安抚司借补守阙进勇副尉[2]，并禁止私有军赏[3]。

宋臣对团结山水寨的意见以黄幹为代表，他说：“用淮人之策，必先明保伍；自五家为伍，则伍有伍长，五伍为队，则队有队长，四队百人，则有百人之长，五百人则为一将，二千五百人则为一军，有统领，四军万人则为统制以总之，度其郡之大小广狭，而为统制多寡之数，又立都统制以总之。自都统以下，各以物力高下，人才服众而差，自军将而上，则朝廷给之官资，以下则制司补以文帖。”[4]这是较理想性的看法，不见得会在两淮地区全面实施。但从宋廷措置两淮万弩手的例子，也可以看到南宋团结民兵的具体方式以及改变的情形。

宋廷团结两淮万弩手的方式相当曲折。淮南万弩手创始于绍兴末年，当时金帝完颜亮图谋南侵，张浚在淮南募丁壮为万弩手[5]，涅其面，籍为兵，百姓惊恐逃避，殿中侍御史杜莘老建议宋廷停止

[1] 《宋会要·兵》，1 之 33 上、下。

[2] 《宋会要·兵》，1 之 35。

[3] 《叶适集·水心文集》，卷 18，页 343。

[4] 《勉斋先生黄文肃公文集》，卷 16，《代胡总领论保伍》，页 21 上、下。

[5] 《攻愧集》，卷 99，《朝议大夫秘阁修撰致仕王公墓志铭》，页 964。

黥面，只由郡县长官节制征役，防卫乡井，不派出境作战。乾道三年（1167）十二月宋廷同意两淮安抚使胡昉的请求，将本路籍为万弩手的家庭，免其户下三百亩的税赋。[1] 五年（1169）冬，孝宗命徐子寅兼领淮南万弩手事，两淮共籍三千人，在真州置寨，名为神劲军。徐子寅指出两淮疆域辽阔，聚集而教，十分扰民而且所费不赀，希望在各乡社教阅。措置两淮官田的许子中也建议万弩手应与保甲一样，只在乡社教阅[2]，而知庐州赵善俊则认为经过训练的万弩手已不能务农，建议将之纳入神劲军之员额，由熟谙训练的官员负责教阅[3]。淳熙二年（1175）秋，朝廷命徐子寅与张宗元分路提督民兵；宗元建请每郡以土豪见任官一员统辖，诸郡自十月下旬开始，到帅司所在教阅两个月，只有光、黄、濠、楚、安丰、盱眙等郡在本州教阅。宋廷以其扰民，自淳熙七年（1180）以后，令两淮民兵在家习武，只由地方长官按阅，不再聚集教阅。[4] 后来宋廷再下令教阅两淮民兵万弩手，知楚州钱之望选七千八十九人，参酌军制，束以队伍，别以事艺，严格训练。之望知扬州后，又以往昔措置山水寨民兵的经验，制订了可以在淮南东路施行的条目，包括“取丁、结队、执色、总首、分部、开收、任责七事”，都被宋廷所接受，甚至行于淮西。在他的坚持下，两淮万弩手得以继续存在，并发挥抗敌、御盗之效。[5]

总之，宋廷为了增强边防战力，巩固国防，积极团结两淮地区的百姓，甚至将之纳入军事体制中。由于两淮的百姓和自卫武装团

[1] 《宋会要·兵》，1 之 24。

[2] 《宋会要·兵》，1 之 29—30。

[3] 《宋会要·兵》，1 之 33。

[4] 《朝野杂记》，卷 18，《淮南万弩手》，页 10 上—11 下。

[5] 《叶适集·水心文集》，卷 18，页 345。

体的形态各异，宋廷的团结之法亦有差别，即对一般百姓以结集保伍的方式，让他们发挥“卫护乡井、备御他盗”的作用，这是南宋时代在两淮地区最普遍、常见的团结方式。至于勇悍精壮、擅长作战的百姓，则免其徭役、税赋，进一步加以组织，定期施以训练，“岁时程其技艺，部以节制”。在宋廷的主导下，分别将这些经过训练的地方武力纳入神劲军或安抚使司的统辖中，使他们得与正规军相互转换，彼此支援，如自刘纲、向子固以来即有东西寨使效、效用、效士、强勇等名号繁多；绍熙初年，钱之望请求并为强勇军，他并募材勇知武之士千人隶于御前军。[1] 此外，当完颜亮南侵时，安丰土豪孙立为保境安民，集结乡兵为水寨，在沿淮创置忠勇军，由宋廷宠以旌旗。[2] 开禧北伐时，韩侂胄为增强两淮守备，设置雄淮军，以不征行、不教阅，只需要捍卫乡里，战事完毕即可解散为号召，招募当地百姓充军。宋金和议后，这些人相继被编入武定军和忠勇军。滁州也有督府、敢勇、效用等招募而来的两淮自卫武力。[3] 这些招募而来的精壮之士，是构成两淮民兵的主角，也是辅佐正规军的重要战斗武力。

六、从团结山水寨看自卫武力的困境

两淮地区位在宋金、宋蒙两国的边界，是南宋国防的最前线及屏障长江的基地。由于山水交错，地形变化很大，利于防守，但防区辽阔，宋廷只能择形势险要的地方屯戍重兵，其余地方的安全

[1] 《叶适集·水心文集》，卷 18，《知庐州钱之望墓志铭》，页 345。

[2] 《烛湖集》，卷 11，《承议郎淮南西路转运判官方公行状》，页 20 下—21 上。

[3] 《絜斋集》，卷 13，《龙图阁学士通奉大夫尚书黄公行状》，页 1 上—36 上。

防卫工作，则须借由团结当地的民间武力，形成军民联防的体系，以守家园、固疆土。据守山水寨的武装力量，由于熟悉地理环境，掌握以静制动的优势，在宋与金、蒙战争时，能发挥相当程度的御敌效果，宋臣乃建议朝廷招抚、接纳这些武装力量。宋廷依实际状况加以团结，予以厚赏、优待，乃至组织训练，纳入国防体系之中。这种政策，虽因宋与金、蒙和战的转折而出现松紧有别的变化，但鉴于两淮直接面对敌人，势需长期执行。从上文所见，民间武装力量被整编纳入正式军队中，领袖被补为官，以及在战场上发挥的作用，都证明终南宋一朝，宋廷在团结、组织、训练两淮山水寨上当有正面成效。

不过，以山水寨为主的自卫武力，受限于组成的方式与环境，不论是据险而守或者是由地方势力凝聚而成的自卫性武装集团，都只居于正规军的辅助角色而非攻击的主力，如包恢所说“有土豪焉，自据胜地，以置山寨，自办粮食，以给土军，谓之忠义，无累于郡县而可以济官军所不及。他日北骑猝至，则险固精勇，此足以自卫而不可胜。彼虽攻之而有所不能胜，似此者，今长淮非一所也，其来久矣”[1]，正显示了两淮山水寨的防御功能仍有它的局限性。同时，宋廷在长期执行团结山水寨政策时，可能受宋金蒙和战、各地军队与官吏的心态以及利益冲突等主客观因素的影响，而有所变化，乃至产生不同的成效。现仅根据宋臣提出较批判性的意见，来检视宋廷团结山水寨负面因素，反映地方武力发展的困境。

首先是劳役负担过重。减免租税田赋是宋廷团结山水寨的办法中，嘉惠当地百姓最具体的措施。但为了发挥战力，需要长期征调

[1] 《敝帚稿略》，卷 4，《宜黄龙磜寨记》，页 9 下。

山水寨或地方百姓，透过保伍的方式，加以组织、整编并定期训练，才能增强其武艺，但组织、教阅，都对正常的农业生产有所妨碍，形成百姓额外的负担。建炎年间，王洋就指出定期教阅的弊病说："闻诸路把隘官司，多虑民兵生疏，遂欲预行教阅，有欲五日一习，总一县观之，计所起民户去把隘去处，有去家十里者，有二十里者，若五日、十日一习，往来道路必致经宿，是五日、十日之间，少者两日，多者四日，方了一番教习，岂不妨废农务，寇贼未来，先自纷扰。"[1]黄幹也说："两淮之民，不苦于税，而苦于役。州县之吏，知其税之轻也，则重役以困之，有保伍、有总首，一有行移，总、保俱受其害。"[2]都说明平时的教阅与重役，对两淮百姓造成的困扰。一旦战事发生，更要被紧急征调、供差使唤，则有家破人亡、民不聊生之虞。如绍兴初年，金兵南侵，宋将调夫防护，就使百姓感受极大的痛苦。王之道在《罢山林寨巡检札子》奏文中指出："兵火之余，斯民获存者亦无几矣，正复缓急守寨栅以自保，犹恐力有不赡，而中间刘少保宣抚淮西日，又尽籍属郡寨栅之首领与其强壮，听候起发使唤，而民始以寨栅为产祸之基矣。"[3]端平元年（1234），宋趁灭金之后，动员大军企图收复三京，同时大规模抽调两淮民兵参与作战，以及征调大批船只和民夫运输粮食，造成"丁夫转运而淮之民人户版空"的景象。[4]吴泳在奏疏中指出"盖边民累遭科扰，几不聊生，今岁调夫竭力办装，以应河南之役，父行子哭、夫行妻哭者在在皆是，似闻桐城之夫科者万五千人，舒城之夫死者不下数百

[1]《东牟集》，卷 9，《论防秋事札》，页 18 下。

[2]《勉斋先生黄文肃公文集》，卷 16，《代胡总领论保伍》，页 22 上。

[3]《相山集》，卷 22，页 3 下—4 下。

[4] 陈高华，《元史研究论稿》（北京：中华书局，1991 年 12 月初版），页 221—223。

众，间有大家巨室，畏夫运之苦，内徙过江”[1]，特别向朝廷呼吁“为主帅者，所当吊死劳生，字其孤遗，而勿使之流离，悯其劳苦，而不烦以私役”[2]。此外，宋廷抽调两淮民兵，一向以三丁取一为准，但薛季宣在致丞相虞允文的书中，却指出丁壮逃役的现象相当普遍，“昨询水寨添招人数，尚皆散处村疃，缓急卒难收合，民有丁壮，类皆窜名避役，而总首所统益削。寿春差役已及二丁之户，年岁之后，且至单丁”[3]。都显示了过度征调所造成的负面效果。

除了劳役繁重、妨碍农务之外，另一种现象是地方官的苛扰。宋与金蒙时战时和，淮南处于备战地区，战事频传、资源短缺，生产备受干扰，宋廷虽以创立屯田、营田、招抚流民、兴修水利等办法，恢复淮南生产力[4]，并以减免税赋来团结淮人，凝聚人心；但不少地方官为图私利，反借机搜刮骚扰。绍兴初年，王之道指出江北盗寇弥漫，居民为逃避盗乱，创置堡寨互相保聚。乱事平息之后，宋廷虽派官员过江，弹压抚绥，但有些贪残不法的官员，到任之后，却往往指寨栅以为宝货渊薮，朝遣一人，括其钱，暮遣一人，搜其粟，名为劝借，凡是不从令或不如数者，动辄待以军法，使得措置寨栅成为百姓的祸害。[5] 后来宋廷改变方式，减免租赋，即如袁燮所说“自中兴加恩淮甸，宽其租赋，岁下展免之旨”，然仍有州县长官以财计不充为由，履亩计粟，称为“撮课”。朝廷曾下令蠲免，地方官又想在未经残破的地方，自行催理。地方官吏的种种贪暴与豪强的暴掠苛扰，无疑都加重人民的负担，造成他们对朝廷的反感。

[1] 《鹤林集》，卷 17，《论保淮事宜疏》，页 4 下—5 上。
[2] 《鹤林集》，卷 17，《论保淮事宜疏》，页 4 下—5 上。
[3] 《浪语集》，卷 17，《与虞丞相书》，页 23 上—24 上。
[4] 韩茂莉，《宋代农业地理》，页 80—88。
[5] 《相山集》，卷 22，《罢山林寨巡检札子》，页 3 下—4 下。

黄度乃以“帅旅一兴，科敷抑配，均出诸郡，兵氛既解，旱蝗相继，饥民犹未苏也，又可并缘征求乎？”要求宋廷采取具体措施，减低对淮民的压榨。[1]

对地方官员与胥吏因措置两淮山水寨而骚扰百姓，提出最沉重的控诉者就是尤袤。他在绍兴三十一年（1161）十一月担任知泰州泰兴县时，写了“淮民谣”一文，深刻地描绘出两淮百姓在官府“团结”的名义下，受尽地方官吏与豪强惨痛剥削的无奈景象：

> 东府买舟船，西府买器械，问侬欲何为，团结山水寨。寨长过我庐，意气甚雄粗。青衫两承局，暮夜连勾呼。勾呼且未已，椎剥到鸡豕。供应稍不如，前向受笞棰。驱东复驱西，弃却锄与犁。无钱买刀剑，典尽浑家衣。去年江南荒，趁熟过江北。江北不可往，江南归未得。父母生我时，教我学耕桑。不识官府严，安能事戎行。执枪不解刺，执弓不能射。团结我何为，徒劳定无益。流离重流离，忍冻复忍饥。谁谓天地宽，一身无所依。淮南丧乱后，安集亦未久。死者积如麻，生者能几口。荒村日西斜，破屋两三家。抚摩力不给，将奈此扰何。[2]

作诗的时间虽然在宋金关系紧张，战争一触即发之际，情节不免夸大，但是在和战难定的时局中，为了备边，经常要动员百姓，团结教阅，对需要安定的淮人而言，是一大负担，加上不肖官员豪强的苛扰，不免引起当地百姓的反感。到乾道二年，宋廷再度令沿江诸

[1] 《絜斋集》，卷 13，《龙图阁学士通奉大夫尚书黄公行状》，页 1 上—36 下。参见韩茂莉，《宋代农业地理》，页 87。

[2] 《会编》，卷 240，页 8—9。

郡籍民为兵，为大军声援时，知江阴军王正己上疏，说明此举只有扰民，无益备御。他指出“旧尝为山水寨，骚动两淮，竞进图册，谓得胜兵数十万。完颜亮深入，乃无一人为用；敌退，起焚官寺声言欲烧弃山水寨案牍，以绝后害”，也同样道出宋廷此一措施，在两淮地区，所造成的反效果。[1]

此外，两淮长期为宋与金蒙冲突的地区，战争使土地荒芜，百姓流移及生产力消退的情况日益严重，对宋廷税赋收入的影响甚大，而且军事费用浩大；为了转移赋税来源，运用流民、归正人等开垦荒田，将消费者投入生产者行列，使因兵祸而失去的税源，重新恢复，宋廷采取多种鼓励措施，以吸引归正人或江南人移居两淮。因此，两浙、江南等地狭人稠地区的移居者以及部分季节性的外来佣工增多[2]，这些外来的移民，对两淮的乡土认同较为薄弱，一旦战事发生，以避祸江南为先，如叶适指出，开禧二年（1206）宋金战争时，两淮百姓有二十几万人家渡江求活就是一例。他们对现实利益的考量，优于守淮情怀，当地吏治不良、军政不修及豪强兼并已影响他们的生计，宋廷籍民为兵、团结教阅的做法，更增加他们的负担，不免心生怨尤，尤袤诗中所说“去年江南荒，趁熟过江北，江北不可往，江南归不得”的心情，正反映出江南的移民对宋廷团结两淮山水寨的负面意见，这自然也影响到团结的成效。

再次则是利益的冲突，这包括地方和民众两方面的利益。两淮地区对宋廷而言是边防重域，必须予以强固，以增强宋的防御力量，

---

[1] 《攻愧集》，卷 99，《朝议大夫秘阁修撰致仕王公墓志铭》，页 964。

[2] 梁庚尧，《南宋的农地利用政策》（台北：台大文史丛刊之 46，1977 年 2 月初版），第二章，《南宋的荒田开垦政策》，页 63—129。及吴松第著，《中国移民史》（福州：福建人民出版社，1997 年 7 月初版），第四卷，《辽宋金元时期》，第七章第一节，页 211—216，及第十章第三节，页 394—401。

因此朝廷不惜以种种优惠的方式安顿人民及招募民间武力。对淮民而言，战区生产资源匮乏，朝廷的奖赏固然可以增加生活资源，但地方官的苛扰和繁重的徭役，则是一项无法解除的枷锁。和平时期，宋金边境上所设置的榷场，不仅场地有限，又需课税，利益归于政府，对当地人民的资源与利益取得，有如杯水车薪，徒有远水无助于近火之叹。争战时期生死相对的敌人，在承平时期，变成隔河相望，可以为邻、资源互补的对象。在面对生存环境和现实利益的考量时，眼前的利益较诸口号式的绥抚或徒具形式的政治号召，更具实惠。因之，如何在政治和意识形态的藩篱笼罩下，以取得或扩大生存之资，对处于宋金边界上的淮民而言，更为实际且重要。

因此，自宋、金与宋、蒙对峙以来，固然常见两淮自卫武力执干戈以抗敌、守卫乡土的事迹，却也经常出现当地百姓为自身的利益而依违于朝廷与邻敌之间的情形，如绍兴三十一年（1161）十月，金兵攻入庐州后的一些现象，就可以看到此一实况。当金兵攻城时，知州王权等人逃遁，人民流离出城。金兵入城后，即任命康定山为知州，积极安抚城内百姓，又出榜招募本州逃移老弱，限期归业。逃到山水寨保聚的百姓，闻讯“日夜入庐州与贼买卖，如同一家”。而大量逃往舒城、庐江等地的民社、乡兵，粮食严重不足，康定山又出榜文到舒城县等地，招募沿淮逃移民兵归业，“闻说乡兵缘无粮食，皆欲顺番”。赖杨春率领山水寨民兵在中派河口严加防守，不放人通过，才避免社民投金。杨春担心合肥以南居民无人保护，沿江数百里关津渡处没人拒守，“恐乡兵泄漏与贼指路”，以及入城与金兵做买卖的山水寨民社乡兵，泄漏杨春一行人马的虚实，遂招募敢死民兵潜入城中，杀害这些人。“诸处山寨人民自后不敢入庐州与贼买卖"[1]，显示在战时，敌我界限、自身利益与生存问题，是众多两淮百姓共同面对而且互相矛盾的现象。其中自身利益与生存问题，对当地百姓最为现实，而这一点自然也是影响他们与宋廷之间的互信基础。

在战时，淮民固然为生存问题而模糊政治界限。承平时期，两淮百姓更容易为追求个人或地方利益以扩大生活资源，和金人贸易往来或进行走私贸易，而置敌我意识于脑后。王之望在隆兴年间即指"夹淮之民，号跳河子，以作过为生。近缘更戍未定，又北界招诱，故易相扇动"，而建议各州守臣派人巡绰。[2] 周麟之则说明宋廷团结两淮山水社与聚集当地保伍，目的是使彼此互相觉察防患，但由于疆界辽远，"愚民趣利，冒法越禁，死不知避"，各地监司守臣，虽定时派巡检、县尉检查，但如"山阳一郡，濒淮界分，延亘三百里，安丰、濠、寿春之间，地广人稀，岂能一一巡捕，禁防少弛，或启衅端"[3]。敌我意识与界限，常因情势的变化而转为不明确，对宋廷的忠诚度自然也有转弱的可能。淳祐年间负责淮南防务的李曾伯即说："在淮西亲见和州麻湖，乃丙寅年（1206）居人避敌之地，亦为敌以计取，卒用其众转而它攻。"[4] 都显示宋廷为维护国家安全，在边境地区推动团结山水寨的政策时，与地方或个人利益有所冲突，而要采取种种防患的措施，这也使得中央与两淮地区的民众的关系趋于紧张。

地方势力的纠葛，也影响宋廷团结的成效。两淮的民间武装力

---

[1] 《会编》，卷 235，页 4，绍兴三十一年十月十七日。

[2] 《汉滨集》，卷 7，《论和战奏议》，页 11 下。

[3] 周麟之，《海陵集》（文渊阁四库全书本），卷 4，《论乞置巡绰私渡军》，页 4 下—5 下。

[4] 《可斋杂稿·续稿后》，卷 140，《淮阃奉诏言边事奏》，页 12 上—14 下。

量，多为个人风格强烈、独立属性很强的团体，彼此固然可以为共同利益一致对外，或建立一个领导体系，确立彼此的从属关系，像两宋之际两淮山水寨的抗金领袖赵琼即曾受赵立节制，王维忠也接受刘位的约束。彼此的从属关系既经成立，即有互救之义，像赵琼受到刘位攻击时，赵立就曾出兵援助。但这些个人风格强烈的豪杰之士，面对自身生存和发展的考验时，自身利益的考量显得特别重要，相对的，这种从属关系就显得相当脆弱。如建炎四年（1130）八月，金人急攻楚州，赵立遣人以血书向赵琼求援，琼不应命，反而接受金帅完颜昌的招抚。[1] 甚至也有为粮饷、利益而兵戎相见，如据守楚州与承州间湖泊的张荣，梗阻守楚州赵立的粮道，二人因此常争斗，赵立也因粮道受阻而不能久守。[2] 这种受个人或地方利益纠葛而致敌我意识模糊，无法凝聚成集体抗敌战力的情况，不仅容易被各个击破，同样影响宋廷对他们的信赖，这也是赵宋政权渡过风雨飘摇的危局之后，便要以团结地方民兵的方式，将之纳入体制中，甚至借着彼此察觉防患的方式来掌控地方势力的发展。

从宋臣对朝廷团结山水寨的部分负面评价，显示中央与地方的不同立场与利益。从宋廷的角度看，为了强固防御战力，以减免租税田赋等手段，宽待当地百姓，奖赏地方领袖或抗金有功者，以凝聚向心力，借由团结的方式将之纳入整体防御体系中。但让各种团体、势力彼此觉察、互相监督的做法，除了防患其势力坐大之外，也期望中央的影响力更为深入基层，让地方接受指挥与调度，甚至成为供我驱使的工具。然而，教阅训练与农务相妨碍，部分地方官

[1] 《会编》，卷 141，页 11、13。

[2] 《东牟集》，卷 9，《论楚州事》，页 16 下—17 下。王明清，《挥麈后录》（《历代笔记小说集成·宋代笔记小说》，第二册，石家庄：河北教育出版社影印，1996 年 2 月），卷 9，页 14—15。参见黄宽重，《南宋时代抗金的义军》，页 60—61。

员的科敷与差役，加重百姓的负担，引起反弹，尤以外地移居两淮者为甚，影响中央对地方的互信。介于宋金边界上的百姓，在金人的鼓励下，很容易因边界贸易及走私贸易而模糊敌我意识，更易引发宋廷对淮民的疑惧。何况民兵虽为正规军的辅佐，但保土卫乡的动机强化了战斗力，与更戍的正规军成效不同，虽有助于国防，却易招致官军的嫉妒，也同样难以发挥相辅克敌的功能。罗大经在《鹤林玉露》中说："开禧用兵，禁旅多败而两淮山水寨、万弩手，率有功，特为官军所嫉，无以慰其心，尽其力耳"[1]，正说明宋廷在面对地方武装势力时，如何有效利用与控制的两难情境，也揭示了地方武力发展的困境。

七、余论

两淮山水寨在南宋民间武力中，是具有代表性的武装团体。它是在战火弥漫的环境里，面对敌人侵凌而有家破人亡、丧失田产之虞的两淮百姓，为捍卫家园，选择险峻的山水堡寨作为防卫的据点而组成的武装力量。这些地方武力，仗恃着地利，在金、蒙进犯时，发挥了守卫乡里、巩固疆土的作用，也具有稳定时局的意义；不过，这些民间自卫武力各自独立，自主性强，以致力量分散，难以汇集成集体的抗敌战力。

根据研究，南宋时代正规军总数约为四十万，末期在两淮驻兵则十七八万。[2]这样的兵力仍有难以应付金、蒙之势，因此，积极团结、组训边界的民间武力，使之成为军民联防的力量，共同维护

[1] 《鹤林玉露》，卷1，甲编，《民兵》，页11。

[2] 王曾瑜，《宋朝兵制初探》，页154—198。

边界的安宁，是势所必需的。宋廷为了凝聚民间武力，协助捍卫乡土，采取种种奖励措施外，更借由团结编组的方式，将之纳入民兵、保伍或军队等官方所能掌控的不同的体系中，并配合正规军的调度，从事防御任务，成为与南宋相终始的边防重要力量。

然而两淮百姓长期被征调当差服役，或参与组织训练乃至教阅的活动，不仅有碍农务，更影响生活品质。由于战区生活资源匮乏，需要向外寻求生存与发展的机会，朝廷能提供资助，则听命于官府，接受领导；反之，地方官苛扰，百姓反感之余，若金人以贸易之利相诱，那么战时相互厮杀的敌人，可能转而为生活资源的提供者或支持者，原先存在的敌我意识，转趋模糊。宋廷疑惧之余，遂使加强控制，中央与地方的关系遂时现紧张，影响彼此的互信与互动。

不过，宋既有庞大的正规军为后盾，又对民间武力时加安抚、施惠，推动恩威并济、利用与控制兼行的政策，让两淮地区分散的民间武力，虽不满宋廷的措施，仍不致酿成乱事或大规模的叛变，而能与宋政权相始终。这与某些地方军完成地区性平乱任务后，被征调出境御侮，但仍因与地方关系相纠葛，着眼其利益的考量而掀起叛乱，亦有显著的差别。

第六章 茶商武力的发展与演变

一、前言

宋代各种民间自卫武力中，由茶商所组成的自卫团体，是很特殊的一群。在宋朝的专卖制度下，商人把茶叶从产地运到销售地，需要大量的人力和资本，为了维护自己的权益，他们逐渐发展成一支强大的武力。这种武力的存在与目的，与一般地方武力无异，但因它是商业活动下的产物，故和地方武力仍有两点不同：一是活动地区较广，有时遍及数路；二是组成分子以业缘为主要结合力量，并不全靠地缘或血缘。

南宋与金长期对峙，国用浩繁，茶、盐等专卖收入，占国计上极大比重，同时金人对茶叶需求甚殷，茶叶在内、外销上成长迅速，再配合南宋“长短引”制的茶法，使得茶的产销活动更为蓬勃；因之，不论是正规的茶商或违法的私贩，其所集结的自卫力量，都比北宋为大。这种茶商武力在南宋前后期曾扮演着两种极端不同的角色：叛宋与抗金。造成这种不同的原因及其性质，是值得探讨的。

本文所讨论的地区，主要包括淮河南岸的宋代东南茶区，尤其偏重位于宋金贸易境上，但距政治中心稍远的两湖、两淮、赣、粤等路。讨论的时间，受到史料的限制，只到宁宗一朝为止。

二、茶商自卫武力的形成

茶商自卫武力的形成，和宋代茶法与榷场贸易有密切的关系。而茶法和榷场贸易，则与宋代饮茶风气及专卖制度息息相关。

（一）茶法

茶在我国虽然早已为人饮用，到唐代，饮茶风气更为普遍，制茶业和茶的贸易随之发达。德宗时，朝廷开始课征茶税。[1] 到九世纪更确立官方专卖制度。[2] 不过，当时茶利收入，在整个国家财政中，还不占重要地位。[3] 到宋代，茶叶和米、盐一样，成为人民“不可一日以无”的民生用品，成了一种重要商品[4]，茶税收入不仅担负国家财政开支，关系边防军需品之供贮，也具有怀柔蕃夷、交换马匹等国防、外交的作用。[5] 因此，宋廷也继唐末、五代的办法，实施茶叶专卖制度。

---

[1]　唐代茶税何时开始，由于文献记载互相抵牾，有四种不同的说法：一是建中元年（780），二是建中三年（782），三是建中四年（783），四是贞元九年（793）。鲍晓娜在《茶税始年辨析》（见《中国史研究》，1982年第4期，页49—52）一文中，认为建中三年之说较可信。

[2]　唐代茶叶专买，一般多以文宗太和九年（835）开始（如《旧唐书》卷17下《文宗本纪》），但《旧唐书》卷173《李珏传》则说始于长庆元年（821），可见说法也不一致。参见张泽咸，《汉唐时期的茶叶》，《文史》第11期（1981年3月），页71。

[3]　华山，《宋史论集》（济南：齐鲁书社出版，1982年11月一版），页62。

[4]　王安石，《王安石文集》（台北：河洛图书出版社，1974年10月台初版），卷7，《议茶法》，页64。

[5]　佐伯富，《宋初における茶の専賣制度》，收入《中国史研究》（京都：京都大学东洋史研究会发行，1969年（昭和44年）5月初版，页379—381。

宋代由官方经营茶叶的专卖，称为“榷法”，种茶的园户，除把部分茶叶缴给官府，作为茶园的租税外，全部卖给官营的“山场”。北宋在淮南产茶区，共设了十三个“山场”来管理园户的生产和茶货买卖。在长江北岸的交通要地，则设了六个“榷货务”，负责茶叶的运输和发卖。汴京另设一个“榷货务”，管理全国的茶盐贸易。商人买茶转卖，须先到京师的榷货务缴纳茶价，取得“茶引”（凭据），然后到指定的山场或榷货务，提领茶货，运销各地。

东南茶区是宋朝主要的产茶区，宋廷在这个地区实施的茶法，前后改变了十一次[1]，除了仁宗嘉祐四年（1059）所行的“通商法”外，都属专卖制。其中“长短引法”为蔡京所创，南宋仍沿行此一制度。“长短引法”又称“卖引法”。在徽宗崇宁四年（1105）正式实施。朝廷在汴京设“都茶场”，出售“茶引”，“引”分“长引”和“短引”二种：“长引”需到别路发卖，“短引”只准在本路出售。“长短引法”实行之初，朝廷不设山场买茶，也不硬规定茶价，准许茶商和园户直接交易。后来改为由商人到指定的“合同场”买茶。

东南茶区的茶产量，依《宋会要》的记载，北宋初年为二千二百八十万五千四百六十二斤，若照《续资治通鉴长编》《文献通考》及《北史·食货志》的统计，则有二千三百六万二千余斤。[2]到南宋绍兴三十二年（1162），《宋会要》的记载是年产一千七百八十一万五千二百九十三斤，孝宗乾道年间（1165—1173）年产一千七百六十四万九千四百九十三斤。[3]两相比较，南宋茶产量较北宋每年少五百万斤左右，这是宋室南渡后淮南处于宋金边境，受战争的影响

[1] 朱重圣，《北宋茶之生产与经营》（台北：台湾学生书局，1985年12月初版），第四章第一节，《东南区运销制度》，页281—331，

[2] 朱重圣，《北宋茶之生产与经营》，页133—136。

[3] 《宋会要·食货》，29之2—5，29之17—22。

所致，如淮南西路，北宋初年年产八百六十五万八千七百九十九斤，为东南茶区之冠。到绍兴三十二年（1162），骤减至一万九千二百五十八斤，乾道年间也只有二万二千九百五十三斤。

南宋时代，东南茶区的产量虽然显著减少，仍不失为朝廷的主要收入。绍兴三年（1133），夏之文就说："国家养兵之费，全借茶盐之利"[1]，茶在国家财政上的重要性仅次于盐。如绍兴六年（1136），三个榷货务共收息钱一千三百万缗，茶息占十分之一。[2]绍兴二十四年（1154），三榷货务共收茶息二百六十九万四千多贯，次年为二百七十余万贯[3]，绍兴三十二年（1162）为二百二十二万贯。乾道三年（1167）三月，宋廷规定三个榷货务各立茶盐岁额，合计二千四百万贯，其中茶息约为二百四十万贯[4]，这个数目，只比宋真宗大中祥符年间（1008—1016）稍少，而多于其他时期的茶利收入[5]。若连四川及榷场收入合计，则总数当在五百万贯左右。[6]

茶利既然如此重要，宋廷为了保证这项收入不虞短缺，多次颁布命令，取缔违法私贩，乾德二年（964）的诏书中说：

> 民茶折税外，悉官买。民敢藏匿而不送官，及私贩鬻者，没入之，计其直；五百钱流二千里，一贯五百，及持仗贩易私

[1]《宋会要·食货》，32—27。

[2]《要录》，卷104，页21，绍兴六年八月，是月条。

[3]《宋会要·食货》，31之11，55之27。

[4]《朝野杂记》，甲集，卷17，《榷货务都茶场》，页8下。

[5] 华山，《从茶叶经济看宋代社会》（收入《宋史论集》），页109，"附表二"。

[6] 四川茶税收入，建炎四年为一百七十万，绍兴十七年为二百万贯，参见华山，《宋史论集》，页110。南宋榷场利收入曾达百万贯，见脱脱等，《金史》（台北：鼎文书局影印新校本，1976年11月初版），卷30，《食货四》，"茶"，页1108。参见加藤繁著，吴杰译，《中国经济史考证》（台北：华世出版社，1976年6月初版），页708。

茶为官司擒捕者皆死。[1]

太平兴国二年（977）二月，又有一道更细密的规定，除严惩私贩、奖励检举外，连毁坏茶树都有罪，《续资治通鉴长编》说：

> 江南诸州榷茶，准敕于缘江置榷货诸物（务）。百姓有藏茶于私家者，差定其法，着于甲令。匿而不闻者，许邻里告之，赏以金帛，咸有差品。仍于要害处县法以示之。……凡出茶州县，民辄留及卖鬻，计直千（疑为十）贯以上，黥面送阙下，妇女配为铁工。民间私茶，减本犯人罪之半。榷务主吏盗官茶贩鬻，钱五百以下徒三年，三贯以上黥面送阙下，茶园户辄毁败其丛株者，计所出茶，论如法。[2]

这两项规定，反映了宋廷防止私茶贩卖的决心。当时政府视私贩茶盐为侵耗国计的行为，惩罚极严，如规定“并不用荫原赦”，及“虽遇非次赦，特不原减，即再遇大礼，亦不合原减”[3]，同时“断绝私贩茶盐，惟借给赏激劝告捕之人”，不准地方官吏擅自占用。[4] 在《庆元条法事类》中也有类似的规定，如：

> 诸私有茶一两，笞四拾，四斤加一等，四拾（？）斤徒一年，四拾斤加一等，六百斤不刺面配本城。[5]

---

[1] 《续资治通鉴长编》，卷 5，页 13 下，乾德二年八月辛酉条。

[2] 《续资治通鉴长编》，卷 18，页 6 上、下。

[3] 《宋会要·食货》，32 之 27。

[4] 《宋会要·食货》，32 之 29。

[5] 谢深甫编，《庆元条法事类》（台北：新文丰出版公司，1976 年 4 月初版），卷 28，《榷禁门》，“茶盐矾”，总页 257。

诸贩私茶盐榷禁者，将有刃器仗（谓堪以拒捍者）随行，以私有禁兵器论。[1]

为了缉私，朝廷并在各地设官负责，例如有“巡检：掌巡检州邑，捕诘盗贼之事，以閤门祗侯以上至诸司使将军或内侍充”，又有“驻泊捉贼及巡马递铺、巡河、巡捉私茶盐之名”[2]，各地县尉原司组训地方民兵和戢奸禁暴。到南宋，沿边诸县的尉，则兼巡捉私茶盐矾。[3] 茶商运茶到各地都得接受盘查，查获私茶，官吏都可获赏，若有失职，则须受惩罚。[4]

从以上叙述，可以看出茶的专卖，与宋廷、茶商和茶园户三者都有密切关系。不过，宋廷杜绝私茶的规定虽严，却不能有效发挥效果，反而造成自卫武力的兴起。

首先，宋廷实施专卖，系以低价向茶户买茶，高价转卖给茶商，获利很高，如庐州王同场的收买价格是上号每斤二十六文四分、中号十九文八分、下号十五文四分。卖价为上号五十六文、中号四十五文、下号三十七文一分，利润在一倍以上。更有多达好几倍的。[5] 政府卖茶引也可得到厚利，如政和年间（1111—1117），一百贯钱的长引（至陕西者加二十贯）只能贩茶一百二十斤，二十贯的短引也只能贩茶二十五斤。[6] 宋廷所得的茶利既如此优厚，相对的，茶商、茶户备极辛劳而获利少，在利之所趋的情形下，遂引发私贩问题。孝宗时，李椿在奏请“减茶引价钱”的奏疏中说：

[1] 谢深甫编，《庆元条法事类》，总页 258。

[2] 《宋会要·职官》，48 之 122。《宋史·职官》，卷 167，《尉》，页 3982。

[3] 《宋史》，卷 167，页 3978。

[4] 谢深甫编，《庆元条法事类》，总页 257—264。又见《宋会要·食货》，30 之 39—44。

[5] 华山，《宋史论集》，页 64。

[6] 《宋会要·食货》，30 之 40，参见华山，《宋史论集》，页 81—82。

> 榷茶与其他榷货不同，如盐、矾、乳香、铅、锡、酒皆有所榷之物，惟有榷茶止是空引，客人自行买茶，置篰搬担，费用固多，计其每引不下四五十千，委是引钱太重，商旅难于图利，遂至私贩日广。[1]

这些“本为商贾，变而为盗”的私贩，为运输茶叶、保护利益，自须具备一支自卫性的武装力量，而产茶区多在丘陵地带，地势险峻，缉捕不易，也容易促成茶户与茶商勾结。[2] 绍兴三十二年（1162）十二月，宋廷所下的宽恤诏书中，也指出“诸路乡村恶少无赖，以贩鬻私茶盐为业”[3]。卫博更说:“至于徽、严、衢、婺、建、剑、虔、吉数州，其地阻险，其民好斗，能死而不能屈，动以千百为群，盗贩茶盐，肆行山谷，挟刃持梃，视弃躯命与杀人，如戏剧之易，饮食之常。异时有司之所不敢呵问”。[4] 这种以牟利为动机的私贩团体，当政府的检察制度张弛不一时，容易激成如李椿所说的盗寇。

其次，在专卖制度下，茶商不论是向政府的山场买茶，或是先向政府缴纳引钱，都需要庞大的资金，不是小生意人所能负担的，因此，这些茶商多属资金雄厚的商人，有时甚至与高官结纳。例如北宋汴京某茶商竟有能力举债四十万缗，又借宰相的包庇而逃过官府的按察。[5] 政和年间实施“长短引法”后，茶商要先向官府买茶

[1] 《历代名臣奏议》，卷 271，《理财》，页 15 上。

[2] 司马光在代替其父作的奏章中，曾指出吴越地区的人民有“聚结朋党，私贩茶盐，时遇官司，往往敌斗”的现象，见《传家集》（文渊阁四库全书本），卷 18，《论两浙不宜添置弓手》，页 1 下。

[3] 《要录》，卷 200 条，页 43，绍兴三十二年十二月丁亥条。

[4] 卫博，《定庵类稿》（文渊阁四库全书本），卷 4，《与人论民兵书》，页 5 上、下。

[5] 《宋史》，卷 285，《梁适传》有一个茶商负公钱的例子说:“京师茶贾负公钱四十万缗，盐铁判官李虞卿案之急，贾惧，与吏为市，内交于适子弟。适出虞卿提点陕西刑狱。”（页 9624）

引，到合同场提取茶货，再到指定地区贩卖，持“长引”的茶商，还得到别路贩卖，所需的人力和资本更为庞大。到南宋，“官不能运致茶货，而榷货务只卖茶引”[1]，茶商需向茶户买茶，再运到指定路分贩卖。然而，南宋初年，外有女真的侵扰，内则盗寇丛生。茶利既高，自然成为盗贼觊觎的目标。如绍兴三年（1133），江西路的邠宁、武宁两县，地界湖北鄂、岳和湖南潭州三路之间，既是产茶地，又是盗乱滋生的渊薮。[2] 每当产茶季节，茶商为了搬运、自卫，常集体行动，江西的江州、兴国军，每年都有茶客百十为群前来买茶。[3] 这些外来的茶商人数既伙，平常已不免酿生事端，一旦茶区发生荒歉，茶叶减收，茶商失望之余，也会爆发令朝廷疑惧的乱事。[4]

（二）榷场贸易

宋室南渡初期，南北战争，南北物资的流通，发生壅塞，徐梦莘描述这种情形说：“方商贾未通也，甘草一两为钱一贯二百，而市亦无卖，如生姜、陈皮之类，在北方亦皆缺乏”[5]，说明了政权对立造成物资流通和人民生活的不便。到绍兴十一年（1141），宋金缔和，两国在边界附近设立了贸易市场——“榷场”——在政府控制下进行贸易，既可防止商人走私漏税，也能达成警戒边境，避免奸宄混入，兼具国防意义。[6] 南宋对金的榷场，计有盱眙军，楚州的北神镇、杨家寨，淮阴县的磨盘，安丰军的水寨、花靥镇，霍邱县的封家渡，信阳军的齐冒镇，枣阳军及光州等处，金所设的榷场则为密、

[1] 王林，《燕翼诒谋录》（文渊阁四库全书本），卷 2，页 6 下。
[2] 《宋会要·兵》，5 之 16。
[3] 《宋会要·兵》，5 之 19、29。
[4] 《宋会要·兵》，5 之 29。
[5] 《会编》，卷 149，页 11，绍兴元年十二月八日。
[6] 张家驹，《两宋经济重心的南移》（武汉：湖北人民出版社，1957 年初版），页 89。

寿、颍、蔡、泗、唐、邓、秦、巩、洮等州及凤翔府。[1] 这些榷场废置不常，大小不一，其中最重要的是盱眙军和泗州两个榷场。金输出北珠、毛皮、人参、甘草、丝织品和马等，宋输出茶、香料、药品、象牙、犀角以及丝织、木棉、钱、牛、米等。[2] 其中尤以茶为宋朝输出的主要物品。

茶叶只生长于淮河以南。北宋时，北方人民普遍养成饮茶的习惯，大量购买南方的茶叶，到金统治华北时，茶已成为日常生活必需品，“上下竞啜，农民尤甚，市井茶肆相属”[3]，每年都要大量自宋购入。金廷曾试图在河南等地种茶，以求减少对宋的依赖和贸易逆差，但由于土壤、气候不合，茶的品质和味道都差。至于禁止饮茶，更无成效。其他规定，例如不准七品以下的官吏家庭饮茶，不准互卖及馈赠，不准囤积，违者按其超储的斤两论罪等，效果都不大。[4] 民间对茶叶的需求十分殷切，金人只好向南宋购买，而且数量庞大，多时每年曾达百万贯，这是南宋增加财政收入的大好机会，宋廷遂以国家力量垄断腊茶的出口，对其他茶叶也课以重税，然后才准许在榷场转卖给金人。[5] 这一来，在金国市场上的茶价自然较南宋昂贵。

南北茶价悬殊，遂使走私贸易日盛。绍兴十四年（1144），淮东提举茶盐司指出：“客贩所以冒法渡淮河，一则获利至优，一则避

[1] 加藤繁著，吴杰译，《中国经济史考证》，《宋代和金国的贸易》，页 695—696。

[2] 加藤繁著，吴杰译，《中国经济史考证》，页 718。

[3] 《金史》，卷 49，《食货四》，页 1108。

[4] 全汉昇，《中国经济史论丛》（香港：新亚研究所出版，1972 年 8 月初版），页 215。

[5] 《要录》，卷 147，页 7，绍兴十二年十月丁亥条。《宋史》，卷 184，《食货志》，页 4508—4509。参见全汉昇，《中国经济史论丛》，页 215。

免榷场贴纳官钱”[1]，宋廷虽严订各种防止走私的方案，但厚利当前，“民之犯者自若也”[2]。后来王质也说明私贩的兴盛是“北界（金）利其茶，则以货诱于外，园户利其货，则以茶诱之于内”[3]，在双重引诱下，走私贸易更加猖獗。这些私贩为了运送及保护利益，多千百成群，持杖结队而行，“负者一夫，而卫者二夫，横刀揭斧，叫呼踊跃以自震其威，使人有所畏而不敢迫”[4]，一旦“官军稍诘之，则起而为盗”[5]。

淮河是宋金的国界，也是走私贸易最盛的地区，绍兴十二年（1142）五月，盱眙军榷场的主持者沈该指出：

> 窃惟朝廷创置榷场以通南北之货，严津渡之禁，不许私相贸易。然沿淮上下，东自扬、楚，西际光、寿，无虑千余里，其间穷僻无人之处，则私得以渡，水落石出之时，则浅可以涉，不惟有害榷场课利，亦恐浸起弊端。[6]

宋廷为垄断茶利，曾变更茶法，规定茶商到淮东卖茶，水路不许过扬州，陆路不许过天长县。茶商要到榷场贸易，须先缴纳“翻引钱”，并严禁走私贸易。[7] 茶商私渡过界的，一经查获，概依私茶法

[1] 《宋会要·食货》，31之9。

[2] 《宋史》，卷184，《食货志》，“茶”下，页4509。

[3] 王质，《雪山集》（文渊阁四库全书本），卷3，《论镇盗疏》，页11上。

[4] 《雪山集》，页11上、下。

[5] 《朝野杂记》，甲集，卷14，《江茶》，页12下。

[6] 《宋会要·食货》，38之34。

[7] 《宋会要·刑法》，2之107。王质也指出：“限制盗贩茶盐者，可谓甚密。”见《雪山集》，卷3，页10上。

处罚[1]，同时鼓励同伙人检举。[2]但政府规定虽严，仍无法遏止走私现象。乾道三年（1167），户部侍郎李若川说："今闻客人（指商人）规避，多私渡淮，不唯走失翻引钱，又失榷场所收之数。"[3]乾道六年（1170），都大发挥使史正志亦指出："贩茶客人避纳翻引钱，往往私贩过淮折博，暗失课入"，宋廷于是决定更改茶法，只允许短引在江南卖茶，停用长引。[4]而由都大发运使司统一买茶，在榷场发卖。但不到一年，由于都大发运使司被裁撤，这项办法也遭废罢，其效果不详，走私的现象依然存在。

从上述宋代茶法与南宋榷场贸易来观察，茶叶在宋代国计上占有重要地位，但因专卖的实施，茶利为政府所独占，在厚利的引诱下，茶民与私商勾结，私贩情况极盛。此外，在宋代茶法，尤其是南宋的"长短引"制度下，产生了不少大茶商。这些合法的茶商或非法的私贩，甚至以合法掩护非法的商人，为了搬运茶叶、保障安全、维护利益，乃各自组成自卫性的武力，活动于产茶区及贩卖地区，甚至宋金边境上，形成一股在政府与地方武力以外的武装团体。

三、"茶寇"与赖文政之乱

南宋的私贩及走私活动，遍及全境，而活动频繁甚至造成冲突的地区，集中在两湖、两广、江西，尤以这五路边境上的州县最为激烈。盖南宋立国东南，政治中心在浙江，以富庶著称的长江下游，是南宋立国的重要基础，宋廷设立的三个榷货务——建康、临安、

[1]《宋会要·食货》，31之9。

[2]《宋会要·食货》，2之107。

[3]《宋会要·食货》，31之17。

[4]《宋会要·食货》，31之20—21。

镇江，及重要榷场，都在这一带。淮河是宋金国界，逼近南宋行政中枢临安，不论是为御侮或安内，都得驻守重兵，这一地带内的警戒与防范措施也较为严密。因此，淮河地区虽然不免有走私或私贩茶叶的情形，但发生冲突的可能性较小。反之，宋廷虽在北面边境的襄阳、鄂州等地部署重兵，但湖广地区多属丘陵险峻之地，距政治中心较远，驻军较少，又有少数民族杂处，形成治安上的死角，不仅发生过许多重大的叛乱活动，更是茶商聚集、活动频繁的地方，茶商与官府的冲突屡见于史籍，当时称为“茶寇”，到赖文政之乱时达到高潮。

（一）“茶寇”活动

南宋初年，两湖一带茶商私贩的活动情形，由于史料不足，无法确知。绍兴二十四年（1154），两湖接壤的鼎、沣一带，有茶寇倡乱的事迹，王之望对整个过程有较详细的叙述，他说：

> 贩私茶客商杀鼎州武阳县巡检，转入潭州安仁县，杀巡检，却入湖北，烧辰州溆浦县，在二路界首出没。[1]

后来，由荆湖北路转运判官程敦临派兵马钤辖邵宏渊去招安，才告平息。[2] 其后，知荆南府湖北路安抚使王师心，感于寇盗为乱，该路兵力寡弱，无法应付，建议分派鄂州正规军留屯，以资镇压。[3] 二十九年（1159）四月，失业的茶贩，聚集于江西的瑞昌、兴国一

[1] 《汉滨集》，卷 5，《论潭衡郴州桂阳军贼盗札子》，页 8 上。

[2] 《要录》，卷 166，页 13—14，绍兴二十四年五月丁卯条。

[3] 汪应辰，《文定集》（文渊阁四库全书本），卷 23，《显谟阁学士王公墓志铭》，页 3 上、下。

带，四处劫掠。[1] 中书舍人洪遵建议派兵驻防，宋廷乃差殿前司统制官孟珪率兵千人，驻扎于江州，弹压盗贼。[2] 同年，金关闭泗州以外的榷场，宋朝也只留盱眙军一个榷场作为报复。[3] 宋金关系日益紧张，最后爆发战争，一直到乾道元年（1165）宋金再缔和约，榷场才再度开放。[4] 在此期间，茶寇在淮西、江西和湖北间的大冶县金牛镇出没，辖境内遍遭蹂躏。[5] 鉴于两湖地区茶寇猖獗，宋廷于绍兴三十年（1160）四月，特命将军李道率五千兵戍守荆南府。[6]

乾道元年，知德庆府莫廷秀又提到江西人民以私贩茶盐为业、劫杀平民的事。[7] 常德府更是两湖茶寇活动的要地，每年茶叶采收期间，茶商四集，恶少无赖借机生事。[8] 乾道七年（1171），湖南北发生旱灾，茶寇又持杖劫掠，制造事端，知常德府刘邦翰奏请派五百名正规军驻守常德[9]，郭份也面奏孝宗派荆鄂正规军戍常德[10]，孝宗乃命湖北安抚司差军驻守[11]。同年，江西的兴国军和江州也发生类似情形，权隆兴府事龚茂良在奏疏中说：

江州、兴国军接连淮甸、江东、湖北，每岁常有茶客百十为群前来。今岁大旱，茶芽不发，皆积压在园户等处人家住泊，

[1] 《要录》，卷 181，页 26，绍兴二十九年四月辛亥条。

[2] 《要录》，卷 182，页 1，绍兴二十九年五月丁巳条。

[3] 《要录》，卷 181，页 4—5，绍兴二十九年正月及二月丙戌朔条。

[4] 《宋会要·食货》，38 之 40，参见加藤繁著，吴杰译，《中国经济史考证》，页 697。

[5] 《海陵集》，卷 20，《论盗贼》，页 10 上。

[6] 《要录》，卷 185，页 5，绍兴三十年四月庚午条。

[7] 《宋会要·兵》，1 之 22。

[8] 《文忠集》，卷 73，《朝议大夫直秘阁广西转运判官彭府君汉老墓志铭》，页 9 上。

[9] 《宋会要·兵》，5 之 29。

[10] 《朱文公文集》，卷 92，《岳州史君郭公墓碣铭》，页 1621。

[11] 《宋会要·兵》，13 之 29。

> 窃虑此曹乘时荒歉，聚集作过，乞下江州都统司，轮差官兵一二百人前去屯驻弹压，候来年秋熟日，依旧归军。[1]

到乾道九年（1173）六月，知荆州府叶衡仍指出兴国军茶寇为害现象，建议朝廷派水军定期巡逻长江，他说：

> 近日兴国军一带，多有劫盗，数百为群，劫掠舟船，往往皆系兴贩私茶之人及刺配逃军。州县虽有巡尉，力不能敌。乞自今令江、鄂州、襄阳并逮屯驻水军，各差一二百人于所管界内，往来江中巡逻，仍令主帅择将官一员部辖，率以四月下江，至九月水落归军，遮几江、湖数千里免有盗贼之虞。[2]

从以上的叙述，可见两湖、江西茶商活动对社会秩序已构成相当威胁，以致引起官府的关切，甚至派兵驻防。而宋廷对茶商活动的敏感，更可从淳熙元年（1174）的事件中看出。当时，江西传说有两千名牛客和茶寇从广西贺州进扰广东，谋犯江西，引起江西官宪的惊恐。[3] 这项传言虽然证实为讹传，却已足以反映南宋的私茶活动，已成为朝野重视与惊恐的对象。

（二）茶商赖文政之乱

淳熙二年（1175）四月，赖文政领导四百余名茶贩，在两湖接

[1]《宋会要·兵》，5之29。

[2]《宋会要·兵》，13之29—30。

[3]《文忠集》，卷191，《范至能参政》，页3上、下。

壤的常德府、岳州一带称乱。[1]由于史料的限制，这批茶商叛乱的动机及赖文政的生平，都有待详考。[2]但由其活动地区看来，这些人应为私贩。起事后，这批人自感人力不足，为避免与襄阳或鄂州的正规军接战，转而南向。这时，由于湘、赣州县茶产不足岁额，官府苛扰于民，引起百姓反感，反而支持赖文政等人。这支茶商武力先在湖南打败官军，冲破官军的堵截，进入江西境内。[3]宋廷派江州都统制皇甫倜南下招抚，又远调鄂州都统制李川率兵讨捕。[4]江西安抚使汪大猷当茶寇入境之前，一方面谋调赣州、吉州的官军，一方面发动地方民兵。但茶寇活动迅速，已入江西，攻吉州，知州王濆"首倡招安之说，公为逃遁之计"[5]，乱军遂大败吉州守军，据守禾山洞。汪大猷命副总管贾和仲统率数州军队，进行讨伐，然而贾和仲自恃老于战场，颇为轻敌，兵临茶寇盘踞的山区时，于夜间驱迫士兵入山，为茶寇所败，全军几不复可用，茶寇声势日张。贾和仲乃改弦更辙，施行招安之策，茶寇则故布疑阵，由小道逃窜。当时，宋廷派遣平乱的兵力，包括江、鄂正规军，赣、吉地方军和各地民兵，总数多达万人，竟无法剿平数百茶寇。[6]新任的江西提刑方师尹，得知茶寇猖獗，畏避迁延，不敢接事。宋廷乃接受丞相叶衡的建议，任用辛弃疾继任江西提刑，"节制诸军，专意督捕茶寇"[7]。

---

[1] 《诚斋集》，卷116，《李侍郎传》中说："事平，请诸朝，岁分兵以戍湘阴、平江、益阳、龙阳产茶之地"（页1019），所指诸地，殆即赖文政等叛乱之地。

[2] 赖文政的身份，据罗大经说，他是一名茶商，叛变时年已六十，其他生平不详，见《鹤林玉露》，卷6，页24—25。

[3] 《攻愧集》，卷88，《敷文阁学士宣奉大夫致仕赠特进汪公行状》，页818。

[4] 《宋史》，卷34，《孝宗本纪》，页659。

[5] 《宋会要·职官》，72之15。

[6] 《文忠集》，卷137，《论任官理财训兵三事》，页13上、下。

[7] 邓广铭，《辛稼轩年谱》，页43。

赖文政等既败江西官军，转向两广进发。广东震动，提刑林光朝奉命御寇，他的部属赵充夫，熟悉赣、粤地形，知道赣、吉间有一条长数百里的捷径，可能是茶寇南下的道路，建议派遣广东的地方军摧锋军控扼这条通道。[1] 林光朝乃命统制官路海及钤辖黄进，分兵控扼要害。[2] 茶寇既至，被伏兵拦击，声势受挫[3]，只得北返。八月下旬，经安福，由良子坑过萍乡，茶寇被统制官解彦祥所败，折回安福，解彦祥率兵越宜春、仰山，紧迫不舍，茶寇自永新逃向兴国，声势再挫。[4]

赖文政等寥寥四百余人，能长期活跃于鄂、湘、赣、粤四路，主要是熟悉地理环境并得到当地百姓的协助。以地理环境而言，这四路的接邻地区，地势险阻，是官府势力不及的三不管地带，为茶贩逃避盘查，从事私贩的乐园。楼钥指出这些茶寇：

> 习险阻，常隐丛薄间，弓矢所不及，官兵驱逐，接战十余，杀伤相当，多猝遇于狭隘之处，交锋者不过数人，余已遁去，不知踪迹，使荷戈被甲之士与之追逐，虽欲列阵并力，有所不可。[5]

说明险阻的地势，最不利于被甲执戈的正规军从事列阵捕杀的作战任务，而茶寇熟悉地形、惯于游击战，也是官兵所不及的。周必大也说："今驱迫甲兵，驰逐山谷，且使运粮之夫，颠踣道路，最可虑

[1] 《絜斋集》，卷 18，《运判龙图赵公墓志铭》，页 20 下。

[2] 《文忠集》，卷 63，《朝散郎充集英殿修撰林公光朝神道碑》，页 2 下。

[3] 《絜斋集》，卷 18，页 20 下。《止堂集》，卷 11，《论解彦祥败茶寇之功书》中说："摧锋败之岭南而势始衰"（页 10 上）。

[4] 《止堂集》，卷 11，页 9 下。

[5] 《攻愧集》，卷 88，页 818。

之大者。”[1] 善于利用当地人为耳目，更是茶寇坐大的因素。周必大指出：“各地奸民，利贼所得，反以官军动静告贼，故彼设伏而我不知，我设伏则彼引避”[2]，文中所指的奸民，殆为茶法下受害的茶户和百姓，他们怨恨官府苛扰之余，转而帮助茶寇，使茶寇得以掌握先机，才能以“四百辈无纪律之夫……陆梁山谷间，转剽求生”，“自湖北入湖南，自湖南入江西，睥睨二广，经涉累月，出入数路”，造成宋廷“总管失律、帅臣拱手，提点刑狱连易三人，其它将副、巡尉奔北夷伤之不暇”的窘境。[3]

在这种情形下，政府的正规军无法顺利敉平乱事是很明显的，周必大为了避免暴露正规军不利山谷作战的缺点，及节省粮食靡费，建议由皇甫倜指挥的正规军，只在江西、湖南扼守主要道路，使茶寇不能进占州县城，而责由辛弃疾组训当地民兵，实际从事平乱工作。辛弃疾既负起剿乱的重任，乃一面整顿赣、吉、郴、桂阳等地的乡兵、弓手等民间武力，简汰老弱，精择勇壮，加以训练后，派到各阵地；一面征调熟悉地理乡土的土豪彭道等人，率乡丁入山搜索。[4] 由于乡兵发挥了“因时制宜”“因地制宜”的机动性，很快就扭转局势。到此，茶寇已无再战之力，辛弃疾乃命兴国尉黄倬与钱之望，向赖文政诱降，文政投降，旋被杀，余党则被皇甫倜招安，隶辖于江州都统司。[5]

赖文政之乱以后，两湖仍有茶商活动。绍熙二年（1191）五月，

---

[1] 《文忠集》，卷 138，《论平茶贼利害》，页 1 下。

[2] 《文忠集》，卷 138，《论平茶贼利害》，页 1 下。

[3] 《文忠集》，卷 137，页 13 上、下。

[4] 《止堂集》，卷 11，页 10 上。

[5] 《朝野杂记》，甲集，卷 14，《江茶》，页 13 上。关于赖文政之乱始末，参见黄宽重，《南宋茶商赖文政之乱》，《南宋军政与文献探索》，页 141—161。

湖北提刑兼提举丁逢等的奏章中又提到茶贩的情形，说：“常德府管下武陵、龙阳二县，接连湖南产茶去处。每到春时，有江西、福建、湖南管下州军客人，聚在山间，般贩私茶”[1]，这是私贩在两湖活动最晚的记载。此后，相信仍有茶商在本区活动，只是未酿成事端，致不被著于典籍而已。

四、茶商军的抗金

茶商武力是南宋社会一股可观的力量，激之固能叛乱，驾驭得法，则能成为国防上一大助力。绍兴二十九年（1159），洪遵目睹江西瑞昌、兴国等地茶商聚集为盗，恐其滋蔓，破坏社会秩序，建议朝廷“令州郡揭榜开谕，许其自新。其强壮可用，愿充军籍者，即时填刺，发往诸军”[2]。赖文政之乱后，余众被纳入军中，成为南宋正规武力的一部分。到宁宗嘉泰四年（1204）五月，知鄂州吴猎，感于湖南北茶商的勇悍，再度建议招募这些茶商以助大军，这个意见到开禧北伐时被宋廷所采行。[3] 不久，叶适倡议防守淮南，也强调应招募浙西、江东、江西、湖南、福建的富人及茶盐米商，到淮南筑堡自卫，强固边防力量。叶适的门人袁聘儒说明水心募富商强固淮南武力的理由是：

> 公家之力不能遽办，故欲募富商。富商亦谁肯无故出此一项钱？然茶盐米商者，其资本多在淮南，虏一冲突，则皆荡尽，

[1] 《宋会要·食货》，31 之 30。

[2] 《要录》，卷 181，页 26，绍兴二十九年四月辛亥条。

[3] 《鹤山先生大全文集》，卷 89，《敷文阁直学士赠通议大夫吴公行状》，页 740。

使其为堡自守，所必乐。[1]

其后，湖北茶商仍凭其强勇，经常聚众横行，郑清之遂向总领何炳提议“此辈皆精悍，宜借为兵，可弥变，亦可御敌”，何炳接纳清之的意见，招刺茶商，号曰“茶商军”，成为晚宋的一支精锐武力。[2]

由于史料的限制，我们除了从宋臣的言论，以及宋廷的措施中，稍可窥见茶商武力转化为政府军队的梗概外，一般的典籍对茶商抗金的记录，实不多见。不过，叶适所说茶商“资本多在淮南”这句话大可注意，淮河是宋金国界，沿边重镇在和平时期，固然是双方榷场贸易的处所，一旦战事爆发，就成为金兵南犯时第一个攻击目标，这时候，茶商如何来维护利益，在抗金行动中扮演怎样的角色，是值得注意的。

宋金对峙以来，双方曾发生多次战争，淮南诸重镇既然首当其冲，宋廷为巩固边防，也把正规军的主力部署在这里，并于重要据点积极修筑城墙，以防止女真铁骑的南下。一般说来，除了南宋最初十年外，在光宗以前，宋的正规军尚称强大，还能抗拒金兵的侵犯，但到了宁宗开禧二年（1206）以后，金兵南犯时，已暴露出宋朝正规武力的废弛，于是固守城寨，成为抗御金兵的主要对策，而地方武力也成为守城的重要力量。当时留下的几部守城记录，不仅记载宋金战况，更留下茶商抗金的丰富资料，使我们得以评估地方武力在宋金对抗时所扮演的角色。

宁宗韩侂胄当政时，宋金间的和平关系又面临新的变化。韩侂胄在庆元党禁和与杨皇后发生冲突后，谋借对金用兵，洗刷对金不

[1] 《叶适集·水心别集》，卷 16，《后总》，页 847—848。

[2] 《后村先生大全集》，卷 170，《丞相忠定郑公》，页 1515。

竞之耻，缔造辉煌的战功，来巩固本身的权势和地位[1]，乃撕毁和约，发动北伐，这是国史上著名的“开禧北伐”。然而，南宋的正规军已趋腐败，韩侂胄更没有确实做好准备工作，只是想趁金朝北方边防紧急，内部发生饥荒的机会，行险侥幸，同时在小胜之后，滥杀无辜，失去北方人民的支持[2]，以致在金兵反击下一蹶不振，纷纷溃败。金朝一方面策动四川的吴曦叛宋[3]，一方面由大将仆散揆率领十四万大军分路南下，十月自清河口渡淮，宋沿边告急。接着金兵相继攻破枣阳军、随州、信阳军等地，分重兵进围襄阳府和德安府两个边防重镇，双方遂展开一场守城战。

襄阳有“山南锁钥、楚北屏藩”之称[4]，三国以来即为天下重地。宋室南迁后，又成为长江中游的边防重镇。开禧二年（1206）十一月五日，金兵破枣阳，犯神马坡，襄阳守将赵淳为全力保城，弃守樊城，又感于城内兵源不足，遂立旗招募“茶商勇悍之人，虽经配隶者，皆不问所从来”，并以之组成“敢勇军”来防城池。[5]这些由茶商为主体的敢勇军有六千人以上。[6]文中提到“虽经配隶者，皆不问所从来”，可见招募的对象，包含合法的茶商及私贩。二十四日，金兵进围襄阳城。次日，赵淳命旅世雄率领六千名敢勇军劫烧金营，救回千余被掳百姓，当夜，又由统领官扈立领敢勇军、茶商廖彦志、

[1]　黄俊彦，《韩侂胄与南宋中期的政局变动》（台北：台湾师范大学历史研究所硕士论文，1976年7月），页185。

[2]　《昌谷集》，卷6，《上庙堂书》，页5下—6上。

[3]　外山军治，《金朝史研究》[京都：京都大学东洋史研究会发行，1964年（昭和39年）10月初版]，页534—536。

[4]　杨宗时修，崔淦等纂，《襄阳县志》（台北：台湾学生书局，1969年4月初版），《志稿原序》，页3上。

[5]　赵万年编，《襄阳守城录》（笔记小说大观，台北：新兴书局发行），页2下。

[6]　《襄阳守城录》，页3上。

路世忠、张聚等千人劫金营。[1] 此后，直到开禧三年（1207）二月二十四日，金兵撤围北退，襄阳城被围前后共三个月，金人发动的兵力多达二十万，声势浩大，金帅“自以为得计，意欲以靴尖蹴倒襄阳城”。其间赵淳曾多次向宋廷乞援，并募死士赍蜡书向各方求救，竟毫无讯息，只好运用所有的人力，以守为攻，来阻挡金兵凌厉的攻势。[2] 以茶商为主的敢勇军，自始至终，参与襄阳守卫战。为了避免叙述芜杂，兹将《襄阳守城录》所载相关事迹，列表如下：

表 6–1　敢勇军战绩表

时间	人数	战绩纪要	备注
开禧二年 十一月二十五日	敢勇军六千余人	遣旅世雄部敢勇军六千余人，劫烧金寨，夺六匹马，救回被虏百姓千余口。是夜，又差扈立并敢勇军、茶商廖彦志、路世忠、张聚等部押千人出南门，至虎头山等劫寨。	《襄阳守城录》页 3 上
十一月二十六日 十一月二十七日	敢勇军六千余人	夜遣旅世雄、裴显领敢勇军六千余人往城西北江上，与金兵战，夺到载粮船二艘。 夜遣旅世雄、裴显将所部敢勇军，出城驾船渡江北劫寨，烧毁粮船、渡江船。	页 3 上 页 3 上
十二月五日	敢勇军千人	金犯境之初，赵淳命均州统领王宏出兵攻邓州，以为牵制。至是金抽数千兵回邓救援。当夜淳遣将官孟保、张德、刘彦率敢勇军千人经万山入伏龙，掩袭其后，金兵溺死者甚多，焚所造攻城器具有三百余件。	页 4 上

[1] 《襄阳守城录》，页 3 上。

[2] 赵万年说：“公（赵淳）自被围，即申报告朝廷，乞兵为援，不知其几。朝廷累行下金州、江州都统司，发兵解围。又募死士，从间道赍蜡弹，告急诸处，乞救兵者，不知其几。凡三月，救兵竟无一人至者。公多方措置，以守为攻，方能战退。”见《襄阳守城录》，页 11 上。

续表

时间	人数	战绩纪要	备注
十二月十四日	官兵五十九人	金人以云梯攻城，淳遣路世忠、张聚（茶商）、教头徐贵部官兵五十九人，至万山烧毁云梯二百余连、木牌一百余面、竹木草牛无数。	页4下
十二月十六日	敢勇军百余人	夜遣张聚、廖彦忠等分四路劫烧金寨。张聚领敢勇军七十三人、大军弩手三十二人至虎头山劫金寨，廖彦忠率敢勇军七十二人至定专寺等处劫金寨。	页5上
十二月十七日	敢勇军五十八人	夜遣路世忠将敢勇军五十八人、大军弩手三十一人至城东云峰寺劫寨。	页5上
十二月二十日	敢勇军五十六人	遣路世忠将敢勇军五十六人、大军弩手三十人至云峰寺前烧云梯二百余连，造炮大木五十条，杀退二百余人。	页5上
十二月二十五日	敢勇军四十三人	夜遣张聚、刘畋将敢勇军四十三人至虎头山劫寨，败金人二百余人。	页5下
十二月二十八日	敢勇军百二十人	遣廖彦忠、路世忠将敢勇军百二十人出东门劫寨，烧云梯百余连，又败金人二百余，夺到云梯什物。	页5下
十二月二十九日	敢勇军百二十人	又遣廖彦忠、路世忠率所部至南门劫寨，杀伤甚多，夺到鞍马弓枪刀甲，救回被掳百姓六人。	页5下
开禧三年一月三日	敢勇军千余人	金兵攻城急，淳差敢勇军千余人，于半夜持短兵，自小北门潜出，分二路击金兵。	页6上
一月十七日	敢勇、叉镰手、弩手共三百五十人	金兵以车轮推座炮、鹅车洞子等，至城下攻打。赵淳谋于城外濠岸南四十余步处开濠一道，以为限隔，使金座炮等难至城下。乘夜雨遣千人出城，其中六百五十人开濠，而以弩手、敢勇、叉镰手三百五十人防护开濠。	页7上
一月二十一日	弩手、敢勇、叉镰手五百人	夜差二千人出城，其中弩手、敢勇、叉镰手五百人以防护开濠。	页7上

续表

时间	人数	战绩纪要	备注
一月二十三日	弩手、敢勇、叉镰手一千人	除原有二千人外，当夜又差三千人，其中防护开濠的弩手、敢勇、叉镰手一千人。金兵来攻，遣敢勇军与战，击退之。至此，所开濠堑自城东门团楼角至城南门外吊桥长四百十余步、阔八尺以上、深六尺，金兵以骑军驰骤不便，遣人斸除，淳预遣茶商路世忠等率敢勇、叉镰手、弩手于土墙内潜伏。	页 7 下
一月二十四日		金步兵来斸除墙壁，敢勇军突出，杀死甚多，夺到遮箭牌及烧毁二百面。	页 7 下
一月二十七日	敢勇官兵一千三百人	淳欲攻金寨，恐金骑追逐，乃纫织高二尺长六尺的竹笼，以绊金骑。遂发敢勇官兵一千三百人携竹笼出南阳，衔枚至金营，马为所绊，金兵退走，杀伤甚多，烧毁其器械。	页 7 下
一月二十八日		城围后路梗，唯西向水路可通小舟，传送蜡弹文字，金兵侦知，于滩浅处创立小鹿角。淳遣水手除滩上鹿角，另派鲁选皋领敢勇军至滩岸及潜伏颓墙下，袭击金兵。	页 8 上
一月三十日	弓弩手、敢勇军、茶商、叉镰刀斧手共二千三百余	金兵数万自东南隅起土山，欲与城齐，渐次近城，淳于当夜发三千四百人出城毁土山，其中二千三百余人为弓弩手及敢勇军、茶商、叉镰刀斧手，以防护斸毁土山官兵，败金官，悉毁土山。	页 8 上
二月十日	弩手及敢勇军、茶商、叉镰刀斧手六千六百余人	二月一日起，金增人马筑土山，旬日之间，几与城齐，并立重赏，意在取襄阳。淳乃于十日夜发官兵八千二百余人，内六千六百余人系弩手及敢勇茶商等。与金兵冲突，战二十余合，杀伤甚重。毁其土山，金人气大沮，自后不复修筑。	页 8 下—9 上
二月十四日	敢勇军五百人	金见土山已毁，又在南门外堆土墙，淳派张聚率五百敢勇军杀退斸墙。	页 9 下

以上是敢勇军或茶商参与襄阳守城的记录，茶商实际参与的活

动当更多于上述所列。当时，宋金在襄阳的战争“大战十有二，水陆攻劫三十有四”，战况相当激烈。从上表所列茶商参与守城战争的情况看来，茶商所组成的敢勇军，扮演袭击和防护的角色，都是高度战斗性的任务。因此，守城的成功，固有赖于赵淳的卓越领导、全城上下一心和高昂的战斗意志，然而敢勇军的骁勇善战，更是阻挡金兵的有效力量，无怪乎金帅要说：“赵大娄罗（指赵淳）摆布得好，每出敢勇军，不知从何处出来，这城如何打得。”[1]

金兵在包围襄阳的同时，也分兵攻打邻近的随州、枣阳军等地，枣阳城破后，溃兵逃散到德安府。府丞王允初鉴于德安府位于次边，又经五十年的安定，兵力寡弱，且不娴兵事，力劝知府李师尹收留这些溃卒，共得二千一百十人，并厚赏茶商饶彧等人，募其徒及土豪市兵凡二千人，加上邻近四县民兵二千二百人，合计近七千人。[2]十一月十八日，金兵十万抵达德安府，四面合围，双方遂展开长期的攻守战。在这次战役中，茶商所募的武力仅占三分之一弱，却在历时三个多月的攻防战中，发挥了重要的作用，兹据《开禧德安守城录》表列说明如下：

表6-2　茶商武力抗金战绩表（德安地区）

时间	人数	战绩纪要	备注
开禧二年十一月二十五日	茶商市兵二百八十五人	金兵数万急攻城，王允初极力布置防卫，并募茶商市兵二百八十五人下城，杀退金兵。	《开禧德安守城录》，页4下—5上。
十一月二十九日	茶商土豪等二百余人	遣正规军及茶商土豪等二百余人斫金营，焚其攻具及府北金人所积填壕竹屑千束。	页5上

[1]《襄阳守城录》，页7上。

[2] 王致远，《开禧德安守城录》（瑞安孙氏诒善祠刊本），页2上。

续表

时间	人数	战绩纪要	备注
开禧三年二月二日	官军及茶商市兵等三百人	宋援兵不至，允初遣亲效、义勇、茶商、市兵等三百人下城，分路攻南寨及河西金兵，烧其寨屋，杀死二十余人，夺其器具。	页 17 上
二月八日	茶商等军数百	金填路逼德安府城，允初差茶商等军数百，自景陵、梦泽、孝昌门外，二路出与金死战，杀金兵三百余、马数十。	页 18 下
二月十六日	高悦等兵及茶商市兵千余	允初命高悦等率兵出城巡视羊马墙，金骑逼之，允初乃发高悦等兵及茶商市兵千余附城与战，及金西北诸寨悉出兵，乃鸣金收兵。	页 22 上
三月三日	茶商市兵一百	允初虑金兵转攻城西，命任廷佐、高悦等选大军五百，于三更由孝昌门出，分为十级，直捣金营，纵火，金军奔北不支，于次日撤围北退。	页 23 下—24 上

从上述茶商参与的项目看来，茶商军是在配合官军，从事第一线的防卫、袭击工作。德安府自开禧二年十一月十七日受围，到三年三月四日，前后达一百零八天。由于城内仅有不到七千的兵力，难敌十万金兵，曾多次向朝廷及宣抚使薛叔似求援，但援兵姗姗来迟[1]，全靠城内士民通力合作，才能支撑[2]，其中茶商除提供武力守城外，更献出大量茶苞对付金兵。金兵自开禧二年十二月起急攻德安城，连缀天桥，试图由天桥通达城中，情势非常危急。宋人一面拘挽天桥，一面以茶苞、竹器等易燃物点火，火势猛烈，烧死甚多企

[1] 《开禧德安守城录》，页 25 下—26 上。

[2] 王致远说："论德安之守，士民之力居多，而行赏则守贰独厚，军将次之，三郡士民不预。"见《开禧德安守城录》，页 26 下。

图通过天桥的金兵，金兵终不能遂其破城之愿，落得仓皇北退。[1] 茶是易燃物，要烧到天桥所需的茶苞必然很多，可见这时德安府茶商储存茶叶相当丰富。

茶商第三次参与守城抗金的活动，是在嘉定十四年（1221），金兵围攻蕲州城时。“开禧北伐”失败后，宋金再订和约，但不到十年，彼此的关系又有重大变化。盖蒙古崛起后，不断南侵，金兵一再失利，山东又有以李全为首的“忠义军”发动叛变，疆域日蹙，主政的术虎高琪力劝金宣宗伐宋，宣宗狃于对宋常胜，耻为宋人所轻，且国用匮乏，欲取偿于宋人[2]，乃于嘉定十年（1217），以南宋岁币不到及息州饥民作乱为借口，派兵分向川陕、襄汉及两淮进攻，其中淮河流域是南宋边防最弱的地区，金兵很快攻破安丰军、滁、濠、光三州，先锋直逼采石的杨林渡，建康震动，幸得淮海一带忠义军相助，狙击金兵，才能逼退金兵。[3] 到嘉定十四年，金宣宗衔恨宋联义军，再度进犯两淮。二月犯光州，分兵破沿淮诸县，渐渐威胁到蕲州。十日，知蕲州李诚之得报，即着手整理城内兵器，严密关防。不过，城中正规军与民兵合计才千余人，守备十分脆弱[4]，诚之为增强战力，发动各县民兵，积极修城、聚粮，加强训练。[5] 二十日，金先锋部队逼近城下，茶商开始参加抗敌守城的工作[6]，兹根据《辛巳泣蕲录》表列茶商武力抗金的情形如下：

[1] 《开禧德安守城录》，页 11 下、12 下。

[2] 《宋史全文》，卷 30，页 2405，嘉定十年正月条。宣宗南迁后，曾遣使责宋纳岁币，其文见赵秉文，《闲闲老人滏水集》（四部丛刊初编本），卷 10，《详问书》，页 122。

[3] 黄宽重，《南宋宁宗理宗时期的抗金义军》，页 132。

[4] 《絜斋集》，卷 18，《蕲州太守李公墓志铭》，页 15 上、下。

[5] 赵与褣，《辛巳泣蕲录》（笔记小说大观十七编，台北：新兴书局），页 4 上、下。

[6] 《辛巳泣蕲录》，页 10 上。

表6-3　茶商武力抗金战绩表（蕲州地区）

时间	人数	战绩纪要	备注
嘉定十四年二月二十至二十一日	茶商弓手会等五十人	金先锋马骑三十余匹、步军三百余人近城。守御官李浩于城门招募自愿迎敌者，给予厚赏，有禁军一百人、民市兵二百人、茶商弓手会等五十人应募随行。次日迎金兵于横槎桥，败之。	《辛巳泣蕲录》，页9下—10下
二月二十五日	茶商弓手百余人	金兵强迫对河百姓折门扇等搭桥，赵与褣派陈兴率弓弩手一百人阻之，金兵众，桥成，知州李诚之又命陈兴等一百三十人，佐以茶商弓手百余人，乘夜杀金兵，烧断桥头。	页16上、下
二月二十七日	茶商民兵五十人	知州令赵与褣招募有胆识之茶商民兵，烧金人所立枋木，填其所掘水沟。不久，陈兴等五十人请行，达成任务。	页18上
三月三日	茶商军三十人	三月起，金拥众运器具攻城。当夜茶商军三十人请出劫寨，杀金军八人，夺到武器若干。	页25上
三月五日	茶商军二十人	金兵掘地道攻蕲州。是夜，差民兵枪叉手二百人、茶商二十人、土军弓手三十人、厢禁军一百人下城，夹击掘地道之金兵。	页28上、下
三月六日	茶商士射百人	金兵急攻北门城壁，李诚之、赵与褣等领茶商士射百人前往策应。	页29上、下
三月九日	茶商及士射等二十余人	三月七日，金增兵数万围城，赵与褣督陈兴等弩手三十余人，又发太平弩手王公十五人，茶商及士射等二十余人迎敌，金兵败。	页33下
	茶商三十人	是夜，训练官李斌等领敢死军十五人、茶商三十人直趋对河金寨，连破十五六寨，夺到物品一批。	页34下
三月十日	茶商蔡全	十日起，金掘通地道，城内百姓恐怯。十三日，金兵拥众登城，旗头兵上城间，被茶商蔡全格杀，金兵败退。	页38下

续表

时间	人数	战绩纪要	备注
三月十五日	孙中、曹全茶商军等共百三十余人	金攻打四门甚急，人心皇皇，李诚之令厚赏军兵下城观察形势。是夜，赵与褣遣孙中、曹全茶商军等共百三十余人，自西而南夹击金兵。	页 41 下
三月十六日	孙中等与厢军禁军茶商军等	金军登蕲州城，李诚之至新寨，调发西门统制孙中与统制江士旺、陈兴、曹全等率厢军、禁军、茶商军、敢死军李斌等戮力巷战于新寨，不久，寨内火起，金兵追杀至南门，守官散失，不知存亡。	页 42 下

蕲州城自二月二十二日被围，到三月十六日陷落，前后共二十五日。由于城内兵力单薄，难以抗御金兵，屡次求援，但当时的正规军已腐败不堪，无法担负战斗任务，诚如赵与褣所说：

> 骑兵贪利，所过以掳掠为心，寇至则安坐于高山，畏怯不前，寇退则声鼓惊赶其后，以收复为名，城内仓库，虏取未尽者，首卷之而去。[1]

迟至三月七日，徐挥、常用二人方率正规军数百名入城[2]，但只守了七天，徐挥等人见金兵势盛，城旦夕不保，竟于十四日三更，伪称出城劫寨，意图逃遁，经赵与褣极力挽留，并以三万六千二百七十贯作为犒赏，才返回蕲州城。[3] 十六日，金兵登城，徐挥的军队畏怯不战，甚至弃城逃遁。[4] 难怪赵与褣称："后乎援兵之既至，止得数

[1] 《辛巳泣蕲录》，页 45 上。
[2] 《辛巳泣蕲录》，页 30 上、下。
[3] 《辛巳泣蕲录》，页 40 上—41 上。
[4] 《辛巳泣蕲录》，页 42 上、下。

日而城遂陷者，实徐挥、常用不用之故，与夫诸将相持不进之罪。”[1] 而守城时，城中正规军的表现也实在怯懦不堪[2]，这和茶商等民兵，为守卫乡土奋力死战，实难同日而语。赵与裕就认为蕲州能坚守近一个月，实是“本州官寮民兵同守之力”[3]，茶商等民兵在守蕲州的贡献是不可忽视的。

五、结论

宋朝实施茶叶专卖，茶利为朝廷所垄断，南宋推行“长短引法”，持“长引”的茶商必须运到茶区以外的路分贩卖，更需要庞大的资金、大批人力，从事采购、运输、贩卖的工作。然而，南宋初年内忧外患接踵相续，各地治安均差，茶利既厚，自然成为盗寇觊觎的对象，茶商为维护安全，自组武装力量。此外，茶叶采收期间，茶区聚集大批外来茶商及其所雇用人力，本易滋事，尤其是茶区发生灾荒，茶商缴钱而无货可提时，更易肇成乱事。

另一方面，茶叶既成为宋朝国计上的重要收入之一，政府为了保证收入不匮乏，严禁私贩，但茶利丰厚，商人心存侥幸，不惜以身试法，茶户也不满厚利独归朝廷，彼此互相勾结，私贩更加猖獗。他们为避免盘查，及被发觉时，易于据险而守，多活动于地势险峻之处。同时，茶叶是宋金贸易中最重要的货品，宋廷透过榷场贸易来垄断茶利，使茶商和金人同蒙其害，金人为突破榷场贸易的限制，以厚利啖诱商人，造成走私贸易的勃兴。这些私商为维护本身利益，

[1] 《辛巳泣蕲录》，页 45 上。
[2] 《辛巳泣蕲录》，页 28 上、下。
[3] 《辛巳泣蕲录》，页 45 上。

同样拥有武装力量，而且要比合法茶商更易激成乱事。

南宋茶商活动虽遍及各地，但私贩活动则以荆湖南北路交界的岳州、常德府、潭州较盛，这些州郡介于鄂、荆、赣三路界分，地势险峻，因此，经常发生茶商滋事。淳熙二年，赖文政等竟以四百余人发动叛乱，窜扰荆、鄂、赣、粤四路之间，宋廷发动近万兵力，经历半年，仍无法平乱。最后，还是借当地民兵和地方军的合作，才敉平乱事。

茶商武力的强悍，已为时人所承认，因此，茶寇的余众往往被纳入正规军，成为南宋国防武力之一。而活跃在沿边的茶商，平时为维利益，虽不免与官府发生纠葛。但是当金兵南侵时，他们更会在官府号召下，群起效命，共御外侮。以目前留下有关开禧、嘉定年间，金兵南犯，宋人守德安、襄阳和蕲州的记载来看，茶商实为当时守城的重要武力之一。

从上述茶商叛宋与抗金的事实，看出茶商面对官府的压力，可以铤而走险，据地叛变，当外患侵凌，官府以利、义相召时，也可以起而御敌，这种情形和下面将探讨的活跃于山东的“忠义军”一样，他们抗拒的对象可以改变，而最终目的都在保护自己的利益，这是自卫武力的基本性质。

南宋茶商从叛乱到抗敌的蜕变过程，也反映了南宋正规军的缺陷及腐败。孝宗时代，尽管正规军尚强，但茶商叛乱地区都是在不利于正规军作战的两湖、江西等路，宋朝也只能借民兵和地方军来平乱。辛弃疾更由于这次平茶商的经验，体认到地方武力在维护地方治安的重要性，因此，他就任湖南安抚使后，就创置了“飞虎军”，此后成为南宋中、晚期内平盗乱、外抗金蒙的重要武力。

宋宁宗以后，沿边的正规军已趋败坏，“开禧北伐”时，已需调动原属地方军的飞虎军参与北伐军事行动。北伐失败，金兵南侵时，更暴露正规军的腐败与地方官吏的不能合作，使襄阳、德安等边防重镇长期被围，幸得守城官吏的卓越领导，地方自卫武力的协力捍御，终使金兵无功而退。此后，襄淮一带的守将，相继拔用土豪，组织民间武力，如吴猎擢用土豪孟宗政，由宗政所组成的“忠顺军”在抗金战争中，发挥了很大的效果。同样的，蕲州的正规军也为当地茶商等地方武力所取代，最后，虽然由于寡不敌众及外援不至而陷，但地方武力已明显地弥补正规军在守备上的缺失，它的重要性就更加显现了。

第七章　经济利益与政治抉择

——宋、金、蒙政局变动下的李全、李璮父子

一、前言

十三世纪蒙古的兴起与南侵，使隔河对峙的宋、金政权面临了极大的挑战。蒙军南向侵金，使华北地区的政治秩序为之崩解，地方豪强乘机揭竿而起，掀起反金的旗帜，其中以活跃在山东、淮海地区的红袄军的声势最大。山东、淮海地区一向为宋金的主要战场，此时又遭到蒙古兵的破坏，粮荒严重；为了就食，这些叛金分子只得南向寻求宋廷的支持。宋廷原囿于宋金和约，不敢接纳这些南下的北人，其后由于金宣宗破坏和约，宋金爆发战事，宋廷改而接纳他们，成立忠义军，于是以李全为首的山东忠义军，在宋朝的鼓励与支持下更形活跃。

李全的一生充满传奇，变化多端。他在蒙古侵金、华北社会解体之际，集结山东豪杰，掀起叛金活动，敲响亡金的丧钟，继而揭示极具政治意识的口号“宁作江淮之鬼，不为金国之臣”而依附宋

政权，成为晚宋伐金、恢复故土的先声。然其据守山东、淮海一带，声势坐大后，因滋生发展个人势力、专制一方及卷入宋皇位之争，成为宋廷排挤的对象，迫使他愤然降蒙，最后丧命于宋将之手。而其子李璮却在为蒙元政权防守淮海之地三十年后，反举兵叛蒙投宋，不仅为元初宋末政局增添变数，也使忽必烈乘机铲除汉军世侯的势力。自蒙古崛起后，在将近六十年的世局变幻中，政权递嬗频繁，而崛起于乱世中的李全父子，以民间自卫武力，作为扩张势力的资源，形成雄霸一方的领袖豪杰。但他们为了维护割据势力乃至经济利益，作了不同的政治抉择，最后不但以悲剧告终，且分别列入《宋史》与《元史》的叛臣传中，这样的事例可能是中国历史上仅有的。

李全父子是观察十三世纪地方自卫武力领袖风格的范例，但他们的历史形象变化殊异。李全父子虽被列入《宋史》《元史》的叛臣传中，但两部史书对他们的记载有明显的价值判断，加以晚宋、晚金、元初相关公私文献不仅有所隐晦，亦多遗佚不全，因此其生平事迹多所缺漏，研究者不多。民国以来，学者或从民族大义的角度看待李全父子，或从农民起义角色讨论李全兴起的因素，虽可备一说，但过于迁就意识形态，与史实有违，且多分述其父子生平事迹，以致很难对世变之下，民间自卫武力乃至领袖人物个人的出处进退，有较全面而深入的观察。由于十三世纪中国政局的变动及宋、金、蒙三个政权间兴衰盛灭的互动关系，影响到个人与群体的角色变化、政治抉择乃至最后命运，因此本文系从个人在世变中的角色与抉择着眼，借李全父子近六十年的活动事迹，以了解李全兴起的背景，其缔造割据势力与宋金蒙之间的关系，及李全、李璮的政治抉择。李全的崛起及其政治抉择均与经济利益有密切关系，因此也注意经济利益对割据势力的影响。本文特别注意个人在世变中，如何创造新局面，如何维持或者扩大其成果，乃至在面临生存与发展时，如何利用资源（包括民族意识），以因应外在的变化。

二、乱世英雄的崛起

十三世纪的中国是一个由承平到纷乱、再回到安定的时期，这一段由治而乱的变化历程，虽与宋金间的战争有密切的关系，但蒙古的兴起与南侵却是最重要的催化剂。

宋金间自孝宗隆兴和议以来，双方维持和平的局面，前后凡四十年。到宋韩侂胄当权后，这一形势就面临考验了。韩侂胄为整肃异己，在发动庆元党禁后，亟谋对金用兵，来洗刷宋人对金不竞的耻辱，缔造辉煌的战果，以巩固自身的权势和地位。[1] 乃乘金内部败象日显、蒙古崛起之际，积极布置北伐，并招纳宋金边境上的汉人叛金，及纵盗掠劫金境，刺探金情。一连串的小胜利，使韩侂胄志得意满，于是发动北伐。此时华北及山东一带的汉人在宋廷鼓励下，也相继掀起叛金的活动，《金史》说："泰和伐宋，山东无赖往往相聚剽掠。"[2] 然而，由于宋北伐之兵屡遭败绩，最后被迫以杀韩侂胄向金求和，嘉定元年（1208），宋金正式缔结和约。

就在宋发动开禧北伐，宋、金双方兵戎相见之时，成吉思汗完成蒙古的统一，成为金的心腹大患。1208 年，金章宗逝世，完颜允济继位。此时，金在表面上虽不失繁荣景象，然而外有蒙、宋相胁，内则弊病丛生，社会经济日益衰退，大时代的暴风雨，已经孕育于歌舞升平的气象中。嘉定四年（1211）成吉思汗聚众誓师，大举南

[1] 黄俊彦，《韩侂胄与南宋中期的政局变动》，页 185。

[2] 《金史》，卷 102，《仆散安贞传》，页 2244。又见卷 104，《王扩传》，页 2294。

侵。七月，蒙古大军败金四十万大军于险峻的野狐岭（今河北万全县境），接着拔宣德，陷德兴，取居庸关，进逼中都。由于蒙古军以掳掠为主要目的，攻下城邑后，大肆屠杀劫掠，百姓受战火蹂躏，无以为生，社会秩序为之瓦解，于是受到韩侂胄鼓煽兴起，而在开禧之后暂受招安或潜匿的华北汉人，乃揭竿而起，其情况正如《金史》所说："金自章宗季年，宋韩侂胄构难，招诱邻境亡命，以挠中原，事竟无成。而青、徐、淮、海之郊，民心一摇，岁遇饥馑，盗贼蜂起，相为长雄……十余年糜沸未息。"[1] 当时，金既全力应付蒙古，对国内的控制力转而松弛，李全就是这时与杨安儿、刘二祖等人同时兴起叛金的英雄豪杰。

当成吉思汗围攻中都时，金朝内部发生了政变，败将纥石烈执中（胡沙虎），杀死卫绍王允济，拥世宗孙完颜珣继位，是为宣宗。不久，南迁汴京，成吉思汗遂以金迁都违约为口实，于嘉定八年（1215）发兵南下，中都、辽东、河北、山东等地很快地沦于蒙古铁骑之下。蒙古兵马所到之处，"人民杀戮几尽，金帛子女、羊畜牛马，席卷而去，屋庐焚毁，城郭丘墟"[2]。人民在遭受极大的灾难之时，乃自相团结，组织地方武力，以求自保。[3] 于是两河、山东地区无论强悍者或狡黠者，莫不掀起叛金活动，史称：

贞祐之乱，盗贼满野，向之倚国威以为重者，人视之以为血仇骨怨，必报而后已，一顾盼之顷，皆狼狈于锋镝之下，虽

[1] 《金史》，卷 117，页 2568。

[2] 《朝野杂记》，乙集，卷 19，《鞑靼款塞》，页 11 下。

[3] 黄宽重，《南宋时代抗金的义军》，页 176。

赤子不能免。[1]

而临近宋境的百姓则竞相南归于宋。这是金统治中原八十余年以来，所面临的最大挑战。山东、淮海地区，向来是宋金间的主要战场，也是汉人叛金活动的重要地区，自嘉定以来，经蒙古铁骑的蹂躏，已是“赤地千里，人烟断绝”[2]，粮荒极为严重，揭竿而起的英雄豪杰，面临存亡关键，为了生存，乃积极向南移动，寻求南宋的支援。此时，宋廷虽感于金朝的衰象已显，但主政的史弥远谨守和约，不敢明目张胆地接纳这些北方移民。不过，因为山东红袄军声势浩大，不能峻拒，只得暗中加以接济。到1217年（嘉定十年），金宣宗在对蒙古作战一再失利，山东又叛，国用匮乏之后，为谋取偿于宋廷，不顾群臣的反对，以南宋不纳岁币及息州饥民作乱为借口，发动大兵南侵。宋金既由和转战，史弥远以曲在金人，乃转而积极招徕来自北方的叛金分子（归正人），正式组织这些北人成立“忠义军”，全力支持他们叛金。在宋廷的鼓励与支持下，叛金豪强的活动更形活跃，不仅在宋金战争中扮演举足轻重的角色，也敲响了女真统治的丧钟。

三、李全早期事迹

李全为山东淄州人，出身农家[3]，以贩牛马为业，主要活动区当

[1]　元好问，《遗山先生文集》（四部丛刊初编本），卷16，《平章政事寿国张文贞公神道碑》，页167。

[2]　宇文懋昭著，崔文印校证，《大金国志校证》（北京：中华书局点校本，1986年7月初版），卷25，页345，贞祐四年条。

[3]　《宋史》，卷476，《李全传》作“潍州北海农家子”，页13817。

在山东、淮海之间，曾到涟水做生意，因金国多盗，道梗难行，财本浸耗，乃投充涟水尉司弓卒。由于个性豪迈，任侠好义，结交不少朋友，党与日盛，称雄一方，号为李三统辖。后又回山东任屠夫，因得铁枪，击技日精，为众推服，被呼为李铁枪，与其党徒横行于淄、青一带。[1] 从有关文献显示李全是山东、淮海之间的商人，可能借在宋金边境上从事走私贸易之便，对宋金两国内外局势变化有深刻的观察，又曾任涟水县的士卒，为人豪爽任侠，擅长领导统御，"能轻财与众同甘苦，故下乐为之用"[2]，遂成为淄青地区一股不可忽视的地方武力。

1211 年，成吉思汗南侵时，金境纷扰不安，于是李全与密州人陈智集结群众，在密州的九仙山一带掀起叛金活动。[3] 这时山东一带叛金的人尚有杨安儿、刘二祖、张汝楫等人，这些人中，以杨安儿领导的红袄军势力最大。红袄军是晚金叛乱最大的一群，他们可能是源于互相集聚的民间自卫武力，在战争破坏、金政解体下，逐渐变成以裹胁百姓、剽掠为生的反金团体，起初并无名号，后来慢慢形成以杨安儿和刘二祖为首的两个系统，彼此不相统属。不久李全与杨安儿的妹妹杨妙真结婚，李、杨两股势力结合，使杨系的势力更盛，李全也成为红袄军的重要领导人。杨安儿甚至称帝，改元天顺，谋自立新局，并招礼宋人，有意归宋。[4]

山东、淮海地区由于地近宋金边界，当地汉人或在宋廷的鼓励、

[1] 周密，《齐东野语》（北京：中华书局点校本，1983 年 11 月初版），卷 9，页 157。

[2] 《宋史》，卷 403，《贾涉传》，页 12208。

[3] 《宋会要·兵》，16 之 18。

[4] 《宋史》，卷 476，《李全传》，页 13818。

支持下或自发性地掀起叛金活动，素有其传统。[1] 此时由于叛乱者的势力太大，而且僭号称帝，对金政权形成极大威胁，金廷为巩固内部，遂利用蒙古北撤之际，积极动员兵力，谋敉平乱事，叛金团体既企图自成势力，故宋廷似亦不愿加以支持，在这种情况下，金人于 1214 年十二月，收买船夫杀害杨安儿。杨安儿死后，李全承袭了杨系红袄军的势力。[2] 然而，金兵在剿乱时骚扰良民，处理叛乱的政策失当，引起反感[3]，加上自 1215 年春以来，由于成吉思汗与拖雷所率的蒙古中军，进入山东，相继攻陷济南、益都、登、莱、沂、密等州，山东地区受到蒙古破坏性掠夺战术的骚扰，满目荒残，民不聊生[4]，遂使叛乱活动在稍挫之后，转趋壮大，各地豪杰蜂拥而起，其情况正如《金史·仆散安贞传》所说："自杨安儿、刘二祖败后，河北残破，干戈相寻，其党往往复相团结，所在寇掠，皆衣红绵袄以相识别，号红袄贼，官军虽讨之，不能除也。"[5] 李全既接替杨安儿所领导的红袄军，声势日壮，而成为山东叛金势力的主力。

不过，李全所领导的叛金团体，这时候面临的存亡关键在于经济问题，即钱粮的取得与资源的开拓。自 1211 年蒙古南侵以来，山东、淮海地区先发生红袄军的叛乱，继之有金廷平乱兵的骚扰，加上蒙古铁骑的蹂躏，处处呈现着"宝货山委而不得食，相率食人"

---

[1]　辛弃疾曾说："山东之民，劲勇而喜乱，虏人有事，常先穷山东之民，天下有变，而山东亦常首天下之祸"（见辛弃疾著，辛启泰辑，邓广铭校补，《稼轩诗文钞存》，《美芹十论·久任第九》，页 21），参见黄宽重，《南宋时代抗金的义军》，第二章、第三章。

[2]　黄宽重，《南宋时代抗金的义军》，页 177。

[3]　《金史》，卷 102，《蒙古纲传》，页 2256、2259。

[4]　周良霄、顾菊英，《元代史》（上海：上海人民出版社，1993 年 10 月初版），第三章，页 141—142。

[5]　《金史》，卷 102，《仆散安贞传》，页 2246。

的景象[1]，粮荒极为严重，华北更是残破不堪，于是南方的宋朝成为叛乱者获取资源的希望之所寄，乃向南移动，竞相以归宋为名，寻求宋廷的支援。这时在宋金边界从事贸易的沈铎、季先等人，从中奔走联络，对宋知楚州应纯之表示山东豪杰愿意归附之意，应纯之暗中加以支持，并鼓励李全克复莒、密、青州等地。[2]及见李全等人屡战皆捷，向宋廷建议利用这批人从事恢复大业。然而主政的宰相史弥远鉴于开禧之役的失败，不敢明目张胆地招徕，只是密令应纯之等人，暗中接纳，赋予这些人“忠义军”的名号，并依武定军的例子，提供一万五千人的军粮，名为“忠义粮”。

嘉定十年（1217）十二月，金宣宗发动侵宋之军事活动，宋金战事再启，史弥远转而积极招徕归正北人，十一年（1218）一月正式接纳李全，任之为京东路总管[3]，李全遂投入南宋阵营中。

四、从归宋到降蒙：世局的变迁与角色的转化

李全归宋，成为宋金开战之后，宋朝在山东、淮海一带的重要防御力量。1217年，金兵发动南侵后，分三路南下。川陕一路于嘉定十年（1217）十二月进犯四川，由于宋将昏懦，金兵势如破竹，连破天水军、白环堡、大散关、皂郊堡，陷兴元府、洋州等地；襄汉一路，由于宋将赵方措置得宜，连破金兵；两淮一路虽是宋廷边防重区，宋军主力所在，但此时负责防守的宋将也都属阘茸之辈，守备呈现弱势，因此到嘉定十二年（1219），金兵便已深入淮南，攻

[1]《宋史》，卷476，《李全传》，页13818。

[2] 此据《宋史·李全传》，然《金史》，卷108，《侯挚传》，页2387—2388，则有不同说法。

[3]《宋史》，卷40，《宁宗本纪》，页769。

破安丰军、滁、濠、光三州，先锋直逼采石的杨林渡，建康震动。[1] 宋淮东制置使贾涉乃调遣归顺的忠义军南下驰援；陈孝忠向滁州，石珪与夏全、时青向濠州，季先、葛平、杨德广趋滁、濠，而由李全、李福兄弟腰击金兵的归路。[2] 当时金人围淮西急，于是李全自楚州与来自涟水军的季先及石珪军一起援救盱眙，三月在涡口之役与化陂湖之役均获捷[3]，使金的主力全丧，不敢再窥淮东，是保卫两淮的战役中最具决定性的战役。接着又驰兵援蕲、黄州，解除两地的危机。[4]

这时李全已隐然成了义军中的领袖。他在南归前，已取得涟水、密州、东海、莒州、青州等地，归附宋廷后又相继取海州、济州、沂州，以“宁作江淮之鬼，不为金国之臣”自誓，拒绝金宣宗的招抚，并迁其父母、兄嫂的骸骨，葬于淮南，以示决心。[5] 十二年（1219）六月，劝金元帅张林以青、莒、密、登、莱、潍、淄、滨、棣、宁海、济南等十二州归宋，表辞说：“举诸七十城之全齐，归我三百年之旧主”，恩、博、景、德至邢、洺十余州也相继请降。[6] 不久，李全又出兵援救黄州、蕲州及安庆等。这一连串争衡天下，开疆拓土之盛举，使李全在山东忠义军的声望日隆[7]，难怪金人要说：“宋人以虚名致李全，遂有山东实地。”[8] 有了这么丰硕的战果，李全

[1] 《宋史》，卷 40，《宁宗本纪》，页 772。参见黄宽重，《南宋时代抗金的义军》，页 179—180。

[2] 《宋史》，卷 403，《贾涉传》，页 12208。

[3] 《宋史》，卷 476，《李全传》，页 13820。

[4] 《宋史》，卷 403，《赵方传》，页 12206。

[5] 《宋史》，卷 40，页 773；周密，《齐东野语》卷 9，页 158，又见《宋史全文》，卷 30，页 2413。

[6] 《宋史》，卷 403，《贾涉传》，页 12209。

[7] 孙克宽，《南宋金元间的山东忠义军与李全》，《蒙古汉军与汉文化研究》（台北：文星书店发行，1958 年 10 月初版），页 11—43。

[8] 《金史》，卷 118，《苗道润传》，页 2574。

的官位遂步步高升，如嘉定十一年（1218）授武翼大夫，充京东路兵马副都总管，次年五月特授右武大夫利州观察使，九月，又特除广州观察使、左骁卫将军、京东忠义诸军都统制、楚州驻扎，十三年六月为左武卫大将军，十四年进承宣使，十五年三月进昭信军承宣使、左卫大将军、京东忠义诸军都统制、楚州驻扎，十二月封保宁军节度使、右金吾卫上将军、京东路镇抚副使。至理宗绍定三年（1232）五月授彰化保康军节度使、开府仪同三司、京东镇抚使、依旧京东忠义诸军都统制，又左右金吾卫上将军，职任仍旧。[1] 可以说自嘉定十五年（1222），李全担任京东路镇抚副使起，南宋即赋予他类似唐代藩镇的地位，使他正式成为雄霸山东、淮海的主要人物。

不过，自宋金交战以来，山东、淮海地区也同时成为宋、金、蒙三国逐鹿的主要战场，李全与绝大多数忠义军一样，夹在三国纷争之中，开始显现复杂化的倾向，个人前途成为他们政治抉择的重要考虑因素。宋朝既与金战，为了增强己方的战力或要削弱金的战力，不论是防卫或从事恢复，都要积极争取招徕这一批具举足轻重的民间武力。这时蒙古也改变政策。由于成吉思汗西征，把经略中原的责任交给木华黎，木华黎一反蒙古军往昔残暴的行径，在河朔、山东之地停止杀戮，并积极汲引据地自保的豪杰，于是山东豪强如张荣、严实等相继投蒙。[2] 南迁后的金朝在对待叛乱分子的态度上，也有很大的改变。先是受蒙古铁骑的猛攻，金的军力瓦解，朝臣为提升战力，曾建议实行封建，利用民间武力，作为救亡图存的凭

[1] 参见黄宽重，《南宋时代抗金的义军》，页 181，注 49，引李全事迹部分。

[2] 萧启庆，《元代几个汉军世家的仕宦与婚姻》，《蒙元史新研》（台北：允晨出版社，1994 年 9 月初版），页 272。

借。[1] 宋金爆发战争以来，山东群雄并起，金臣又建议招安这些叛乱分子，以免形成后患。惜未见实行。及见宋利用忠义军收复山东，金廷始改弦更张，不惜名器，于封建九公之余，对叛金的山东群雄也展开争取的工作。三国既争夺山东之地，至此又相继争取豪强。于是，处于乱世的豪杰，遂观察与利用此一形势，谋求对自己生存与发展作最有利的抉择，因此产生游移于三国之间或降或叛的现象。李全是山东、淮海一带最具实力的豪强，他的行动自不免也受到这种情势的冲击。

此时，宋廷的分化政策却造成李全对宋的离心。山东既为三国争战之地，金统治体系已告瓦解，而宋、蒙的基础尚未建立，豪强拥众据地，由于叛乱动机各异，目标不一，彼此互不相属，极易因政治依归、经济利益以及派系关系等因素，造成冲突，因此不仅无法凝聚成一股巨大的力量，反而容易在宋的挑拨或彼此利益冲突下而相互争战，如石珪之乱，李福与张林、李全与彭义斌、夏全与李福等人即曾不断火拼。宋廷虽因情势的需要，接纳他们，却不敢贸然信任这批南来的北人，况且李全等山东忠义军的声势太大，怕难于驾驭控制，于是宰相史弥远透过执行政策的淮东制置使贾涉、许国等人，从中制造矛盾、挑拨分化，并以正规军加以排挤。贾涉因滁、濠之役，分石珪、陈孝忠、夏全为两屯，李全军为五寨，又用陕西义勇法加以淘汰，使忠义军只存六万，而驻屯的正规军达七万余，形成主胜客之势，这正是“众建诸侯而少其力”策略的运用。[2] 许国继贾涉视事后，怀疑李全有不轨之图谋，“痛抑北军，有与南军

[1] 《金史》，卷 100，《完颜伯嘉传》，页 2212—2213，又见卷 118，《苗道润传》，页 2574。

[2] 《宋史》，卷 403，页 12208。

竞者，无曲直偏坐之，犒赉十裁七八”[1]，更以粮食来控制他们。如此一来，反激起他们因怨而叛，不仅使山东忠义军之间的内讧时起，纷扰扩大，造成四分五裂的局面，使淮海地区略无宁日，更进一步影响他们对宋的忠诚。

李全出身平民，因缘际会地掀起叛金投宋的活动，但和绝大多数的华北百姓一样，经过金百年的统治，由于“父子相继而世易，休养日久而分定”，自然地产生“以向之所戴宋者而戴金”的现象[2]，因此在心理上并不仇视金政权。相对地，对正朔所在的南宋政府，反而显得相当隔阂。这个时候，大抵是由于自成吉思汗南侵以来，华北百姓在战火洗劫，以及蒙古兵的滥杀无辜等一连串天灾人祸的摧残下，无以维生，才起而叛乱，基本上与中国历史上大多数的民变并无二致。他们也是在华北经济破产，面临生存与发展的困难时，才转而南向，避祸就食。宋人程珌曾精细地描述他们归宋的动机说：

> 彼其初，不过苦于北方饥馑，及畏敌人杀戮，故相率而来，丐一饱以逃生耳，岂复有长志宏略，可以角逐中原哉。[3]

这种情况，与出于敌忾同仇而叛金的心情，当然是大异其趣的，民族大义只是他们获取宋人支援信任的借口。民族意识既被求生意识所取代，其举止动向，遂以利害为归趋，因此宋人善待他们，他们可以竭尽死力，为宋效命，一旦形势有了变化，如宋人对之歧视或者金与蒙古改变政策，加以安抚、笼络，他们也可以转而投向蒙、

[1] 《宋史》，卷476，《李全传》，页13825。

[2] 张宗泰，《鲁岩所学集》（模宪堂重刊本，大华印书馆影印），卷3，“会蒙古灭金”条，页12下。

[3] 程珌，《洺水集》，卷2，《轮对札子》，“其四”，页23上、下。

金。而这一点也正是李全政治立场转变的关键。

李全在投宋之初，尚能拒绝金廷的招降，但当他接受宋朝的高官厚禄之后，已由一位反叛金政权的豪杰之士，摇身一变成为宋朝的达官，尝到权力的滋味，不仅迷恋权势，且有意发展个人的势力[1]，此时更愤于宋人的分化，遂渐萌生发展势力、专制一方的念头[2]。

嘉定十七年（1224）闰八月，宋宁宗崩逝，史弥远与杨皇后合谋矫诏拥立皇子贵诚为帝，是为理宗，而将传言不利于史弥远的皇子贵和封为济王。[3]济王未继位的事情引起时人的不满，于是湖州人潘壬、潘丙、潘甫三兄弟，心生造乱，谋结李全，将千余部众打扮成忠义军的样子，伪称李全以精兵二十万助讨史弥远擅废立之罪，起兵叛乱，引发了“湖州兵变”。李全在事变发生时，想利用此一形势，暗中与叛军互通声气，却是“然其谋而不助之力”[4]。济王案，使史弥远对李全更为切齿，表面上虽力持含忍，暗中则积极进行消灭李全的计划。[5]继贾涉分化义军成功之后，更进一步由许国出面谋害李全，李全乃遣其党徒刘庆福还师楚州，发动兵变，驱杀许国，大掠楚州。史弥远见镇压不成，为了“少宽北顾之忧”，改行安抚，由徐晞稷继任淮东制置使，以调护宋廷与李全的关系。然此举已使李全与宋之间，互生猜疑，产生离心。宝庆二年（1226）蒙古兵围攻李全于青州，消息南传，宋重行镇压之策，以刘卓接替徐晞稷。

---

[1]　李春圃、何林陶，《关于李全的评价问题》，《历史教学》，1965 年 6 月号，页 25。

[2]　李春圃、何林陶，《关于李全的评价问题》，页 23—26；赵俪生，《南宋金元之际山东淮海地区中的红袄忠义军》，《中国农民战争史论文集》（新知识出版社，1954 年），页 109—124；孙克宽，《元代汉文化之活动》（北京：中华书局，1968 年 9 月初版），页 79—81。

[3]《宋史》，卷 41，页 785—786。

[4]《宋史》，卷 476，《李全传》，页 13826。

[5]《宋史》，卷 246，《镇王竑传》，页 8737。

刘卓策动忠义军自相残杀，挑拨夏全吞并李全余众，不料李全妻杨妙真、夏全倒戈作乱，再掠楚州。宋朝一连串的镇压行动，使李全对宋大为反感，适金朝对山东忠义军的政策改变，李全遂有投金之心。金哀宗于1223年底继位后，对宋停战通好，在国内则整饬战备，安抚人心，以高官厚爵招纳叛乱豪强，安定内部，以便全力对抗蒙古。正巧宋在忠义军间制造矛盾，于是夏全、王义深、张惠、范成进等人，于1226年第二次楚州兵变后，转而投金，金即封之为郡王。次年（1227），金再以淮南王招李全[1]，这时李全的态度已不像以前那么坚决，只是说："王义深、范成进皆我部曲，而受王封，何以处我？"这句话说明他对宋的离心，民族大义已不重要，反之，官位、职权的大小是他所重视的，故宋人认为李全反状已露。[2] 然金已临垂亡之时，毫无希望，李全乃于受围一年后，向蒙古投降，蒙古先封之为山东行省，又授山东淮南行省，得专制山东，依例向蒙廷贡献金币。[3]

五、割据政权的形成与经济利益的考量

李全借依违于宋金蒙三国，发展自己的势力，而形成割据之局。李全崛起之时，宋金蒙三个政权中没有一个势力能主宰山东政局，李全因与杨妙真结合，成了红袄军的领袖，归宋后，先说服张林举山东十二州归附，又在楚州涡口之役，大败金兵，战绩彪炳，使他

[1] 《金史》，卷17，页379。

[2] 《宋史》，卷424，《黄师雍传》，页12658。

[3] 《宋史》，卷477，《李全传》，页13836，13839。又《后村先生大全集》，卷146，《忠肃陈观文神道碑》（陈韡）作宝庆三年十一月，"公言：闻李全自称山东、河南行省，部领鞑兵至山阳"（页1278）。

颇有轻视诸将之心。此后设计陷害季先，逼珪投蒙古，并有涟水军，一面卑辞结纳贾涉，设法统领扬州之兵，一面以金人来击为词，拒绝宋廷核实军额，逐步扩展自己的力量。嘉定十四年（1221），宋将邀击金兵于天长，全虽随行追袭金人，但“追之不甚力”[1]，反而在割据之地“户编为兵，人教之战”[2]，巩固其统治基础。接着一面向金表示“有归附之意”[3]，一面在嘉定十六年（1223）说服宋将丘寿迈让他统领万名帐前忠义军。湖州兵变发生时，李全想利用这个机会，欲“坐致成败”来达到实质割据的目的。济王案后，他遂发动楚州兵变，谋杀许国，威制徐晞稷，取军器战舰，开始训练水军，收编彭义斌余众，结纳时青，并以优厚条件鼓励南方士兵从行。[4]宝庆二年（1226），利用蒙古与金争夺大名的机会，从容经理山东。并于困守青州一年后，投降蒙古，以保存实力。及第二次楚州兵变发生，李全为了报复兄、妻、子被杀，向蒙古请求南归，受封山东、淮南行省，得专制山东。此时金廷谋以王爵招李全，宋也早就授予类似藩镇的镇抚副使之职。这一连串的事迹，说明李全充分利用蒙、金、宋势力在山东交替之际，扩大自己的地盘，达到割据一方的目的。

此后，李全更利用割据之地，形成叛宋之资。绍定元年（1228）起，李全在山东积极备战，大量招募南北方人民为军，收买战马、木材，厚募南匠，建造战舰。因此，宋人戴栩就说：

---

[1] 《宋史》，卷 476，《李全传》，页 13823。

[2] 于钦，《齐乘》（四库全书本），卷 5《风土》，页 295。

[3] 《金史》，卷 16，页 366，卷 102，《蒙古纲传》，页 2260。

[4] 李全以犒铜钱三倍，许携南货免税作为鼓励北行的条件，见《宋史》，卷 476，页 13830。

淮甸之孽，虽逆名未彰，而逆节已露；我之耕牛则倩客以致之，我之战马则昂价以诱之，我之林木则资以为舟筏之具。[1]

并且以乏粮为词，入平江、嘉兴买米，其目的是“习海道，觇畿甸”，又往涟水、海州视战舰[2]，并以两面的手法，应付宋、金、蒙三国，企图谋取更有利的发展空间，如一面对宋表示恭顺以争取粮食，一面又与金合纵，约以盱眙与金，寻求金的支持，以至金臣白华指出：“李全借大兵之势，要宋人供给粮饷，特一猾寇耳。”[3] 绍定三年（1230）二月，他策动楚州宋卒火烧御前军器库，谋据扬州渡江，一面以蒙古兵威作为向宋廷要挟的本钱，一面唆使宋臣张国明向宋廷说“朝廷莫若裂地王之，与增钱粮，使当边境”[4]。八月宋廷答应加李全两镇节度使，要求他释兵，李全已拥有十万精兵，有“气吞江表”之志。[5] 他羽翼既丰，叛宋意图更为明显，则说“朝廷待我如小儿，啼则与果”[6]。于是造舟招纳沿海亡命，谋南犯。当他攻打扬州，打败宋襄阳援兵时，曾狂妄地说“我不要淮上州县，渡江浮海，径至苏杭，孰能当我”[7]。终使他走向叛宋乃至自取灭亡的道路。

经济资源的取得与维护，是影响李全建立割据政权，乃至政治抉择的重要考量因素。李全虽由投宋转而投蒙，但不论降宋或降蒙，仍与金或宋维持某种程度的关系，则显然出于经济因素的考虑。可以说经济资源的取得，是李全等山东忠义军形成凝聚力甚至影响政

---

[1] 《历代名臣奏议》，卷 338，页 3 上。

[2] 《宋史》，卷 477，页 13840。

[3] 《金史》，卷 114，《白华传》，页 2504。

[4] 《宋史》，卷 477，《李全传》，页 13841。

[5] 《后村先生大全集》，卷 170，《丞相忠定郑公（清之）行状》，页 1516。

[6] 《宋史》，卷 477，页 13842。

[7] 《宋史》，卷 477，页 13846。

治抉择的重要因素。叛金武力既为求生存而南下归宋，实即着眼于粮饷的取得，因此，粮饷的补给，对忠义军叛金乃至宋与义军之间都有密切的关系。如早期宋廷设置忠义军，依武定军生券例，发放钱粮一万五千人，使得山东豪杰竞相南归，李全也“起羡心”[1]。此后粮饷更成为宋廷与李全能否维持关系及李全扩张势力的重要原因。嘉定十二年，李全劝张林降宋，宋廷除晋升他的官职外，更增放二万人钱粮。石珪降蒙以后，李全趁领石珪余党之便，侵占三千名虚额。嘉定十七年，许国代贾涉为淮东制置使后，减少北军的犒赏费，引起李全反感，乃利用济王案图杀许国，并将楚州所有积蓄尽纳入囊中。接着乘机招募士卒，恩结豪杰，利用金、蒙争夺大名府之际，北上经营山东。宝庆二年三月，蒙古兵围青州，宋臣刘剑、彭唤乃谋铲除李全在楚州的势力，然而杨妙真利诱夏全逐刘剑，楚州局势混乱。青州被围一年，粮饷俱乏，援路又绝，李全乃转而投降蒙古。此后，由于纲运不继，引发忠义军与宋廷之间的纷扰，李全的兄长李福就说：“朝廷若不养忠义，则不必建阃开幕，今建阃开幕如故，独不支忠义钱粮，是欲立制阃以困忠义也”，而逼走知楚州姚羽，进而引发山东忠义军之间激烈的争斗，李福、李全的次子及妾被杀。[2]

李全知道其兄及妾、子死讯，向蒙古大将请求南归，乃承制授任为山东、淮南行省，得专制山东，依例呈献金币给蒙廷。但山东局势混乱，财赋短缺，李全为了取得财源作为割据之资，仍对宋表示恭顺，以便获取钱粮，输献蒙古。宋则为了少宽北顾之忧仍遣饷

[1] 《宋史》，卷476，页13819。
[2] 《宋史》，卷477，页13838。

不辍，充分显示钱粮成为宋与李全维持关系的重要凭借。[1] 绍定二年，全以粮少为词，派舟至平江、嘉兴一带告籴。次年，再分兵徇通、泰趋海，以争取盐场，获盐利。后又以捕盗为名攻取盐城，取得公私盐货。[2] 接着，更以蒙古兵南侵为词，向宋要求增五千人钱粮，宋廷为了缓和淮北的压力，不断供应钱粮，以至有人说此策是“养北贼，戕淮民”[3]。

六、父死子继：割据政权的延续

绍定三年（1230）十二月，李全正式叛宋。主持南宋政局的宰相史弥远一向老谋深算，长于应变，知道消息后，为恐激起变事，犹一意弥缝，甚至打算改易李全所不喜欢的江淮帅守，以固其心。此时李全的行事作风，对许多宋臣而言，简直目无王法。王迈在绍定三年十二月，有一首题名为《郑昂叔和余问盗诗末及山东事，弟侄辈又问山东本末，再用前韵答之》的诗中说：

> 乘间蛮触衡，复有山东黠，长驱淮甸间，大纵山阳热。或屠制帅家（许国），或髡守臣发（姚羽），鱼肉我王人（苟梦玉诸人），首领春葱切，涂炭我生灵，聚落炊烟灭。嫚书揭通衢，着语太辛辣。供帐王者居，左纛将军绂，往来青齐区，健比霜天鹘。[4]

[1] 《宋史》，卷 477，页 13840。
[2] 《宋史》，卷 477，页 13841。
[3] 《宋史》，卷 477，页 13842。
[4] 王迈，《臞轩集》，卷 12，页 23 下。

参知政事郑清之与枢密袁韶等人深以为忧，向理宗力赞讨全[1]，理宗乃任命赵善湘为江淮制置大使，赵范为知扬州，赵葵知滁州、节度军马，并下诏讨伐李全，说“因馈饷之富，以啸集俦徒，挟品位之崇，以胁制官吏，陵蔑帅阃，杀逐边官，虔刘我民，输掠其众”[2]。赵范、赵葵旋即入据扬州，李全乃由泰州转攻扬州，败宋襄阳援兵万人于真州。后因攻扬州不下，部下议以筑长围久困之，于是驱部众与乡农数十万列寨围扬州等三城，绝宋军粮援。至四年正月中旬战死于扬州外之新塘。

李全死后，余众拥其妻杨妙真渡淮，投靠蒙古。董进的神道碑说“帅（李全）殁于城下，公率麾下，推其夫人杨氏，权知军务”[3]，乃率部众北上。四月，赵范、葵兄弟率诸军分道攻淮安，五月，杨妙真向蒙古帅梭鲁胡吐请兵为李全复仇，回师楚州构筑浮桥[4]，旋知势不可为，遂携子璮经涟水，转归山东。杨妙真北返时，将南宋官僚尽俘北去。[5] 宋军乘机收复扬州、淮安等李全所据诸州县。[6] 绍定六年（1233）杨妙真觐见窝阔台汗，得绍夫职“开行省山东”，而由部众董进以军帅之名，代她征戍以及乘传赴阙奏事、进贡诸物。及杨氏辞政，政事遂由其子李璮继任。[7]

李璮为全之子，小字松寿。[8] 他能继任其父的职位，与蒙古统

[1] 《后村先生大全集》，卷 170，页 1516。

[2] 《宋史》，卷 477，页 13843。

[3] 法纬堂撰，《益都金石志》（即《益都县图志》卷 26—28，石刻史料新编，第 3 辑，台北：新文丰出版公司影印，1986 年 7 月初版），卷 28，页 32 下。

[4] 《金史》，卷 114，《白华传》，页 2507—2508。

[5] 《后村先生大全集》，卷 157，《林韶州（兴宗）墓志铭》，页 1391。

[6] 《宋史》，卷 477，页 13850—13851。

[7] 同本页注 [3]。参见陈高华：《〈湛然居士文集〉中“杨行省”考》，《历史研究》2000 年第 3 期，页 45—50。

[8] 一说李璮本为宋扬州司理参军徐晞稷的儿子，送给李全为养子。周密，《齐东野语》，卷 9，页 164。

治中原的制度有关。蒙古占领中原后，凡“豪杰之来归者，或因其旧而命官，若行省、领省、大元帅、副元帅之属者也，或以上旨命之，或诸王大臣总兵政者承制以命之，若郡县兵民赋税之事，外诸侯亦得自辟用，盖随事创立，未有定制”[1]。这些汉军世侯，向蒙古统治者提供官员、赋税，而在统领之地代理蒙古行使治权，他们多是父死子继，专制一方，爵人命官，生杀予夺，皆由己出，李璮和其他汉军将领，如真定的史天泽、满城的张柔、威宁的刘黑马（伯林子）、东平的严实、济南的张荣等，同样都是蒙古在华北横据州县、影响甚巨的所谓“世侯”[2]。李璮既继承其父在山东的一切职权，其防地又接近宋境，蒙古为了对宋作战的方便，改任他为山东淮南等路行省[3]，因此拥有相当大的权限，成为一个半独立的羁縻区。不过，从蒙古封汉军世侯为万户的情形看来，或许由于李全父子不像张柔、史天泽、刘黑马、严实、张荣、董文炳等人实际参与伐金、伐宋的军事行动，而不被列为蒙古的汉军世侯，然而其他条件都与汉军世侯一样，如1236年以后蒙古太宗命探马赤军分镇汉地时，也将其军驻在李璮所辖的益都，并置达鲁花赤监督其行政。[4] 李璮也须向蒙古朝廷纳一质子，并与其辖地所属投下主相互结纳，甚至联姻，他虽无封建之名，仍具封建之实，世代兼统军民。

李璮继续李全的职权后，仍执行维护割据利益的政策。端平元年（1234）宋与蒙古联兵灭金。此时，刚亲理政务的宋理宗，在丞

[1] 苏天爵，《元文类》（台北：世界书局影印本，1962年2月初版），卷40，《经世大典序录、官制》，页7。

[2] 周良霄、顾菊英，《元代史》，页206。

[3] 宋宪章等修，《牟平县志》（台北：成文出版社影印，1968年3月初版），卷9，页85。

[4] 萧启庆，《蒙元史新研》，页278。

相郑清之及敉平李全有功的赵范、赵葵兄弟等人的怂恿下，不顾群臣的反对，竟谋利用蒙古军北撤的机会，兴兵入洛，收复三京，不幸战败，遂使宋蒙之间由和转战，双方关系发生巨变。蒙古太宗窝阔台为了报复，于端平三年（1236）遣皇子阔端和曲出帅师攻宋，宋蒙战争全面爆发。蒙古东路元帅大赤率万户张柔等攻拔淮河以北，次年攻淮东，破六合，围滁州等地。两淮是最接近南宋都城临安的边防地区，也是拱卫腹心的脊梁，南宋政府乃竭力经营、防卫两淮，在宋将陈韡调兵遣将、积极应战下，终于遏止住了蒙军的攻势，成为宋蒙三大战场中防御最成功、损失最小的地区[1]，此后在蒙古多次侵宋的行动中，在两淮的军事行动，同样受到宋军强力抵抗，而难以成功。不过，蒙古的两淮战事一直都是由汉军世侯张柔[2]负责的。相对地盘踞山东、淮海的李璮却很少参与蒙古侵宋的行动（见下文“七”）。

李璮不仅未参与对宋战争，反与宋互市，以获取经济利益。他为维护自己的利益，在所控制的山东、淮海地区，与宋互市。李曾伯指出，“近年鞑与中国交兵，严贸易之禁，始于边州守将博易马匹，继之药物钱货，私相交关。臣在淮时，已亲其事，然其交犹有场，其来犹有限，未至如近日淮边之皆可自为也”，“淮去北境，止隔一河，北客率是赍已货越吾土以求鬻于我”[3]。这种边境互市显然是在李璮的辖境内进行的。马是互市之一端，张宏在检举李璮的逆迹时说：“又如市马诸路，无论军民概属括买，独不及益都，而璮方散

[1] 胡昭曦主编，《宋蒙（元）关系史》，第二章，《蒙古进攻南宋，宋蒙正面对峙》，页117—118。

[2] 胡昭曦主编，《宋蒙（元）关系史》，页116—119，页132—140。

[3] 《历代名臣奏议》，卷338，页12上。

遣其徒于别境，高其直以市马。”[1] 这些马有的从事战备，也有则卖给宋人，从中获取利益。[2] 此外还自用货币及卖盐。中统钞是忽必烈时，由谋官与平章政事王文统等议定实施的，当时由于发行量不多，且以充分准备金来支持钞票的信用，由各路备足银两至中书兑换，领回本路转发商民使用，并且使各路赋税各司悉收交钞，俾增加流通数量[3]，然而，“唯璮用涟州会子，所领中统钞，顾于臣（张宏）境贸易，商人买盐而钞不见售。又山东盐课之额，以中统钞计为三千五百锭，近年互为欺诳，省为二千五百锭，余悉自盗”[4]。在李璮积极经营下，山东地区拥有相当优越的经济利益，其情况正如王恽所称，“颛征擅权，奄殿全齐，励阶泗涟，煮盐凋海，铲铜夷山，地险物众”[5]。

此外，他又积极地拉拢士人，其中最有名的就是王磐与王文统。王磐是李璮敬重的学者，遂以厚礼，延聘他到益都。[6] 王文统与李璮的关系则更为亲切。文统是山东益都府人[7]，少时读权谋书，好以言撼人，遍干诸侯无所遇，往见璮，璮对他极为激赏，即邀留幕府为参谋，又请他教导其子彦简，文统随以女妻璮，双方缔成姻亲，“由是军旅之事，咸与之决，岁上边功，虚张敌势，以固其位，用官物树私恩，取宋涟、海二郡，皆文统谋也”[8]，成了李璮最重要的智

[1] 苏天爵，《元文类》，卷 50，《张济南路大都督张公（宏）行状》，页 17 上。

[2] 《元史》，卷 129，《唆都传》，页 3150。

[3] 陈学霖，《王文统“谋反”事件与元初政局》，《第二届汉学会议论文集》（“中研院”第二届汉学会议论文集编辑委员会，1989 年 6 月初版），页 1139。

[4] 苏天爵，《元文类》，卷 50，《张济南路大都督张公（宏）行状》，页 17 上。

[5] 王恽，《秋涧先生大全集》（台北：新文丰出版公司影印明刊修补本，1985 年 4 月初版）卷 1，《中统神武颂》，页 1 下。

[6] 《元史》卷 160，《王磐传》，页 3752。

[7] 《元史》，卷 206，《王文统传》，页 4594。另一说为大定府人，参见陈学霖，《王文统“谋反”事件与元初政局》，《第二届汉学会议论文集》，页 1132—1133。

[8] 《元史》，卷 206，《王文统传》，页 4594。

囊。1259年后，因刘秉忠、张易的推荐，廉希宪、商挺等支持，获忽必烈延揽为中书省平章政事。[1] 王文统转官中枢后，使李璮更清楚蒙廷的施政。

七、从割据到叛变

李璮在巩固基业、争取经济利益及拉拢士人之余，更展现出扩张势力的意图。首先是挟敌国以要挟朝廷，李璮一方面积极训练士兵，长期拥有五至七万的精兵，以致蒙廷认为他所教练的益都士卒“勇悍难制”[2]，修筑益州城，及在海州造船，以高价招募南方的水手。[3] 另一方面则在宋蒙议和时，遣将益兵渡淮，袭击宋人，以破坏双方关系（见下文），并声言南宋又在涟水设置军队，意图使蒙廷令所有在淮边的汉军及蒙古兵，都归他节制。[4] 因此，他专制山东三十年，所作所为，被认为是“皆恫疑虚喝，挟敌国以要朝廷，而自为完缮益兵计”[5]。其次是透过王文统的关系，屡与中原汉军世侯互通声气，以壮大声势，根据大陆学者周良霄教授发现明人祝允明《前闻记》所录《李郡王山东事迹》的记载，显示璮在起事前，曾与史天泽、严忠济有所联络[6]，又以马蹄金私馈另一汉军将领张荣[7]，并且娶益都投下主——成吉思汗幼弟铁木哥斡赤斤之孙塔察儿国王的

[1] 陈学霖，《王文统“谋反”事件与元初政局》，《第二届汉学会议论文集》，页1134。

[2] 《元史》，卷156，《张弘范传》，页3680。

[3] 《许国公奏议》，卷3，页56下。

[4] 《元史》，卷206，《李璮传》，页4592。

[5] 《元史》，卷206，《李璮传》，页4593。

[6] 周良霄，《李璮之乱与元初政治》，《元史及北方民族史研究集刊》，1980年4期，页6—13。

[7] 《元史》，卷150，《张荣传》，页3558。

妹妹为妻，双方建立姻亲关系[1]，又有一个儿子充当平州总管，广泛扩张其人际网络。

更重要的是他极力回避参与蒙古的侵宋战争，以图保存实力。自宋蒙爆发战争以来，李璮只有在1252年（淳祐十二年，宪宗二年）、1253年三月、1255年（宝祐三年）与1258年（宝祐六年）前后四次攻击海州。[2] 到1258年四月，蒙哥诏征李璮之兵南侵，他为避免削弱自己的实力，以益都是南北要冲，兵不可撤为借口，拒不派兵从征四川。蒙哥乃改派李璮从山东南下，进攻南宋东海一线，他乃成为蒙古南侵的五路军帅之一（蒙哥、忽必烈、兀良哈台、塔察儿、李璮），但主要目标在牵制宋军的兵力，以掩护蒙军对四川、京湖的进攻。[3] 于是璮挥兵南下，很快地攻下涟水，一度造成淮扬大震，旋即改攻通、泰二州，一度占领东海。不过他出兵本是为应付蒙哥汗，因此在达到目的后，很快地退回山东，巩固自己的防地。此一行动，使两淮的宋军主力，可以调往长江上游增援。[4]

1260年（景定元年，中统元年），蒙廷任命李璮为江淮大都督。当时忽必烈派郝经出使南宋，李璮为阻挠和议之进行，致书劝郝经勿入宋，并派兵入侵宋的淮安州境，接着以宋兵谋进攻胶西、益都为辞，要求蒙廷助他整修城池，先事防备，及让他挑选将领、增援军队，以便争取机先。这一建议并未为蒙廷所接受。[5] 而李璮的行径也早为蒙古朝廷所洞悉，粘合南合在开庆元年（1259）就忧心地向忽必烈指出，“李璮承国厚恩，坐制一方，然其人多诈，叛无日

[1] 萧启庆，《蒙元史新研》，页280。

[2] 见李天鸣，《宋元战史》，第三章，见页745、812、841—845。

[3] 胡昭曦，《宋蒙（元）关系史》，页234。

[4] 李天鸣，《宋元战史》，页812。

[5] 李天鸣，《宋元战史》，页843—845。

矣”[1]，济南府万户张荣更于1261年向忽必烈指出李璮在益都筑坚城、储粮，坐拥精兵五至七万人，不听朝廷号令，而拥兵自重，且袭击宋境来破坏和议，收买马匹，独占盐利，不使用中统钞，自行使用涟州会子等违法乱纪的做法，建议召唤他随军征讨西北，或另立都督以分散其力，并免王文统之职[2]，深切地指出李璮以割据之地独占经济利益，专制一方，甚至谋求发展之用心。这些指控虽然未见蒙廷具体反应，却已充分显现李璮对元朝政府确是一个不可忽视的潜在威胁。[3]

忽必烈即位后，为有效控制汉地并免除汉军世侯尾大不掉的现象，力图以汉法治理汉地，以达到强化朝廷统治之效，对汉军世侯坐拥大权、雄霸一方的局面，当然必须设法加以压抑，因此于1260年（中统元年）五月，设立十路宣抚司，以监视所有的万户[4]，并且先对一向“强横专制”辖有东平路的严氏开刀，于1261年五月，罢严忠济之职，改命其弟忠范代理。[5]忽必烈这一压制汉军世侯的举措，不免使意图壮大声势、拥兵自立的李璮有唇亡齿寒之感。而李璮割据一方、锐意经营的情形，忽必烈虽早有耳闻，然而，当时内则阿里不哥叛乱未平，对外与宋的关系亦未确定，当内外交迫之际，对他的种种意图只好视而不见，反而以厚赏来维系关系。

1261年末，忽必烈与阿里不哥鏖战，胜负难分之际，李璮决定乘机叛乱。次年正月，李璮透过私设的驿道接回在京城当质子的儿

[1]《元史》，卷146，《粘合重山传》，附《粘合南合传》，页3466。

[2] 苏天爵，《元文类》，卷50，页16下—17下。

[3] 周良霄、顾菊英著，《元代史》，页269。

[4] 唐长孺、李涵，《金元之际汉地七万户》，《文史》，第11辑（1981年3月），页136—137。参见萧启庆，《蒙元史新研》，页281。

[5] 萧启庆，《蒙元史新研》，页281。

子彦简后，遂于二月三日在涟水杀害忠于蒙古的驻军，举兵叛蒙，并将涟水、海州等城献给宋朝，请求宋军配合支援。先是李璮向宋传递投降的信息时，宋理宗曾怀疑地说“逆雏（指璮）一再纳款，情伪难明，不可苟目前之小安，贻他日之大患”而力持慎重。[1] 二月一日贾似道还认为如果李璮能归还涟水、海州，才能相信。因此当李璮献城归降后，宋廷于二十四日正式任命他为保信、宁武军节度使，督视京东、河北等路军马齐郡王，赐给镀金银印及金带、绣花朝服、鞍马等物，并恢复李全官爵。[2] 为配合李璮叛蒙的行动，宋廷也向北发动攻势，二十七日攻滕州，三月，夏贵攻符离、蕲县，分兵攻徐、邳、亳州，进兵沧州、滨州境内。[3] 扬州都统赵马儿也曾率援兵至登、莱州，滞留数月，不得进而还。[4] 六月四日，宋廷得知李璮被围于济南，特支银五万两，犒赏其军，并派将领青阳梦炎往济南救援。[5]

其实，李璮虽叛蒙，却未必真心投宋，献涟、海等城旨在取得宋廷的信任，避免腹背受敌，以便专心对付蒙古。他是企图趁忽必烈与阿里不哥争战不休、无力南顾之际，谋联合其他汉军世侯的力量，扩大战果，因此，不仅没有与宋廷进一步取得联络，使双方采取一致的行动，反而立即发兵北上攻济南，进而传檄山东、河北，号召地方汉人，共同抗蒙。二月二十六日占领济南城。[6]

忽必烈得知李璮叛讯后，即于二月十七日下诏讨伐，二十日命

[1] 《宋史全文》，卷 36，页 42 上。

[2] 《宋史全文》，页 43 下。

[3] 李天鸣，《宋元战史》，页 870。

[4] 周密，《癸辛杂识》（北京：中华书局点校本，1988 年 1 月初版），续集上，《海神擎日》，页 123。

[5] 李天鸣，《宋元战史》，页 870—871。

[6] 李天鸣，《宋元战史》，页 866。

亲王哈必赤为讨伐总指挥，以不只爱不干及赵璧为山东行中书省事，杀王文统。不久阿里不哥放弃和林，转而西征背叛他的阿鲁忽。这一来，解除了忽必烈来自北方的压力，使他能顺利调动兵力，全力来对付李璮的叛乱。[1] 命万户史枢、阿术率兵，败李璮兵于老鸹口，迫使他退守济南城。四月一日蒙古兵立木栅，挖壕堑，包围济南城。接着又派右相史天泽往济南，负责节度诸将，统一调度指挥。史天泽认为李璮“多谲而兵精，不宜力角，当以岁月毙之”[2]，乃筑城围困济南。久之，城中乏粮，人情溃散。七月二十日蒙古军攻入城内，李璮见大势已去，图投大明湖自尽。不死，被俘获。史天泽以宜即诛之，以安人心为由，在军前将李璮处死。

宋廷获知李璮败死消息后，追封他为太师，并赐给他庙号“显忠”[3]。蒙军在平定李璮乱事后，随即向宋展开反击，很快地恢复他叛乱期间宋所攻占的土地，唯涟水、海州、东海三地仍在宋军占领之下。[4]

李璮乱事平定之后，忽必烈对华北的统治政策有巨大的改变，其中最重要的转变是加速对地方政治改革，彻底解决汉人封建世侯的割据，以建立稳固的中央集权制政权。从此以后，汉军世家遂由世侯转变为中央集权制度下的官僚家庭。[5]

---

[1] 周良霄、顾菊英，《元代史》，页 269。

[2] 《元史》，卷 155，《史天泽传》，页 3660。

[3] 《宋史全文》，卷 36，页 44 上。

[4] 李天鸣，《宋元战史》，页 873—874。

[5] 萧启庆，《蒙元史新研》，页 281—282；陈学霖，《王文统“谋反”事件与元初政局》，《第二届汉学会议论文集》，页 1146—1147；孙克宽，《元初李璮事变的分析》，《蒙古汉军及汉文化研究》，页 61—63；周良霄，《李璮之乱与元初政治》，《元史及北方民族史研究集刊》，1980 年 4 期，页 6—13。

八、结语

李全崛起的历程，正是民间自卫武力领袖人物在乱世中兴起的轨迹。李全是农民出身，在宋金边境上从事商业活动，为人豪爽任侠，长于领导统御。这样的人物，在承平时期，顶多是以商致富，或成为武断乡曲的豪强之士而已，很难在历史上留下雪泥鸿爪。然而，当蒙古金戈铁骑侵入华北，金政权解体，社会秩序崩溃之际，李全以他的阅历，充分观察环境的变化并加以掌握而转换其向背，以英勇豪迈之个性，顺势领导群众，掀起叛金活动，甚至在乱势燎原的山东，整合各据一方的地方势力，壮大声势，成为乱世中雄霸一方的英雄人物。

此时，山东残破，地方自卫武力为了解决生计的难题，转向富庶的南方寻求经济支援。而宋廷为了增强战力以及号召中原人心，不仅接纳他们，甚至以优厚钱粮，鼓励他们北上从事争衡天下的壮举。于是，李全不仅获得高官与厚赏，更得以北上争衡天下，扩大自己的声势。经过不断的征伐与火拼，李全俨然成为山东地区宋、金、蒙三国之外最具影响力的英雄人物。

随着时势的变化，宋、金、蒙三国都在山东积极争取各据一方的豪强势力，来扩大自己的势力。此时，由于李全介入宋宁宗死后的皇位继承纷争，引发宰相史弥远的不满，策动消灭他的计划，使得原本民族意识薄弱的李全对宋离心，乃发动楚州兵变。他与宋廷的关系既渐行渐远，乃转而投向蒙古，最后丧命扬州。

李全在崛起之后，虽专制一方，以谋自立局面，然而，仍与宋维持若即若离的关系，非至最后关头，绝不反目相向，实基于经济因素的考虑。为了取得经济资源，李全除了积极开展财源，也利用两面手法，假宋以疑蒙古，以蒙古要挟宋廷，挟持两端，以取厚利。然而，随着野心的扩大，与宋的关系更趋紧张，终至左支右绌，造成双方反目，竟致以归宋始而以叛宋终的下场。

李全死后，其子李璮继承遗业，在蒙古初期对汉军世侯放任的政策下，继续其割据自雄的事业。他为维护自身的利益，一面从事造船，与宋维持榷场贸易，以厚植经济实力；一面则尽量规避参与蒙古侵宋的军事动员与行动，在谋士王文统等人的筹划下，积极拉拢其他汉军世侯，并与蒙古皇族联姻，借宋、蒙间的矛盾，训练精兵，整饬战备，以扩大自己的势力。种种迹象显示，李璮的所作所为，是蒙古统一大业的一大障碍。忽必烈即位以后，既谋以汉法统治中原，集权中央，认为李璮割据一方、谋求独立发展的做法，与帝国统一之道相违，必欲予以遏止。双方的冲突既势所难免，于是，李璮借阿里不哥乱事未平之际，掀起投宋的叛蒙军事行动。李璮的政治转向，目的在获取宋的支援与避免腹背受敌，明显是在维护个人生存与发展的利益，既非真心降宋，亦与民族意识相去甚远；故虽号称举城归宋，却未待进一步联系、结合，即挥兵北上。不料，忽必烈动员汉、蒙军队，强力压制，很快地敉平乱事，结束了李全、李璮父子在山东近六十年的割据局面，也改变了蒙古在中原的统治方式。

第八章　山城与水寨的防御功能

——以南宋、高丽抗御蒙古的经验为例

一、前言

十二世纪，蒙古所发动的战争是一场世界性的战争。成吉思汗（1162—1227）统一蒙古之后，接着就像一阵阵凛冽的狂风，以空前的速度横扫欧亚大陆，铁骑所向，无不披靡。不过，蒙古对宋及高丽发动的战争，却遭到极大的抗拒。宋朝国力虽弱，仍能于与金对峙百余年后，抵抗蒙古四十五年（1234—1279），高丽也坚持了二十七年才臣服于蒙古，是当时两个抗御蒙古骑兵相当成功的国家。

凭借江河之险及利用山城为防御，是宋与高丽能持久抗蒙的要素。余玠（1198—1253）在四川建立以钓鱼城（四川合川县）为中心的山城防御体系，迫使蒙古改变战略，延长宋朝国祚。高丽则以徙都江华岛（今仁川广域市江华郡），及徙各地百姓入保山城岛屿的策略，避免直接受敌的危险，达成以空间换取时间的目的。这种以山城、水寨为防卫据点的战略，是民间自卫武力发展的重要形态，

也是火药大规模投入战场之前，农耕民族防御游牧民族进犯的有效方法，更是十三世纪中韩历史上难得的共同经验。

本文以十三世纪宋、丽两国对抗蒙古侵犯时，利用山城防御的共同经验为例，从山城防御的形式与规模了解民间自卫武力据守山城、水寨的方式、效用，并检讨两国防御策略与山城功能。其中，主要特别着眼于南宋的四川山城防御体系，而辅以高丽移都江华岛抗蒙策略的讨论。

二、中韩山城防御史简述

中韩两国地理形势差异很大，城郭的形式也随之不同，韩国典籍《华城城役仪轨》一书曾指出中国的城多建于平地，以野城为主，韩国的城多建于险峻之地，故多山城。[1] 从历史发展和实际情况看来，野城和山城之别，确是中韩城郭的差异处。

通都大邑的野城诚然是中国军事防御的主体，然而却不能因而忽视山城在军事防御上的功能及对中国历史发展的重要性。当中国内乱外患频繁之际，各地百姓多避居山城、水寨，以确保生命财产，甚至于形成自卫武力，据守险要以拒敌寇。官府则结合地方武力，进一步增强山城的防御设施，作为抗御外侮的据点，成为大城市的前锋或后卫。

（一）中国山城的发展

秦汉以前，中国是否有防御性的山城，目前尚无法从考古发掘与文献得到印证。有记载可稽的，首见于王莽（公元前45—公元23年）

[1] 《华城城役仪轨》（水原文化财保全会影印，1965年），卷首，《图说》，页15。

天凤年间（14—19）。当时各地盗贼纷起，豪族大姓相继构筑坞堡营壁以自保，成为社会解体之际一股安定的力量。此外，汉朝为防范西、北的边患，也曾在边塞上营建坞堡，作为防御及瞭望的据点。汉光武帝（25—57）就多次派大将在凉州（甘肃）及沿边郡县建坞堡。后来，羌患从边境蔓延到汉朝境内，内地也出现不少坞堡。[1]

东汉末年，黄巾之乱起，战乱不绝，中央政府的权威扫地，社会秩序大坏。豪右大族为保护自身及亲族的生命财富，联合成自卫武力，据守堡寨，形成各据险阻的割据势力。如田畴拥有五千余家的部众，保守徐无山（今河北玉田县），俨然是一独立的小王国。“五胡（匈奴、鲜卑、氐、羌、羯）”期间，关东与关中地区的大家族，面对猖獗的盗贼、剽掠的胡骑，为了自存，遂在山峦起伏、河流环绕，形势险要的地方，建造堡寨。当东晋（317—420）与石赵（319—351）、苻秦（357—385）、慕容燕相持于长安时，山西出现三百余垒壁，冀州（今河北）也有百余堡壁。这些坞堡发挥了遏阻敌患、据险自保的效果，迫使“五胡”君长不得不停止攻击，改采妥协政策，以稳定其统治局面。[2] 唐安史之乱（755—763）以后，中国内乱不断，百姓为了自保，纷纷组织以“土团”“山棚”为名的自卫武力，入据山寨以抗贼。及黄巢乱起（875—884），唐廷命令乡村各置兵器备盗。不少土团和乡民更在政府号召下，参与讨贼平乱的行动，建了不少战功。

宋代是地方武力与山水寨纳入国防战略体系的关键时期。北宋以来，外患接踵而至，正规军战力不足，宋廷乃积极组织训练民间

[1] 金发根，《坞堡溯源及两汉的坞堡》，“中研院”《历史语言研究所集刊》，第37本上册（1967年3月），页201—220。

[2] 金发根，《永嘉乱后的北方豪族》（台北：学术著作奖助会出版，1964年），页32—33；赵克尧，《论魏晋南北朝的坞堡》，《历史研究》，1980年6期，页82。

武力，以增强防卫力量，陕西弓箭社的成立和保甲法的实施，都是以民间武力填补国防防御空间的显例。及女真入侵，各地百姓相继躲进山水寨，建立抗金的据点。这些抗金武力，对初成立的金朝（1115—1234）是一大挑战。[1] 宋廷鉴于地方武力及山水寨颇能发挥战力，鼓励并组织沿边自卫武力，据险抗金，因之，义军和忠义巡社相继以山水寨为据点，袭击金兵，对巩固宋攻权，颇有成效。

宋代经济发达，城市的结构也强化其经济社会功能。不过，由于强敌压境，因此筑城时也注意加强城的防御性功能，如城墙由夯土、石头改用砖块，并增建瓮城、马面，以强固城的防御效果。[2] 然而，随着游牧民族掠夺性的军事行动及战争规模的扩大，时间拉长，一般的城市，如果没有粮食供应或生产的条件相配合，而仅增强防御设施，仍难以持久作战。开禧二、三年间（1206—1207），金兵入犯，襄阳、德安二城虽能有效地阻止金兵，但到嘉定十四年（1221），宋人防守蕲州城却告失败。[3] 虽然守城成败的因素很多，却显示通都大邑的城市，仍有防守上的缺失。为了增强防御力量，宋廷除了将自卫武力纳入国防体系外，也吸取地方武力据守山水寨持久御敌的经验。在营建大城的同时，也在边境地形险峻处广设山水寨，或增强原有山水寨的防御设施，并联结大城与山水寨成为一个防御网，战时迁移军民与行政机关于山城，使耕战合一、军民一体，据险而守，达成持久作战的目的。宋金、宋蒙对峙期间，宋廷曾在两淮、荆襄、四川等地，运用此一防御策略抵御敌人。其中成

---

[1] 黄宽重，《南宋时代抗金的义军》，页 111—118；黄宽重，《从坞堡到山水寨——地方自卫武力》，收入《南宋史研究集》，页 348。

[2] 黄宽重，《宋代城郭的防御设施及材料》，收入《南宋军政与文献探索》，页 183—224。

[3] 参见本书第六章，《茶商武力的发展与演变》。

绩最辉煌的，就是余玠在四川所建立的山城防御体系。

（二）韩国山城防御简述

山城对韩国历史的发展具有重要意义，《李朝实录》中有一句话说："我国自三国以至高丽之季，外患相寻，干戈靡烂，而犹能支撑保守者，只有山城之利"[1]，最能说明山城防御在韩国史上的重要性。现存韩国史籍如《三国史记》《高丽史》中许多记载，都能反映韩国于统一或分裂时期，山城在防御内乱外患上的贡献。以分裂时期的境内战争而言，三国时代，新罗（公元前57—公元935年）、百济、高句丽之间经常爆发战争，在险要之地筑城，成为各国保疆卫土，甚至扩展疆域的重要现象，山城防御的成效影响战争的成败。[2]如新罗于慈悲王十三年（470），在今报恩县（忠清北道报恩郡）东五里的险峻山岭上，兴建了一座山城，筑城费时三年，故名三年山城。此城高18尺，周长3699尺，垒石而成，内有五井。照知王八年（486），曾经改建。这座山城是新罗防范来自西边的敌患，以及推动北进政策的重要据点。[3]李朝名臣柳成龙（1542—1607）综合韩国历史发展经验，认为山城是变乱时社会的安定力量，他说："臣尝观国史，凡有兵乱，必修葺山城，聚民入保，积粟其中，以为据守之计。故虽寇贼充斥，而一道中，尚多完全之邑"[4]，说明了防御在韩国历史上的重要性。

---

[1] 《李朝实录》[东京：学习院东洋文化研究所，1953年（昭和28年）]，第27册，《宣祖实录》，卷46，二十六年十二月壬子条，引备边司奏文。

[2] 沈奉谨，《新罗城之筑城手法二例》，《百济研究》（大田：忠南大学校），第19辑（1989年），页169—190。

[3] 成周铎，《新罗三年山城研究》，《百济研究》，第7辑（1976年），页131—160。城墙宽度不知。

[4] 柳成龙，《惩毖录》（汉城：大洋书局，1973年），卷27，《辰巳录》，壬辰九月十四日条。

从韩国的史实中，也能印证山城防御的功能。这类的记载极多，此处仅举二例。汉光武帝建武四年（28），汉辽东太守率兵征高句丽，高句丽太武神王（18—44）召集朝臣商议战守大计，右辅松屋句建议凭险出奇，左辅乙豆智也认为汉兵猛锐不可当，应闭城自守，等汉兵疲惫，再行出击。二人意见一致，国王从其议，率众守那岩城。汉军原以为城中无水，可以包围的策略，逼高句丽投降，不意久攻不下。不过，高句丽久守疲困，势难再支持，豆智乃建议国王取池中鲤鱼，包以水草，送给汉军，表示城中尚有粮饷，可以久守。王依计而行，汉军见鲤鱼，知道城中有水，只好悻然撤兵。[1]

隋唐两代多次征高句丽，都受阻于山水之险，无功而退。像今龙冈县（今朝鲜平安南道龙冈郡）的黄龙山城，高险无比，城墙为石筑，长一万二千余尺，内有泉水、军仓，此城曾阻遏唐太宗（598—649）亲率的军队。[2] 高句丽以坚壁清野配合山城防御，使唐军不得寸进。贞观二十一年（647），太宗谋再伐高句丽，朝臣认为“高丽依山为城，攻之不可猝拔”，建议改以偏师轮番骚扰，使其清野政策失败，可以不战而迫其屈服。[3] 太宗从其议，改变战略，终于扭转了对高句丽战争的颓势。

[1]　金富轼，《三国史记》（乙酉文化社，1977 年），卷 14，《高句丽本纪二》，页 139。

[2]　李荇等，《新增东国舆地胜览》（汉城：朝鲜史学会，1929 年），卷 52，页 5 上。

[3]　范祖禹，《唐鉴》（商务印书馆，国学基本丛书），卷 6，页 51。司马光，《资治通鉴》，卷 198，《唐纪十四》，页 6245。

三、宋蒙战争与四川山城防御体系

（一）孟珙守蜀

宋理宗端平元年（1234），宋朝恢复洛阳的军事行动，结束了宋蒙间短暂的和平关系，次年，蒙古太宗（1181—1241）分兵三路攻宋，三年，皇子阔端再分兵攻蜀，宋军失利，各地沦陷，四川面临百年来所未有的巨祸。嘉熙三年（1239），宋廷调任孟珙（1195—1246）负责四川防务。

四川一直是南宋重要的边防区域。南宋建都江南，四川雄踞长江上游，成为南宋的后门，而金、蒙经常窥伺，因此，自南宋成立以来，就注重四川的守备，赋予领导者极大的军政大权，并强化四川边防。在边防线上，选定武休关（陕西留坝县）、仙人关（陕西凤县）和七方关三个重要关隘，驻扎重兵防扼金兵，另外设阶州、成州、西和州、凤州和天水军等五个州军，作为外围防线。宋朝在三关五州长期驻守十万大兵，相对的，对内郡的防备部署则显得相当脆弱。后来，受到宋金战略改变及吴曦叛变的影响，四川边防军力逐渐减弱，到端平二年（1235），只剩三万多名军队。此时，进犯的蒙古骑兵，很快攻陷三关五州，并冲破边防重地沔州（陕西南郑县）。[1] 南宋长期经营三关五州的边防线，至此崩溃。

孟珙在四川残破之后，推动边防及兴复大计。孟珙是晚宋抗御金、蒙的名将，受命守蜀后，鉴于宋蒙战争无法避免，乃重新调整

[1] 陈世松，《蒙古入蜀初探》，收入《元史论丛》（北京：中华书局，1983 年），第 2 辑，页 175—188。

边防策略；改变百余年来将四川作为单一防区的传统，把四川纳入整个边防体系里。他于嘉熙三年（1239）向理宗条陈的备御策略中，建议设立三层防御网，将整个长江上游变成强固的防卫体，并且从西、南两个方面补强长江防务，以扭转以往只重北面边防的缺失。他上任以后，积极推动此一边防架构——除了增强川东地区的防备力量外，更进行三项与尔后兴复四川及巩固边防密切相关的策略：一是确定重庆的边防地位。自蒙古兵入侵以来，成都毁破，孟珙乃命彭大雅复建重庆城，使之与东川的合州、泸州（四川合江县）、嘉定等地，互为掎角，并将制置使移驻于此，使重庆成为晚宋四川抗蒙的中枢。二是屯田储粮。四川久战乏粮，除了宋廷支援外，孟珙也设法自力更生。他将1228年在湖北枣阳推行成效良好的屯田办法，行于川东，开垦了十万顷土地，遂能以所获的十万石屯田米，资助继任者余玠，为余玠守蜀奠下初基。[1] 三是兴建山城。孟珙早就体认山城防御的重要，认为不择险要立寨栅，则难责兵以卫民。[2] 任职四川期间，除重建重庆和夔州城外，也筑了不少山城，如泸州合江的榕山城（四川合口县*）、江安（四川泸县）三江碛城、合江安乐山城（四川泸县）、梁山赤牛城及合州钓鱼城（四川合川县）等，淳祐二年（1242）更移夔州治于白帝城（四川奉节县）。[3] 以上三项措施，大大地增强四川的防备战力。淳祐二年，湖北襄樊情势紧张，宋廷调孟珙守京湖，改命余玠继任蜀帅，四川防御策略大变。

[1] 黄宽重，《孟珙与四川》，收入《南宋军政与文献探索》，页163—182。
[2] 《宋史》，卷412，《孟珙传》，页12378。
* 疑为“合江县”之误。——编者注
[3] 陈世松，《余玠传》（重庆：重庆出版社，1982年），页52—53。

（二）余玠推动山城防御体系

余玠莅任后，在孟珙既有规模上发扬光大，因此，成就非常可观。关于余玠传奇的一生及守蜀事迹，不少专论均有阐述，此处不拟赘述。[1] 不过，他一生事业中最值得称颂的是奠定宋在四川长期抗蒙的重要基础——建立山城防御体系。

山城的防御体系，是余玠采纳少数民族冉琎、冉璞兄弟的意见而着手推动的。冉氏兄弟之前，蜀人吴昌裔（1183—1240）和李鸣复都曾从历史的经验和战争现况，向宋廷指出恃险筑城，对四川守备的重要性。冉氏兄弟则就战略观点，提出更开创性、全面性的守蜀方案，认为应将合州的钓鱼城作为全蜀防御要点。合州上通三江（嘉陵江、涪江、渠江，皆注入长江），是重庆的天然屏障，当重庆成为全川指挥中心时，合州已然居于全蜀防御的枢纽地位。邻近合州的钓鱼山，位于三江交汇围绕的半岛上，地势险要，适宜长期恃险据守，况且蜀人已有结寨自保、筑城及移州县治于山城的经验。余玠衡量宋蒙战力，认为山城防御为守蜀要计，遂结合旧有经验与时人智慧，规划全川防御体系，展开大规模兴筑山城的活动。余玠帅蜀期间，前后修建或扩建了二十座山城。这些山城在战略上具有下列特点：一、各城寨多位于险崖峭壁上，易守难攻，山顶有数百亩至数十方里的耕地，且富天然泉水，可容纳众多军民，长期驻守。二、山城多傍依江河，或居数江交汇处，不仅可以隔限骑兵，更能借水路发挥舟楫之利，对外联络。三、山城多邻近通都大邑，战时可以迅速移治州郡，使军政指挥系统不致中断，并且让主城与山城

---

[1] 姚从吾，《余玠评传》，收入《宋史研究集》（1979 年），第 4 辑，页 95—158。陈世松，《余玠传》。

构成互为掎角之势。这种战略部署，既能限制骑兵的聚集运动和攻势，减弱其迅速出击的战斗力，若将多数山城结成防御网，更能发挥整体战力，达成游击功效，使消极防御产生积极的效果。[1]

余玠在推动筑城时，为了增强山城防御效果，同时进行三项强化全川防务的措施：一是将防御的焦点集中于若干面对蒙军正面攻击的地方，把四万多现有兵力，驻防于青居、云顶（四川金堂县）、钓鱼和大获几个山城。二是兼顾耕战。山城本身有耕地，又距大城不远，为了持久作战，平时在山城上耕屯外，也让百姓到大城及临近地区从事生产，避免清野政策造成闭城自困的危险，更能凝聚民心。三是移治山城。战时将州郡的行政机构、人员移到山城，以便结合军政，持续战力。当时移治山城的州郡共有三十多处。[2]

山城的兴建，除险峻的地势外，更注意结构与防御设施的强化。山城既为四川防御焦点，因此，除考虑地理条件外，尤需增强防御工事。钓鱼城就是一个结合天然条件与人类智慧而成的山城。该城位于嘉陵江、渠江、涪江汇流的钓鱼山上，海拔高 391 公尺，形势险要，现有十六华里的城垣、八道城门及水军码头、地道等。城垣依山据险，用大条石块沿四周悬崖绝壁构成，其高度除人工垒石六至十公尺外，加上自然山岩，高度达数十至一百公尺以上，依地势形成内城、外城几道防线。城门特别强固。山的南、北两面，各有由山上延筑一道伸入嘉陵江的城墙，名为一字城。山下南、北两面的嘉陵江边，建有水军码头。山城内的面积达 2.5 平方公里，有插旗山、校场、武道衙门、居民住宅、寺庙、仓库等建物及千亩良田，加上十多个天池，九十余口井，足供应长年军需民食。钓鱼城经甘

[1]　陈世松，《余玠传》，页 49—78。

[2]　陈世松，《余玠传》，页 72—74。

润、余玠、王坚、张珏四次修筑，不断增强防御设施，成了一座城坚、兵精、粮丰、水足的巍峨巨镇，具备长期坚守、独立作战能力。[1]

（三）山城防御的效果

当余玠兴筑山城时，蒙古骑兵再度侵蜀。淳祐三年（1243），蒙古将领按竺迩（1195—1263）率兵入蜀，四川在余玠指挥下，除了若干无险可守的州县外，都获保全，余玠的战略获得初步成效。淳祐六年（1246），贵由（1206—1248）继任汗位，再令塔塔与帖赤分四路兵攻蜀，又受阻于山城，无功而退。此后三年，蒙古放弃直攻四川，改而开拓四川西境。但在余玠防卫下，蒙古无法实现绕道云南夹攻四川的战略计划。贵由死后，蒙古内部争继汗位，无心经营汉地及实施侵宋的军事行动。这时，余玠拟将山城的消极性防御，转化为积极性的恢复行动，发动北伐，惜未成功。此后，蒙古兵只能以偏师抄掠，双方在四川并未发生决定的战争。余玠死后，后继的蜀帅，继续推动山城防御计划，先后再建二十座山城，设防的范围也从长江以北的前线阵地，扩大到长江以南的大后方。[2]

山城的防御功能，在蒙哥汗（1208—1259）大举征蜀的军事行动中，得到证明。宝祐六年（1258）八月，蒙哥汗亲率四万蒙军号称十万，由陕分三路入川。在蒙军的强势攻击下，成都、潼川及若干山城相继沦陷，次年二月，蒙军进逼合州城下，知合州王坚移治所于钓鱼城，利用地形与军民合作的优势，据险固守，蒙古军仰攻

[1] 参见刘道平，《钓鱼城在宋蒙（元）战争中的战略地位与作用》，收入《钓鱼城与南宋后期历史》（重庆出版社，1991 年），页 44—56。又张廷荣，《古代战争要塞防御的光辉典范》，亦见《钓鱼城与南宋后期历史》，页 80—82。

[2] 陈世松，《余玠传》，页 158—161。

不易，进退两难。先是，攻钓鱼城的蒙古大将汪德臣（1222—1259）死，不久，蒙哥汗也死于城下，蒙军北撤[1]，缔造了中国史上以寡击众的成功典范。宋亡后三年，钓鱼城守将王立降元，宋兵守钓鱼城抗蒙共三十六年（1243—1279）。钓鱼城之外，位于泸州的神臂城，经历宋蒙五次争夺，到宋亡后一年（1277）才被蒙古攻陷，守城达三十四年。

余玠的山城防御，看似消极，但军事学者则反对此一论点，指出以当时宋蒙战争形态而言，余玠的战略部署具有多方面的作用：（1）这是就整体战略着眼的多点防御网，可以弥补单一城池以战术为主的缺失，把敌军引入一种连续的局部性战斗，容易消耗敌军，增强防御的持久性，达成以空间换取时间的目的。（2）是以城寨为点，江河为线，点线结合，重点防御，形成有一定纵深的防御网络，利于后勤补给，达成多点牵制、游击的战争目标。[2] 这一观点可以从蒙哥征蜀时，元臣郝经（1223—1275）向忽必烈（1215—1294）所献的《东师议》一文中得到印证。他认为四川的地势对蒙军而言，是限以大山深谷，扼以重险荐阻，迂以危途缭经。同时因险以制奇，利于清野，使蒙兵无法补给军需及暴露战略企图，遂形成以有限之力，冒无限之险。[3] 战争的结果，也不出郝经所料。四川原是蒙古攻宋的重要目标，双方冲突以来，受祸也最深。但在余玠规划、经营山城防御之后，有效地遏止蒙兵攻势，使蒙古无法实现由四川顺着长江东下灭宋的计划。蒙古只好改变战略转而突破宋襄阳守备，

[1]　周良霄，《忽必烈》（吉林：吉林教育出版社，1986年），页41—43。

[2]　林彬，《浅论冷兵器时期我国筑城防御体系的三次飞跃》，《钓鱼城与南宋后期历史》，页17—29。

[3]　郝经，《郝文忠公集》，收入《乾坤正气集》（台北：环球书局影印，1966年，卷102—126），卷18，《东师议》，页3上。

从长江中游东攻杭州，再回攻四川，这也是四川在赵宋政权灭亡后才降元的重要因素。

四、高丽抗蒙的战略：以江华岛为中心的防御

（一）蒙古进犯

高丽熙宗七年（1211），蒙古成吉思汗举兵攻金。这时，久受苛待、压抑的契丹人，乘机在辽东掀起反金的旗帜，其领袖耶律留哥（1165—1220）为避免重蹈以往独力抗金的危险，转而想借依附蒙古，实现复仇愿望。金廷对这股势力剿抚都无效，金将蒲鲜万奴反而于高宗二年（1215）十月，在辽阳僭位称王，国号东真。金朝、契丹、东真三股势力，不仅使辽东的局势趋于复杂，也使临近辽东的高丽国面对难以预卜的未来。

契丹叛金之后，部分遗民逃入高丽边境，高宗五年（1218）十二月，蒙古兵在哈真、札剌的率领下，以讨契丹为名，进兵高丽。次年，蒙古与高丽订立兄弟之盟，但蒙古以胜国之势临高丽，引起高丽人的愤懑。于是高丽又遣使向金表明朝贡的意愿，金虽派使抚谕，因道路不通而罢。高宗十二年（1225），蒙古使臣著古歆从高丽返国途中被杀，更严重地影响两国的关系，只是，此时蒙古国内多事，尚未对高丽采取军事行动。[1]

高宗十八年（1231）八月，蒙古窝阔台汗（1186—1241）派撒

[1] 王民信，《蒙古入侵高丽与蒙丽联军征日》，收入《中韩关系史论文集》（台北韩国研究学会出版，1983 年），页 169—204；黄宽重，《高丽与金宋关系》，收入《南宋史研究集》，页 287—289。

礼塔率兵攻高丽，不到四个月，竟抵达京城外。高丽朝野在仓促间虽谋抵御蒙兵，但事出突然，毫无准备，弱难御强，只得被迫投降。次年派使向蒙古上表称臣。不过，由于蒙古兵杀掠太重，高丽各州郡遭受蹂躏，受害甚深，因此，在遣使向蒙古求和的同时，也讨论御侮之策。

（二）徙都江华

当蒙古兵攻高丽京城时，高丽升天府副使尹粼及录事朴文檥暗中迁家眷于江华岛避难，并游说权臣崔怡。[1] 高宗十九年（1232），蒙古兵北撤，高丽王两次召集宰枢与朝臣会议抗蒙策略，多数朝臣主张守京城抗敌，宰枢郑亩及大集成两人则建议徙都避乱。在崔怡主导下，遂议定迁都江华岛。从六月起，崔怡推动迁都的准备工作，包括（1）令江华岛的劝农别监申之甫，将原被放逐的前王熙宗（1187—1237），从江华岛移到紫燕岛（仁川广域市）。（2）要求高宗同意迁都江华岛。高宗是明宗（1170—1197）的嫡孙，权臣崔忠献（1149—1219）废明宗（1197），年仅六岁的高宗随其祖父、父亲（康宗）（1211—1213）被放逐于江华岛，直到熙宗七年（1211）十二月，才随其父回京，在江华岛共居住十四年，因此对江华岛的地理形势必然熟稔。史籍称崔怡胁高宗迁都，恐未符实情。[2]（3）发二领军到江华岛营建宫殿。（4）令有司发送五部人户，并榜示城中，凡迁徙误期上路者，以军法论罪。

迁都表示高丽不愿向蒙古屈服，于是一面分遣使臣部署防御策略，令百姓徙居山城海岛，据险抗拒；一面派使臣奉表赴金，及致

[1] 金宗瑞，《高丽史节要》（汉城：亚细亚文化社，1972 年），卷 16，页 9 下。

[2] 金宗瑞，《高丽史节要》，卷 16，页 15 上—17 上。

书东真国，期望联合两国，齐力抗蒙。不幸，蒲鲜万奴于高宗二十年（1233）被俘，金朝也于次年灭亡。高丽拟借助外力抗蒙的希望破灭，只得独力与蒙古周旋，乃逐步强化其防御力量。以江华岛而言，二十年十二月（1234），筑外城，其后又征诸州县兵加筑沿江堤岸，二十四年（1237）增筑外城。[1] 此外也于二十三年（1236）六月任命各道山城防护别监[2]，增强各地防务。高丽迁都及一连串备战举措，引起蒙古不快，派唐古再度率兵入侵，很快地席卷了高丽大部分领土，但高宗据守江华岛，仍不屈服。不过，高丽为避免公开与蒙古决裂，招来更大兵祸，也于二十五（1238）秋，二十六年（1239）派使奉表入贡。二十八年（1241）更派皇子至蒙古为质，期缓和蒙古的压力。

从高丽高宗二十九年（1242）到三十八年（1251），蒙古内部多故，只对高丽进行小规模的骚扰行动，高丽也于据守江华岛之余，遣使求和，得到喘息机会。其时，权臣崔怡死，其子崔沆继领大政，他为强化高丽的守备能力，于三十七年（1250）八月，兴筑江华岛中城。城以土筑，周长二千九百余间，有十七个城门。[3] 次年，再遣诸山城防护别监，进行山城防御部署。

高宗三十八年（1251），蒙哥汗继任大汗，结束蒙古纷乱政局。次年，蒙哥命也古征高丽，高丽积极备战，要求各地官吏领居民入保山城海岛，坚壁清野，并习水战技术。高丽一连串的防御措施，使蒙古的攻击行动不如以往顺利，如攻忠州，就遭到极大的抗拒，

[1] 金宗瑞，《高丽史节要》，卷 16，页 15 上—16 上；参见金鲁镇，《江华府志》（汉城大学藏），卷下，《事实》，页 30 下—31 上。

[2] 金宗瑞，《高丽史节要》，卷 16，页 24 上。

[3] 郑麟趾，《高丽史》（汉城：亚细亚文化社，1972 年），卷 82，《兵二》，“城堡”，页 25 上。

围攻七十多天仍未奏效，只得解围而去。[1] 四十一年（1254），蒙哥再派车罗大（札剌儿带）进犯，高宗为纾缓蒙军的压力，一度到升天府会见蒙使，却仍无降服之意。车罗大乃发动更大规模的战争，谋以战迫降，先后攻下义州、静州、高州等地，骑兵并二度逼近江华岛。[2] 然而，经历久战的高丽军民，已能善用山城有利条件，发挥防御作用，忠州山城［忠州（Chungju），都市名，韩国中南部，首尔之东南 105 公里］、尚州山城［尚州（Shangju），都市名，韩国南部，济津之东南］、笠岩山城（金罗北道，长乡邵北上面，新城里）、苏来山城（仁川广域市与始兴市界）等地，都曾有效阻挡蒙军的攻势，或袭击蒙军。先是，蒙古曾习水战，以利攻宋。此时，配合对高丽发动陆战，也造海船谋攻诸岛，但蒙军不谙水性，初习水战，技术尚难与以水战见长的高丽军相抗衡，况且高丽有炮为恃，蒙兵难有所斩获，只好放弃水战。[3] 高丽人尹椿观察蒙、丽战争后，曾说："为今之计，宜屯田岛内，且耕且守，清野以待之，策之上也"[4]，这句话正肯定迁都江华岛及山城防御的成效。有了这些防御成绩，使得崔沆更有自信，四十四年（1257）正月，遂以蒙古连年侵犯，高丽事之无益为名，停止春例进奉。[5]

（三）江华城毁及防御检讨

高宗四十四年四月，崔沆病逝，高丽朝廷谋和风气转盛，蒙军

[1]　金宗瑞，《高丽史节要》，卷 17，页 14 上。

[2]　金宗瑞，《高丽史节要》，卷 17，页 27 上；郑麟趾，《高丽史》，卷 24，页 37 下—38 上。

[3]　蒙古习水战一事，见萧启庆，《蒙元水军之兴起与蒙宋战争》，收入《钓鱼城与南宋后期历史》，页 204—230；蒙古以船攻高丽岛屿及高丽对抗情形，见金宗瑞，《高丽史节要》，卷 17，页 20 上、下。

[4]　金宗瑞，《高丽史节要》，卷 17，页 26 下。

[5]　金宗瑞，《高丽史节要》，卷 24，页 28 下。

统帅又不断以兵威相胁：以骑兵屯驻甲串江外，对江华岛造成极大威胁。高丽迫于形势，接受蒙古所提高宗离开江华岛及太子为质的要求，把一切战争责任都归于“权臣擅政，不乐内属”。蒙廷深知高丽的奉表称臣，是出于力屈而非心服，因此，对抗蒙据点——江华岛，如芒刺在背，唯恐高丽尔后再有徙都抗拒之举，亟欲毁之而后快。四十六年（1259）六月，正式要求高丽摧毁江华内外城墙等防御设施，高丽只得遵从。江华岛上防御设施的毁坏，象征高丽此一阶段抗蒙行动的结束。次年，蒙古和高丽都是新王当政，两国关系也迈入新的局面。

高丽以孤弱之势，能独力抗蒙二十八年，原因当然很多，譬如蒙古一直以向南争衡、向西征伐为主，东方的高丽并不是它所看重的国家，蒙哥汗曾说高丽“彼小国，负险自守，釜中之鱼，非久自死”[1]，因之，蒙古不以重兵临高丽。况且，高丽一直以低姿态对付蒙古，借不断的遣使，缓和了蒙古直接攻势等，都是不可忽视的因素。不过，相较之下，徙都和入保山城海岛的防御策略，更是高丽能持久抗蒙的要素。当时，丽、蒙国力悬殊，高丽在权臣专政下，并无积极作为，但徙都海岛及守势的部署，却避免京城沦陷、国王被俘的亡国命运，利用深沟高垒与江海的地势，实施清野政策，有效地阻止骑兵入犯，如此一来，蒙古兵既无法深入全境，又不能持久作战，使高丽得到喘息的机会，自然延迟向蒙古臣服的时间，元臣赵良弼（1217—1286）告诉忽必烈说“高丽虽小国，依阻山海，国家用兵二十余年，尚未臣附”[2]，说明山城防御是高丽能持久抗蒙

[1] 宋濂，《元史》（台北：鼎文书局影印，1977年），卷149，《王荣祖传》，页3536。

[2] 金宗瑞，《高丽史节要》，卷18，页3下。

的重要因素。

五、结论

蒙古崛起漠北，凭借一支精锐勇悍的骑兵，攻无不克，但它在向南向东发动战争时，却受阻于江河山谷，而难以发挥战力，宋与高丽凭着地理优势外，更加强防御工事，兴筑山城，形成一套以山城、岛屿为中心的防御体系。这防御策略，本来就基于守势战略而设计，加上山城的险阻与分散，并不利于军队的运动及山城间的联系，因而，只能发挥局部性的牵制与游击效果，难以形成整体性的攻击力量。正由于这种战略部署是守势的、消极的，当然无法改变战局扭转宋、丽的国运。不过，险峻的山城是防御骑兵攻击的据点，在蒙古水军未能发挥作用之前，江河除了阻隔骑兵运动外，更能联系山城，使之形成防御网，可以达成守点控面、联点成线的效果，其所发挥的战力远非防守孤立的野城能比，因此，也能达成持久作战的战略目标。四川山城防御成功，改变蒙古攻宋战略，延长宋的国祚，徙都及山城、海岛的防御策略，让高丽减低受敌压力，增加对蒙古谈判的筹码。蒙古原欲在高丽设置达鲁花赤，直接统治，由于高丽防御策略与外交手段配合得宜，最后蒙古只要求高丽王返京城及太子为质就撤兵，相当程度地拥护了高丽的国家尊严。此外，宋、丽的山城防御奏效，使蒙古必须借助宋、丽降人为其筹划或向导，才能让宋、丽降服。蒙古大将阿术（1234—1287）攻襄阳时曾说："所领蒙古军，若遇山水、寨栅，非汉军不可"[1]。其实不只襄阳，

[1] 《元史》，卷 6，《世祖本纪三》，页 118。

蒙古攻宋与高丽各地，都曾借降人之力，才能顺利征服，如此一来，汉人与丽人在蒙廷的政治地位有所提升，这也是山城防御成功的另一层影响。

宋、丽山城抗蒙的经验相似，时间也相近，两国之间是否存在相互学习或影响的情形，是值得探讨的课题。高丽于1232年迁都江华岛，进行山城防御，孟珙于1239年在四川初筑山城，到余玠帅蜀才大规模筑山城，建立山城防御体系，时间相距不远。不过，现存中韩史料，并无宋、丽两国一开始就知道对方以山城抗蒙的记载，遑论彼此学习或影响。当时宋、丽虽无正式外交关系，却仍透过商人传递讯息。所以会遗漏抗蒙的重要策略，可能有两个原因：一是四川僻处内地，对外联络不易，讯息不畅，且致力于利用地理条件建立防御系统，无法也无暇汲取国外的经验；一是宋廷虽然关心蒙古政局变化，但朝政腐败，对高丽的防御策略毫不关心。因此，两国都是基于现实需要，各自结合天然环境、历史经验和时人的智慧，独立发展成的，看不出互相学习或影响的因素。高丽文献中最早记载四川以山城抗蒙的事是在1259年。当时，高丽太子奉表使蒙，在途中听到蒙哥攻蜀及死于钓鱼城下的消息。[1] 不过，高丽太子人在中国，高丽高宗死后，朝政不稳，而后，蒙、丽关系又有新的发展，四川山城的防御经验，似乎未对高丽的山城防御产生影响。

观察宋、丽两国山城防御部署与成果，可以看出宋朝较为主动。所以如此，战略目标与人为因素是关键。以地理形势而言，高丽的山岭起伏，险要处不下于四川，山城防御又有悠久的历史，况且蒙

[1] 金宗瑞，《高丽史节要》，卷18，页3上、下；李齐贤，《益斋乱稿》（《高丽名贤集》，第2册，汉城：成均馆大学校大东文化研究院印，1973年），卷9上，《忠宪王世家》，页9上；又李齐贤，《栎翁稗说》（《高丽名贤集》，第2册），前集1，页14上。

古仅以偏师入犯，外在条件较宋为优。然而，高丽深知蒙、丽国力悬殊，在不能战，又不满蒙古的气焰，不甘屈服于骑兵武力下，加上权臣崔氏为维护个人利益等多重因素，而采取迁都及徙民入保山城、海岛的守势策略，目的是要缓和直接临敌的危险，以空间换取时间与争取对蒙古谈判的有利筹码。在这一策略下，高丽对蒙古推行和、守兼行的政策，意在拖延。况且不少高丽臣民不愿战争，以免生民涂炭。高宗十九年，高丽朝廷讨论战守策略时，反对迁都的俞升旦（1168—1232）说："以小事大，义也"[1]，就反映了事大主义的传统下，时人弭兵厌战的态度。在蒙古不断抄掠下，山城成为官民的避难所，朝廷长期困守孤岛，税源不足，既要应付蒙古的需索，当然难有余力充实战备，因此，除了尽力巩固江华岛的防御设施外，对其余山城的防务部署与设备，更显得心有余而力不足了，防卫的成效自然要打折扣。

相对的，宋在四川的防御部署就显得主动、积极。南宋晚期，内外交迫，窘困之状不亚于高丽。自理宗即位以后，朝臣就因对蒙古和战意见不同，爆发严重政争，朝廷人事更迭频繁，对蒙和战政策屡变，政局扰攘不安。不过，由于南宋立国以来，即遭受强邻侵凌，君臣都体认到国防的重要性，利用江河之险，强化边防战力。[2]及蒙古犯蜀，各地相继沦陷，宋廷震惊，为弥补长江上流守备空缺，调整边防策略，先后由名将孟珙、余玠入主蜀政，并赋予便宜行事大权。孟、余二人坚持抗敌，从整体战略着眼，积极布防，余玠更吸收民间自卫武力经验，设计了一套完整的山城防御网。在二人的

---

[1]　郑麟趾，《高丽史》，卷 102，《俞升旦传》，页 6 下。

[2]　参见黄宽重，《晚宋朝臣对国是的争议——理宗时代的和战、边防与流民》（台北：台大文史丛刊之 50，1978 年），页 77—124。

长期经营与继任者一再增建下，山城体系不断扩大。这套山城防御是当时宋朝抗拒蒙古策略中极重要的部分，它充分利用地形优势，并结合政府与民间的力量，形成军民合作、军政一体、耕战合一的战斗体系，加上强烈抗敌意识，终能缔造钓鱼城以寡击众的战果，并坚守山城三十余年而后降。可见战略目标和意志力与山城防御的成效成正比。

结　论　南宋的中央与地方关系

——以地方武力为中心的考察

一、地方武力的形态、性质与发展

在北宋重中央而轻地方的政策下，地方武力在官方军事体制中所占的分量不高，其存在的形态，以在基层从事警备任务的弓手、土兵为主。不过，宋金爆发冲突以来，正规军解体，由民间自卫武力组成的各种抗敌救亡团体，逐渐成为南宋立国的重要战力，此后不论在边境上抗御金、蒙，在境内敉平乱事，维护地方治安，地方武力都扮演着举足轻重的分量，在北宋担任基层治安主力的弓手、土兵，则居次要角色。南宋地方武力依其性质和组织可概分成地方军与民间自卫武力。

本书所探讨的三支地方军，主要是应付闽、粤及湖北频仍的变乱而产生的。岭南地区盗乱频繁，地方官员透过招募当地百姓，组成军队，平时维护地方治安；一旦乱事爆发，则可以发挥机动战力，以弥补正规军长途跋涉及特殊地形战力不足的缺憾，成为宋廷维护东南地区治安的主要武力。

从绍兴五年（1135）起，宋廷相继在广东组成摧锋军，在福建成立左翼军，在湖南创置飞虎军。这三支地方军，都是在地方官的推动下成立的，所需的费用也由地方政府筹措。军队的成员虽然复杂，但以当地百姓为主，如韩京所创的摧锋军，其初期的成员包含追随他的北方忠义之士、南下平乱时收编的降贼，以及在广东招募的土人，尔后则多为当地百姓。福建左翼军成员的来源较复杂，有民间自卫武力、中央调驻福建各地的军队，甚至包含少数民族的吐浑兵，但仍以福建地区民众为多。至于飞虎军的成员，也是以潭州的百姓为主。

军队的指挥与领导，则同时接受中央与地方节制，如摧锋军与左翼军名义上隶属于殿前司，飞虎军则隶属于步军司，官员由中央政府调派，却受各路安抚使的指挥，形成二元的指挥体系，这种现象和屯驻大军只受中央领导，不受地方帅司的节度，显然有别。[1]朝廷则借调动统制、调派部队外驻等方式，来强化中央的权威，飞虎军的创置就是一个好的例子。辛弃疾成立飞虎军之初，少数军官由宋廷任命，其余的干部由军中推选武艺高强、为众所信服的人来担任，军费由地方筹措，而且遇“盗贼窃发，专听帅臣节制”，显示飞虎军是一支地方属性很强的军队。[2]辛弃疾卸任后，继任者无法承担庞大的军费，宋廷将飞虎军改隶荆鄂都统制。由于隶属关系的转变，中央的权威更为增强，朝廷不仅调派外地军官充任其干部，整个军队也纳入屯驻大兵之中，成了随令调派的调驻军。此后由于防区的扩大及屯驻大兵的腐败，飞虎军逐渐成为负起防卫疆土、稳

[1] 《浪语集》，卷33，页33上。

[2] 《朝野杂记》，甲集，卷18，页17上。

定长江中游的一股力量。摧锋军和左翼军，也在宋廷撤换领导人、直接介入军队的调派下，强化中央的影响力，并借着扩大屯驻地区，及被派至江淮一带，参与高、孝之际抗金及开禧北伐的军事活动，使这两支军队，成为南宋中晚期兼具境外御侮及境内平乱的武装战力之一。

摧锋军与左翼军的组织较为复杂，领导者是武将，具有较强的个人英雄色彩，是这两股军队强大、发挥战力的重要因素，但地方化及个人长期的领导，引起中央政府的疑虑。宋廷在政局稳定、收大将兵权之后，随即着手整顿这两支地方军，以调动领导者、扩大屯驻区、征调部队等方式，将之逐步纳入正规军的体系之中。不过，由于主要兵力仍在原驻地，而且为了兼顾地方治安的维护，实施轮戍制度，使这两支军队与广东、福建仍维持密切的关系，地方的色彩仍浓。相对的，由辛弃疾创置的飞虎军，则因人事与经费的关系，在宋廷有意介入后，很快就淡化其地方军的角色，被调到各地参与御侮、平乱的工作。

南宋的地方军尽管成立时间有别，名称和发展上各有歧异，但其组成的背景与组织方式尚有一定的脉络可寻。相对的，南宋时期的各种民间自卫武力情况，就显得更具多样性。靖康之难以后，中原局势混乱，女真及其所支持的政权，虽然入主华北，却不能有效控制占领区，广阔的黄淮地区仍为无数盗贼、溃卒、勤王之师、官吏、土豪等所搏聚起来而且各不相属的武装团体所控制着。他们承袭北宋“乡勇义军”及保甲的遗意[1]，捍卫乡里，由于熟悉地形，对金兵颇能发挥牵制与游击的作用，缓和了宋廷直接受敌的压力。宋

[1] 黄宽重，《南宋时代抗金的义军》，页 55。

廷了解到这些武装力量对政权重建的贡献，积极招抚他们，称之为“义军”。[1]

建炎年间，宋廷建立以长江为主的防御体系时，也试图仿唐置藩镇的先例，利用地方武力，建立一个与金、齐缓冲的地区，以便全力推动安内的政策。建炎四年（1130）五月，高宗接受参知政事范宗尹的建议，先后在京畿、湖北、淮南、京东、京西等地，设置了三十九个类似藩镇的“镇抚使”[2]。这是宋廷首次在原有的军政体制之外，以制度化的方式，承认民间自卫武力的合法地位，赋予军政大权，对一向秉持“强干弱枝”的朝廷而言，是一个极富历史意义的改变。

镇抚使在宋代是一个全新的官职。宋廷详细规划了这一新制度的职权、角色及与朝廷的关系，包括（1）职称：为“某府、州、军镇抚使”，地位与各路安抚使相当。（2）财政权：除茶盐由朝廷置官提举外，其他监司并罢，所有上供财赋在分镇之初，权免三年，其余收入由帅臣自由移用，朝廷不额外支应。（3）行政权：镇抚使管辖区内的州县官吏，由镇帅辟置，知州、通判等长官则由帅臣辟奏。镇帅同时有节制地方、升黜地方官的权力。（4）军事权：镇抚使平时可以节制辖区内州军，战时许以便宜从事。后来宋廷在实行镇抚使的区域，罢安抚使，而由镇抚使带马步军都总管之名，以重其权。镇抚使也得设属官。（5）拥有相当的司法权。（6）身份保障：镇帅除受朝廷召擢外，更不除代，如因捍御外寇，显立大功，特许世袭，这是镇抚使与其他官吏最大不同之处。[3]

---

[1] 参见本书第四章，《宋廷对民间自卫武力的利用和控制——以镇抚使为例》。

[2] 参见本书第四章，《宋廷对民间自卫武力的利用和控制——以镇抚使为例》；又见《要录》，卷 33，页 2—3。

[3] 参见本书第四章，《宋廷对民间自卫武力的利用和控制——以镇抚使为例》。

这些镇抚使的出身相当复杂，有官吏、军卒、土豪、盗贼、平民等，结构上呈现以武人为主，低出身者占较高的比例，而且在可考的人员中，籍贯全属长江以北，没有一位是江南人。镇抚使统领的军队，其组织的松严与战力的强弱，与镇帅个人的性格和能力有关。像桑仲、孔彦舟等人都是出身盗贼，他们虽然变成地方军政大员，但行径与昔日无异。这样的组合，当然难以发挥有效的战力。不过，也有不少镇抚使的军队组织严密，战斗力甚高，像刘位聚乡民守濠州，岳飞在泰州，王彦在金州，翟兴在洛阳，赵立守楚州，他们与宋廷的江防策略配合，颇能有效阻止金兵的南犯。后来，由于镇抚使的作为，引起朝臣的争议[1]，民间自卫武力发展的负面影响逐渐显现，宋廷又在安内的过程中增强国防战力，于是渐次罢镇抚使或任之为地方官，并将民间自卫武力纳入正规军。绍兴五年（1135）四月镇抚使完全废罢。[2]

此后，一旦宋金爆发冲突，宋廷为抗金或匡复，又接纳边境上的民间自卫武力，甚至试图复置镇抚使，鼓励他们抗金。宋孝宗为了号召中原豪杰起兵抗金，在一道蜡书中有“裂土封建”，凡归命的地方领袖，可以封王、郡王，子孙世世袭封。[3] 宁宗末年蒙古攻金，华北局势混乱，民间自卫武力兴起，宋廷称之为“忠义军”，宋廷为了鼓励忠义军北伐，曾封其领袖李全为京东路镇抚副使。[4] 理宗末年，蒙古兵南侵，文天祥等人为了力挽狂澜，也相继建议仿南宋初

[1] 《梁溪集》，卷 115，页 4 下；布衣吴伸也对此现象表示忧虑，见《要录》，卷 61，页 4。

[2] 《要录》，卷 88，页 6。

[3] 《渭南文集》，卷 3，页 45—46。

[4] 《宋史》，卷 40，页 779。又关于李全与忠义军所代表的地方武力在晚宋的发展，及其与朝廷关系的消长，后文有较大篇幅的讨论，此处不赘述。

年设置镇抚使的办法，拔擢沉着英勇之人，让他们各当一面，则“旬月之间，天下雷动云合，响应影从，驱出境外，虽得志中原可也”[1]。后来，宋理宗为了加强西南地区抗蒙的力量，先后任命了刘雄飞、向士璧、余玠等人为镇抚使。[2]

两淮山水寨也是南宋重要的民间自卫武力之一。宋金冲突以来，金兵攻城略地，宋朝的官员与百姓多逃到险要的山水寨避难，以保障个人、家族、乡里的财产与安全，他们组成分子相当复杂，有农民、渔民、士兵甚至富商大贾及士民。[3] 这些人既可以配合官军抗金，也会因彼此相攻而抵消战力。[4] 宋廷鉴于此一形势，为使山水寨民兵发挥积极效果，下令团结山水寨，免十年税役[5]，奖赏抗敌有功的寨栅首领[6]，进而仿两淮万弩手之例，组织山水寨民兵，每年于农隙教阅，武艺超众者予以推恩[7]，目的都在增强抗敌战力。但也出现官府趁机扰民的现象，影响团结山水寨的成效。王之道就指出，两淮在高、孝之际遭受战火摧残，官府反以劝借为名，搜括粮饷，如有不从，即以军法从事，或尽籍寨栅首领，听候起发使唤的扰民做法。[8] 尤袤有一首“淮南民谣”的诗，就述说了南宋在淮南团结民兵山水寨所产生的弊端。[9] 此外，当地百姓也有惑于小利而影响对宋的忠诚。王之望即指出“夹淮之民，号跳河子，以作过为生。

[1] 《历代名臣奏议》，卷 101，页 3—5。

[2] 参见本书第四章，《宋廷对民间自卫武力的利用和控制——以镇抚使为例》。

[3] 张家驹，《宋代的两淮山水寨——南方人民抗金斗争的一种武装组织》，《上海师范学院学报》，1960 年第 1 期，页 89。

[4] 《东牟集》，卷 9，《论楚州事札》，页 16 下—17 上。

[5] 《鹤林集》，卷 15，页 14 下。

[6] 《宋会要·方域》，19 之 22—23；《宋会要·兵》，1 之 22 上。

[7] 《宋会要·兵》，1 之 33 上、下；又见《文献通考》，卷 156，《兵八》，页 1365。

[8] 《相山集》，卷 22，《罢山林寨巡检札子》，页 3 下—4 上。

[9] 《会编》，卷 240，页 8 上。

近缘戍未定，又北界招诱，故易相煽动”[1]，薛季宣也说淮南“愚民趣利，冒法越禁，死不知避”[2]，显示两淮山水寨为利所驱、挟持两端的现象。这些现象都影响宋廷与两淮自卫武力之间的关系。

茶商则是以业缘组成的民间武力。茶为南宋朝廷的主要收入之一，如乾道三年（1167），茶利收入约五百万贯。[3] 宋廷为了保证这项收入不虞短缺，实施专卖制度，严禁私茶买卖，在各地查缉私茶，取缔私贩。[4] 不过，由于茶叶产销的差价极大，茶户与茶商勾结，引发私贩的问题一直都很严重。此外，茶叶也是宋对金输出的重要商品：北方人对茶的需求殷切，宋廷乃以国家的力量垄断茶的出口，课以重税后在榷场转卖给金人[5]，形成金国市场上的茶价较南宋昂贵。价差既然存在，自然引发走私贸易。

这些境内外的茶叶走私者，为运输茶叶，保护利益，常自组武装力量以自卫。这些拥有武力的私贩面对朝廷的查缉，很容易激成暴动。此外，正规的茶商在产茶时节，为了搬运、保护茶叶，也经常携械集体行动。这种茶商武力，活跃于产茶区及贩卖地区，甚至宋金边境上，不过，真正酿成叛乱的事端，则集中于两湖、两广、江西等五路，当时称之为“茶寇”，其中规模最大的就是赖文政的叛乱了。[6]

茶商武力激之固能成叛，若驾驭得法，则能成为朝廷的助力。

[1] 《汉滨集》，卷 7，页 11 下。

[2] 《海陵集》，卷 4，页 4 下—5 下。

[3] 华山，《宋史论集》，页 110；加藤繁著，吴杰译，《中国经济史考证》，页 708。

[4] 谢深甫编，《庆元条法事类》，总页 257—264；《宋会要·食货》，30 之 39—44。

[5] 《要录》，卷 147，页 7，绍兴十二年十月丁亥；《宋史》，卷 184，《食货表》，页 4508—4509；参见全汉昇，《中国经济史论丛》，页 215。

[6] 关于赖文政的乱事，请参见黄宽重，《南宋茶商赖文政之乱》，见《南宋军政与文献探索》，页 141—161。

绍兴二十九年（1159）洪遵曾建议宋廷招刺茶商中强壮者为军。[1]赖文政乱后，余众被纳入军中，成为正规武力的一部分。宁宗时，知鄂州吴猎建议招募湖南北勇悍的茶商以助大军。[2]叶适在倡议防守淮南时，也强调招募各地富人及盐茶米商到淮南筑堡自卫，以巩固边防。[3]后来，湖北总领何炳接受建议，招刺茶商，号为“茶商军”，成为宁宗一朝抗金的一支武力。

从开禧二年（1206）及嘉定十四年（1221），宋人守襄阳、德安、蕲州三城的记录中，看到包括茶商与当地官兵、土豪、弓手共同抗金的英勇场面。如开禧二年，金兵围攻襄阳时，守将赵淳立旗招募合法的茶商与私贩，组成了六千人的队伍，名为“敢勇军”。茶商在袭击和防护上发挥高度的战斗性，有效地阻挡了金兵的攻势，使其无功而退。同年十月，金军包围德安府，当时府内仅有七千余守兵，所募的茶商武力占三分之一弱，但配合官军，担任第一线的防卫、袭击工作。茶商更献出大量茶苞，连同竹器等易燃物，加以点燃，烧断金兵连缀的天桥，保全了德安城。[4]嘉定十四年（1221）金兵围攻蕲州城时，茶商又参与守城抗金的活动。金兵进犯蕲州时，城中正规军及民兵合计才千余人，守备十分脆弱，知州李诚之为增强防御战力，发动各类民兵积极备战，茶商与弓手一齐投入抗金守城的行列。这次守城前后共二十五日，由于城内兵力单弱，正规军怯懦不堪，援军姗姗而来，遂被攻克，但茶商等民兵为守卫乡土，奋力死战，则是蕲州城能坚守近一个月的重要力量。[5]

---

[1] 《要录》，卷 181，页 26，绍兴二十九年四月辛亥。

[2] 《鹤山先生大全集》，卷 89，页 740。

[3] 《叶适集·水心别集》，卷 16，《后总》，页 847—848。

[4] 《开禧德安守城录》，页 11 下—12 下。

[5] 赵与褣《辛巳泣蕲录》就说：“本州官寮民兵同守之力”，页 5 上。

二、地方武力与中央关系的演变

就南宋地方武力与中央关系的演变而言，有地方军与民间自卫武力之别。

地方军成员多为当地百姓，经费来自地方，既以维护地方治安为要务，当地的长官也有相当的指挥权，但既然纳入政府的体制之中，朝廷可以透过制度化的运作，如任命军官及调派屯驻区等方式，逐渐强化中央的权威，飞虎军改隶为“御前江陵军额”，就是一个例子。飞虎军改隶后，虽然每一两年仍由戍地回到潭州换防，与地方有所联系，但随着戍卫的地区增加，担负的任务渐及于境外的平乱与御侮，与创始地长沙的关系转较疏远，地方军的角色淡化，尤其开禧北伐之后，正规军日趋腐败，飞虎军的御侮角色甚至重于平乱。

摧锋军的情况也很类似。摧锋军为韩京所创，在他的领导下，摧锋军在广东担任平乱的任务，战功彪炳，成为维护广东治安的精锐部队，也把韩京推向仕途的高峰。但韩京的领导风格及摧锋军的自主性，都让宋廷疑虑。于是，宋廷罢黜韩京之后，改变摧锋军的领导体制，增强中央权威。当金海陵帝南侵，及孝宗推动北伐期间，摧锋军被调派到淮东、建康等地，承担边防任务。由于扩大驻地及更戍制度，摧锋军长期在外征战、戍守，无法如期调返乡里，加上待遇不如正规军，滋生怨尤，端平二年（1235）二月，部分摧锋军爆发乱事。乱平之后，摧锋军仍在宋廷调派下，戍守两广各地，成为支撑晚宋政局的最后一股力量。

福建左翼军的发展模式，与摧锋军一样。宋廷借征召左翼军到各地平乱、戍守淮南及抗金，显示宋廷在调度上具有主导性，使得左翼军戍守闽粤赣边界，维护地方治安的任务反而模糊了。留在福建地区的部队，虽仍轮守各地，但叛乱减少、训练效果不彰，加上开禧二年在扬州抗金时，牺牲惨重，使左翼军的战力大减，即使是维护地方治安也显得力有未逮。一旦乱起，宋廷反而需要调派淮兵及摧锋军协助平乱，如此一来，却引发左翼军与外来军队的冲突。

宋廷在动员地方军平乱时，除了战术考量之外，也担心过于倚赖单一军队平乱，可能形成尾大不掉的后果，因此多以会合各军，共同行动为准则。从这三支地方军参与平定地区性乱事的过程，可以得到证明。如参与戡平齐述之乱的军队，即包含正规军、摧锋军和左翼军[1]，参与平定赖文政之乱的军队则包括鄂州正规军、江西各地民兵及摧锋军[2]，以晏梦彪为首的盐民之乱，则是由淮西兵与左翼军合力敉平的[3]，江西峒寇，也是由淮西招信军池司人马，及建宁府、泉州左翼军兵二千人一齐平定的，这样的安排，显然与宋廷防范有组织的地方武装力量坐大有关，但这些举措也会影响地方军的战斗力及彼此的关系。[4]

自主性更强的民间自卫武力，在南宋的发展及与中央政府的关系则更为复杂、曲折。靖康之难后，赵宋政权处于风雨飘摇、朝不保夕的境地，社会秩序解体，各种自发性的武装力量，竞相崛起；凡具领导能力、能纠合群众、雄霸一方的人，就成为一方领袖。他们自主性高，彼此不相统属，成员复杂，却是乱世中一股稳定的力量。政府既无法有效统治乱区，为稳定政局，透过合法的程序，任

[1] 参见本书第一章，《广东摧锋军》。
[2] 参见本书第一章，《广东摧锋军》。
[3] 参见本书第二章，《福建左翼军》。
[4] 参见本书第二章，《福建左翼军》。

命其领袖为官吏，统领一方，甚至仿照唐代藩镇的例子，设置镇抚使。这是南宋政府面临存亡危急之际，为了求生存与发展所采行的便宜之策，正是地方武力声势高涨，中央权威不彰的时候。等到宋金和议或政局稳定，这些民间自卫武力相继被收编，纳入正规军中。

宋金关系的变化与民间自卫武力的消长息息相关。自主性强的自卫武力，是宋抗敌的助力，也有可能是宋金关系发展的阻力，甚至威胁政权，于是宋廷在与金议和、推动收大将兵权的同时，也采行种种政策，压抑义军与地方武力：镇抚使消失了，两淮山水寨纳入政府的体制中，归正义军也被收编或遣送回金国，使得原来活跃于宋金边境上的地方武力趋于消沉。一旦宋金关系转趋紧张或冲突再起时，宋廷为了增强战力，又鼓励地方武力或义军起来抗金，或接纳南下的归正人，于是民间自卫武力再度发展，成为宋廷国防战力的一部分。如金海陵帝发动南侵、孝宗意图恢复以及韩侂胄发动北伐时，宋廷即以优厚条件鼓励民间自卫武力抗金卫国。反之，宋金再度谋和时，宋廷则又采取种种压抑民间武力的措施。这种因和战变化而改变对待自卫武力的政策，不仅影响地方武力的发展，也影响他们对政府的信赖感。此外，部分地方武力为考量自身利益，以致不能坚持抗金，或因对现实环境妥协，违背宋政策，也让宋廷怀疑他们的忠诚度。互信不足，影响彼此的互动关系。宋廷对势力尚小的自卫武力如两淮山水寨或茶商武力，尚能驾驭，倘若势力扩大到足以影响政局而引起宋廷的顾虑时，双方关系更为紧张。这种现象在南宋晚期特别明显。

蒙古崛起以后，发动铁骑南向侵金，使得华北各地人民遭到极大的灾难，地方豪强乘机揭竿而起，掀起反金的旗帜，其中以活跃在山东、淮海地区的红袄军的声势最大。山东、淮海地区一向为宋金的主要战场，此时又遭到蒙古兵的破坏，粮荒严重，为了就食，这些叛金分子只得南向寻求宋廷的支持。宋廷原囿于宋金和约，不敢接纳这些南下的北人，其后由于金宣宗破坏和约，宋金爆发战事，宋廷改而接纳他们，成立忠义军，于是以李全为首的山东忠义军，在宋朝的鼓励与支持下更形活跃。

这时期崛起的地方武力很多，但抗金的动机各自不同，其中固然有“宁为赵氏鬼,不为完颜民”的拥宋之士[1],但大多数的归宋者，是战争中乘势而起的豪杰，在华北无以求生，才辗转南下，目的在避祸求食，与出于敌忾同仇而抗金的心情，大异其趣，因此举止动向以利害为归趋，当宋人善待他们时，他们可以竭尽死力为宋效命，一旦宋人歧视他们，或金、蒙改变政策安抚他们，义军也可以转而投靠金、蒙。李全与宋关系的转变就是一个显例。

李全是个有浓厚英雄主义色彩的人物，他归宋后曾率兵北上恢复中原，造成宋人所称“山东归疆，河北请吏，此百年所未有之机也”[2]的局面，这一战绩，使李全摇身一变为宋的高官，但他却有进一步发展个人势力的念头[3]——挟其势力，介入宋的宫廷政变，以致与宋廷之间，彼此猜疑，渐生离心。宋相史弥远既怕个人风格强烈的地方武力，威胁赵宋政权，执行政策的淮东官员，更怕李全的声势太大，难以驾驭、控制，便从中制造矛盾，挑拨分化，终导致李全叛宋投蒙。后来，李全南下侵宋之举虽被敉平，山东忠义军却四分五裂，不仅使南宋失去了北方的屏障，山东也成为蒙古侵宋的前哨据点。

---

[1] 《昌谷集》，卷 11，页 13 上。

[2] 《鹤山先生大全集》，卷 17，页 157。

[3] 李春圃、何林陶，《关于李全的评价问题》，页 25。

从李全的起落，看到地方武力的发展与中央关系的转变。李全所代表的抗金势力不断壮大，固然带给宋廷北伐恢复的机会，但地方武力的独立、自主性，乃至利益的纠葛，让宋廷担心失去主控大局的力量，乃运用分封、分化、镇压等手腕，使联系不足、互信脆弱的地方武力彼此疑忌，互相内斗，甚而扩大与中央的裂痕。然而一旦当作为抗敌前哨的地方武力失去屏障的作用时，宋廷也只能调派正规军或地方军，去正面迎敌，至此宋廷的窘态就充分暴露了。

三、地方武力的贡献、限制与最后命运

不论是自卫武力或地方军，对赵宋政权在江南的重建与巩固，都有贡献。靖康之难以后，女真挟其优势战力，不断南侵，危及宋政权。中原的义军像王彦率八字军在太行山，马扩、赵邦杰在五马山，李彦仙在陕州，翟兴兄弟、父子守洛阳，邵兴在解州，据险抗拒，对金兵发挥了相当大的牵制作用。江淮一带的镇抚使，更减低宋廷直接受敌的压力。如建炎四年（1130）九月，金以大兵围攻楚州，赵立艰苦死守四十余日，虽因寡不敌众而失守，却使金人“未敢渡江”，李心传指出赵立守楚之功，“虽张巡、许远不能过之”[1]，对南宋偏安江左，贡献很大。

金海陵王亮发动号称百万大军南侵时，也赖华北义军在背后游击、牵制，才使得宋廷有从容备战的时间。其中魏胜和李宝所缔造的陈家岛大捷，对宋金双方士气的消长和完颜亮的作战决心，都有很大的影响，史称“亮闻胶西之败，大怒，召诸酋约以三日渡江，

[1] 《要录》，卷 37，页 22，建炎四年九月戊辰。

于是内变杀亮。向微唐岛（即陈家岛）之捷，则亮之死未可期，钱唐之危可忧也”[1]。此外,也有不少忠义归正之士冒险南下,向宋廷提供军事情报[2]，这些活动，削弱了女真全面南攻的威力，才能再造南北对峙之机。

蒙古南侵，女真政权受到挑战，山东地区成为宋蒙金势力交错之处，赖义军之助，宋才得以遏阻金人攻势，巩固北疆，形成“金人不敢窥淮东者六七年”[3],及“频岁小稔,朝野无事”[4]的景象。金亡后，李全等义军在山东的活动，也使宋“得少宽北顾之忧”[5]。而飞虎军、摧锋军、左翼军，不仅在敉平地方乱事、维护地区安全上，扮演着重要角色，他们更在宋廷指挥、调派之下，与正规军一齐参与了抗金、抗蒙的重要军事行动。茶商军以及两淮山水寨的民间自卫武力，也在边境的城市与当地土豪共同抗御金军，对巩固边圉，维护赵宋政权，都有相当大的贡献。此外，南宋著名的四川山城防御体系，亦是从民间自卫武力据守险要、建筑防御的经验而来。

地方武力也在宋廷鼓励下，参与兴复故土的行动。在南宋缔造的初期，镇抚使桑仲、李横的北伐行动，目的在纾解金兵一再进犯陕、蜀，对南宋带来的威胁。其中李横在绍兴二年（1132）发兵北伐，复汝州、颍昌府，与翟琮、董震相策应，迫使刘豫遣使向金求援。[6]孝宗时，宋边将招纳叛金之士，展开收复失土的行动。川陕方面收复河州、原州、大散关、德顺军、环州、会州、熙州。襄阳

[1] 《宋史》，卷370《李宝传》，页11501。

[2] 《要录》，卷192，页13，绍兴三十一年八月壬戌；卷192，页18，绍兴三十一年九月。

[3] 《宋史》，卷403,《贾涉传》，页12208。

[4] 《宋史》，卷476,《李全传》（上），页13819。

[5] 《宋史》，卷477,《李全传》（下），页13840。

[6] 参见本书第四章,《宋廷对民间自卫武力的利用和控制——以镇抚使为例》。

方面收复了蔡州、河南府、汝州、顺昌军。两淮方面，则庐州、楚州、泰州、泗州、和州及寿春府等地，都曾次第收复。[1]

宁宗开禧年间，丞相韩侂胄为谋北伐，鼓励义军抗金，于是镇江都统戚拱遣忠义人朱裕结李全破焚涟水县，又由孙成收复蔡州广信县及顺阳县、蕲县[2]，为北伐之先声。嘉定十年（1217）宋正式接纳义军，前后约有百万人投入抗金行列，其中李全、彭义斌在宋廷的鼓舞下，更挥兵北伐。李全曾取涟水，克密州，取东海，袭莒州，进逼涡口，北略山东，下青州，取沧州，劝降金帅张林，举山东诸地归宋，恩、博、景德至邢、洺十余州也相继请降，这一连串争衡天下、开疆拓土的盛举，对南宋极有贡献，以致金人要说："宋人以虚名致李全，遂有山东实地。"[3] 彭义斌一军深入大名、真定，更是南宋北伐行动的巅峰。李、彭的北伐之举，相当程度地满足宋士人对恢复故土、洗刷国耻的期望，实现了宋廷多次兴兵未能完成的心愿。而左翼军与飞虎军也曾在开禧二年被调派到两淮，参与北伐的任务。[4]

此外，各种民间自卫武力经朝廷收编，纳入正规军中，成为支撑南宋立国的重要国防战力。各地的地方军也在中央以调派的方式，填补屯驻大兵战力的不足，或成为正规军的一个支系，支撑晚宋政局。可以说这些不同形式的地方武力，自南宋政权缔造伊始，就成为维护治安、巩固政权及稳定政局的重要力量之一。

---

[1] 《宋史》，卷 32，《高宗本纪》，页 602—610；员兴宗，《九华集》（文渊阁四库全书本），卷 24，《西陲笔略》，页 1—21；西岳，《从采石之战到隆兴和议》，《史学月刊》1958 年 6 月，页 23。

[2] 《宋会要·兵》，9 之 20。

[3] 《金史》，卷 118，《苗道润传》，页 2574。

[4] 参见本书第二章，《福建左翼军》，及第三章，《南宋飞虎军》。

不过，从地方武力的发展与政局的互动关系看来，地方武力在宋廷重建及稳固政权的过程中，诚然扮演重要角色，发挥了功能，但是它本身的属性和组织结构，也影响自身的发展，以及宋廷对它的信任，甚而采取防范的措施。如此一来，不仅使得地方武力无法发挥更积极的作用，也影响宋廷与地方武力的互动关系。

强烈的地方属性，是地方武力发展的一项限制。在内乱外患相继、朝纲不振、社会解体的环境下，地方人士基于保乡卫土的信念，集结、凝聚据守山水要塞，组织武装力量来保守家园，最能发挥游击和防御的效果。这种以地域为基础的武装团体，充分表现了自卫武力的特性。像南宋初年颁行于全国的忠义巡社，即系“民自相纠率，保守乡井”的武装团体，势力所及不过一县一乡，具有强烈的地域性，两淮山水寨及地方军也富有地域色彩。这些地方武力，都是百姓在战火弥漫、盗贼丛生之地，由地方官吏推动或自组而成的。其成员是当地人，军需粮饷也来自当地，领导者与部众共存共荣，互相依存，他们以维护自身及地方利益为前提，彼此形成一个绵密的关系网。

在这种以自身或地方利益为主的考量下，地方武力与中央的关系是复杂而多变的。从地方的角度而言，维护生存与利益，是个人、家族、群体乃至地方上首要考量的因素，因此在政府赋予名义及支持粮饷的情况下，可以为政府效忠尽力，一旦朝廷政策改变，以致防害自身的利益时，也会出现态度依违、挟持两端甚或叛离的现象——从义军、两淮山水寨、茶商等自卫武力与宋廷长期关系的演变，就可以看到这一点。即使是接受宋廷名号与指挥的镇抚使及纳入军政体制的地方军，也有为自身及地方利益而投向金与伪齐（孔彦舟、李成、冯长宁）、蒙古（左翼军），乃至发动叛乱（摧锋军）

的事情发生。

此外，地方武力强调个人领导的模式，也与朝廷政策相违。因此，宋廷虽借之平乱御侮，巩固政权，却又担心它势力无限扩大，会损及中央的权威，而要加以限制。同时，地方意识以及领袖个人因素，也会使地方武力之间，产生矛盾、爆发冲突。如南宋初年的镇抚使就曾为了求食，引起争端甚至爆发战事；晚宋的李全也为争取盐场，而与其他义军引发一连串战争。这一来，反而有利于宋廷从中制造矛盾，加以分化，削弱其权势。

强烈的自主性和孤立性，也是限制地方武力发展的另一个要素。在强敌侵凌、社会不靖的时代里，出现的自卫武力，由于组成的背景、目的不同，组织、领导的方式也不一样，甚至连财源的筹措、经济活动都有所出入，表现了独立自主的特性。这些自卫武力，多以山水寨为据点，由于地形的阻隔，各个团体之间联系困难，即使有所联系，关系也很复杂。当利害一致时，固然可以推诚合作，一旦发生矛盾，只有分离，甚至诉诸武力相战，这一点从两京和荆湖三路的镇抚使，如桑仲与王彦、李横与陈规、李横与霍明等人之间，彼此相争、相攻的情形，可以清楚看出来。[1]

这些武装团体的团聚与发展，系于领袖个人的威信与领导风格。这些乱世中崛起的豪杰之士，具有强烈的个人主义，与其他人群配合的意愿较低，呈现出各自为政、不相统属的局面。如此一来，在有形的地理限制之外，更筑起一道无形的人事隔篱，孤立性特别明显。义军就因为缺乏领导中心，难以凝聚力量，甚至为了争夺地盘，而以兵戎相见，因此在对金作战时，只能发挥局部牵制的效果，无法与宋正

[1] 参见本书第四章，《宋廷对民间自卫武力的利用和控制——以镇抚使为例》。

规军密切配合，扩大为全面性的战争，争取更大的胜利。加上宋廷本来就担心这些自主性强、不易听命的地方武力难以掌控，加以分化，遂更削弱了地方武力有限的战力，而予敌人各个击破的机会。

地方武力的基本属性及其结构，不仅有碍本身的发展，更因宋廷和战政策的变化而影响它与朝廷的关系。当宋廷面临危急存亡之秋，为了图存，积极鼓励、利用地方武力，以捍卫政权，一旦政局趋于稳固，转而需要与金、蒙谋和时，又会改变对地方武力的态度。这种因内外形势而改变和战政策，不仅影响宋廷对自卫武力的拒纳政策，也伤害了中央与地方武力的互信。此外，地域观念也会影响宋廷及南人对北人信任，加重南北的成见：积疑成衅，积衅成仇，积仇成叛，使得这些原为支撑晚宋政局、抗御外患的主要力量，反而叛宋投蒙，甚至成为蒙古灭宋的力量之一。

南宋地方军的情况则与地方武力稍有不同。地方军成立之初，虽也显现较强的地域意识，具自主性的倾向及个人领导风格。但随着纳入政府体制，成为正规军的一部分之后，宋廷透过指挥领导系统的运作，调派军官、调移驻防来冲淡地方意识，加强中央的影响力。其中虽曾出现因调防、待遇等问题，掀起叛乱，以及在晚宋的最后阶段，部分左翼军基于地方利益考量而降蒙。但由于宋廷对地方军的整体待遇，仍优于民间自卫武力，地方军拥宋之心也较自卫武力强，摧锋军成为支撑赵宋政权最后的主力，就是一个明证。

宋廷承认、接纳体制外的民间自卫武力，并将体制外的地方武力整编为接受政府指挥的地方军，这种接纳与整编体制外武装力量的做法，虽是中国历史上军政制度发展的常例，但南宋朝廷能突破强干弱枝的传统政策，且善加运用，使地方武力有效发挥战力，消解宋廷生存压力，对政权的重建与巩固，大有贡献。为了避免地方武力坐大，宋廷在实际运作中建立指挥体系，并顺应环境的变化，适度调整政策，采行既利用又控制的原则，以维持对地方武力的掌控，不致偏离强干弱枝的基本国策，这种寓理想于现实的政治运用，表现了南宋政权具有适应环境、回应现实挑战的能力，也是南宋在强敌威胁下，仍能维持一百五十年国祚的有利因素。南北两宋中央与地方关系的不同由此可见。

和战政策是南宋立国以来，面临生存与发展的首要课题。由于形势的变化，政策常作调整，自然影响宋廷与地方关系的发展。地方武力以结合当地的人力、物力、资源及掌握地理环境的优势为基础。因此，个人领导风格与地方利益的维护，成为地方武力的一项特色；但这种现象，既难以凝聚各方面的力量，发挥整体战力，也容易因利益纠葛，影响地方与中央的互动关系。

此外，宋廷为使地方武力免于形成尾大不掉之势，甚至威胁到政权，透过指挥系统的运作、调派地方军支援其他任务，淡化地方或个人领导的色彩，或借分化之策，制造彼此矛盾等方式，来加强朝廷的影响力。这些举措固然能增强中央的权威，但和战政策丕变，既影响中央与地方武力之间的互信，分化政策的实施，又扩大彼此的裂痕，加上地域观念，影响对北人的接纳及自卫武力的支持，歧见加深，最后导致部分地方武力叛离宋朝，投向蒙古。宋朝“猜疑之家法”[1]，是导致南宋政权覆亡的一个因素。

[1]　王夫之，《宋论》（台北：三人行出版社影印，1974年），卷10，《高宗》，页171。

参考书目文献

史源部分

不著撰人,《宋史全文续资治通鉴》, 文渊阁四库全书本。

不著撰人,《宋季三朝政要》, 丛书集成简编, 台北: 台湾商务印书馆, 1966 年 6 月台一版。

不著撰人,《皇宋中兴两朝圣政》, 台北: 文海出版社, 1967 年 1 月初版。

不著撰人, 汝企和点校,《续编两朝纲目备要》, 北京: 中华书局, 1995 年 7 月一版。

中国社会科学院历史研究所宋辽金元史研究室点校,《名公书判清明集》, 北京: 中华书局, 1984 年初版。

元好问,《遗山先生文集》, 四部丛刊初编本。

文天祥著, 熊飞等点校,《文天祥全集》, 南昌: 江西人民出版社, 1987 年 8 月初版。

方大琮,《铁庵集》, 文渊阁四库全书本。

王栐,《燕翼诒谋录》, 文渊阁四库全书本。

王之望，《汉滨集》，文渊阁四库全书本。

王之道，《相山集》，文渊阁四库全书本。

王夫之，《宋论》，台北：三人行出版社影印，1974 年。

王安石，《王安石文集》，台北：河洛图书出版社，1974 年 10 月台初版。

王明清，《挥麈后录》，《历代笔记小说集成·宋代笔记小说》，第 2 册，石家庄：河北教育出版社影印，1996 年 2 月。

王洋，《东牟集》，文渊阁四库全书本。

王致远，《开禧德安守城录》，瑞安孙氏诒善祠刊本。

王恽，《秋涧先生大全集》，明刊修补本，台北：新文丰出版公司影印，1985 年 4 月初版。

王质，《云山集》，文渊阁四库全书本。

王应麟，《玉海》，台北：华联出版社，1967 年 3 月再版。

王迈，《臞轩集》，文渊阁四库全书本。

包恢，《敝帚稿略》，文渊阁四库全书本。

司马光，《传家集》，文渊阁四库全书本。

司马光，《资治通鉴》，台北：世界书局影印点校本，1970 年 8 月再版。

史浩，《鄮峰真隐漫录》，文渊阁四库全书本。

宇文懋昭著，崔文印校证，《大金国志校证》，北京：中华书局点校本，1986 年 7 月初版。

朱熹，《朱文公文集》，四部丛刊初编缩本，据上海商务印书馆缩印明刊本影印，台北：台湾商务印书馆，出版年不详。

吴泳，《鹤林集》，文渊阁四库全书本。

吴潜，《许国公奏议》，十万卷楼丛书本。

吕调元、刘承恩修，张仲炘、杨承禧等纂，《湖北通志》，上海：上海古籍出版社，1990 年。

吕颐浩，《忠穆集》，文渊阁四库全书本。

宋宪章等修，《牟平县志》，台北：成文出版社影印，1968 年 3 月初版。

宋濂，《元史》，台北：鼎文书局影印，1977 年。

李心传，《建炎以来朝野杂记》，台北：文海出版社，1967 年 1 月初版。

李心传，《建炎以来系年要录》，上海：上海古籍出版社，1992 年 7 月一版。

李光，《庄简集》，文渊阁四库全书本。

李若水，《忠悯集》，文渊阁四库全书本。

李昴英，《文溪集》，文渊阁四库全书本。

李荇等，《新增东国舆地胜览》，汉城：朝鲜史学会，1929 年。

李曾伯，《可斋杂稿》，文渊阁四库全书本。

李纲，《梁溪集》，台北：汉华出版公司影印，1970 年 4 月初版。

李齐贤，《益斋乱稿》，见《高丽名贤集》第 2 册，汉城：成均馆大学校大东文化研究院印，1973 年。

李齐贤，《栎翁稗说》，见《高丽名贤集》，第 2 册。

李弥逊，《筠溪集》，文渊阁四库全书本。

李焘，《续资治通鉴长编》，台北：世界书局影印，1983 年 2 月四版。

杜范，《清献集》，文渊阁四库全书本。

沈与求，《龟溪集》，文渊阁四库全书本。

汪应辰，《文定集》，文渊阁四库全书本。

辛启泰原辑，邓广铭校补，《稼轩诗文钞存》，上海商务印书馆，1947年12月初版。

周必大，《文忠集》，文渊阁四库全书本。

周密，《癸辛杂识》，北京：中华书局点校本，1988年1月初版。

周密，《齐东野语》，北京：中华书局点校本，1983年11月初版。

周应合纂，《景定建康志》，北京：中华书局影印，1990年初版。

周麟之，《海陵集》，文渊阁四库全书本。

林希逸，《竹溪鬳斋十二稿续集》，文渊阁四库全书本。

法纬堂，《益都金石志》，石刻史料新编，第3辑，台北：新文丰出版公司影印，1986年7月初版。

邵有道修、何云等编，嘉靖《汀州府志》，天一阁藏明代方志选刊续编，第39、40册，上海书店影印。

金宗瑞，《高丽史节要》，汉城：亚细亚文化社，1972年。

金富轼，《三国史记》，乙酉文化社，1977年。

金鲁镇，《江华府志》，汉城大学藏。

俞文豹，《吹剑录》，读画斋丛书庚集。

姚勉，《雪坡集》，文渊阁四库全书本。

姚广孝编，《永乐大典》，北京：中华书局，1986年影印本。

柳成龙，《惩毖录》，汉城：大洋书局，1973年。

洪适，《盘州文集》，四部丛刊初编本。

胡寅，《斐然集》，文渊阁四库全书本。

胡铨，《胡淡庵先生文集》，"中研院"历史语言研究所傅斯年图书馆藏，乾隆二十二年刊本。

范祖禹，《唐鉴》，商务印书馆，国学基本丛书。

员兴宗，《九华集》，文渊阁四库全书本。

夏玉麟等纂,《建宁府志》,天一阁藏明代方志选刊,台北:新文丰出版公司影印。

孙应时,《烛湖集》,文渊阁四库全书本。

孙觌,《鸿庆居士集》,文渊阁四库全书本。

徐松辑,《宋会要辑稿》,台北:新文丰出版公司影印,1976年10月初版。

徐鹿卿,《清正存稿》,文渊阁四库全书本。

徐梦莘,《三朝北盟会编》,上海:上海古籍出版社,1987年10月初版。

真德秀,《真文忠公文集》,四部丛刊本。

袁甫,《蒙斋集》,文渊阁四库珍本。

袁燮,《絜斋集》,文渊阁四库全书本。

郝经,《郝文忠公集》,收入《乾坤正气集》,台北:环球书局影印,1966年。

马端临,《文献通考》,台北:新兴书局影印武英殿本,1963年3月新一版。

崔与之,《崔清献公全录》,明正德抄本,上海古籍书店复印。

张宗泰,《鲁岩所学集》,模宪堂重刊本,大华印书馆影印。

曹彦约,《昌谷集》,文渊阁四库全书本。

曹勋,《松隐集》,文渊阁四库全书本。

梁克家纂修,淳熙《三山志》,明崇祯十一年刻本,中华书局影印,1990年5月一版。另有钞本,国泰文化事业有限公司影印,1980年初版。

脱脱,《宋史》,台北:鼎文出版社影印点校本。

脱脱等,《金史》,台北:鼎文出版社影印新校本,1976年11月初版。

陈大方，《宝祐登科录》，粤雅堂丛书本。

陈元晋，《渔墅类稿》，文渊阁四库全书本。

陈柏泉编著，《江西出土墓志选编》，南昌：江西教育出版社，1991 年。

陈淳，《北溪大全集》，文渊阁四库全书本。

陈渊，《默堂集》，文渊阁四库全书本。

陈规，《守城录》，文渊阁四库全书本。

陈造，《江湖长翁集》，文渊阁四库全书本。

陈傅良，《止斋集》，四部丛刊初编本。

陆心源辑，《宋史翼》，《续修四库全书》，第 311 册，上海：上海古籍出版社，1997 年。

陆游，《渭南文集》，四部丛刊初编本。

章如愚，《山堂群书考索》，台北：新兴书局，1969 年 9 月新一版。

彭龟年，《止堂集》，文渊阁四库全书本。

程珌，《洺水集》，文渊阁四库全书本。

黄仲元，《四如集》，文渊阁四库全书本。

黄淮、杨士奇等，《历代名臣奏议》，台北：台湾学生书局，1964 年 12 月影印初版。

黄幹，《勉斋先生黄文肃公文集》，元刻延祐二年重修本，北京图书馆古籍珍本丛刊之九十，北京：书目文献出版社影印。

杨宗时修，崔淦等纂，《襄阳县志》，台北：台湾学生书局，1969 年 4 月初版。

杨时，《龟山集》，文渊阁四库全书本。

杨万里，《诚斋集》，四部丛刊初编本。

叶适，《叶适集》，台北：河洛图书出版社影印点校本，1974年5月台一版。

廖刚，《高峰文集》，文渊阁四库全书本。

熊克，《中兴小纪》，台北：文海出版社影印，1980年6月初版。

赵秉文，《闲闲老人滏水集》，四部丛刊初编本。

赵万年编，《襄阳守城录》，笔记小说大观，台北：新兴书局。

赵鼎，《忠正德文集》，文渊阁四库全书本。

赵与褣，《辛巳泣蕲录》，笔记小说大观十七编，台北：新兴书局。

綦崇礼，《北海集》，文渊阁四库全书本。

刘子翚，《屏山集》，文渊阁四库全书本。

刘克庄，《后村先生大全集》，四部丛刊初编本。

楼钥，《攻愧集》，四部丛刊初编缩本，上海商务印书馆缩印武英殿聚珍版本。

欧阳璨等修，陈于宸等纂，《琼州府志》，见《日本藏中国罕见地方志丛刊》，据日本国会图书馆藏明万历刊本影印，北京：书目文献出版社，1990年。

蔡戡，《定斋集》，文渊阁四库全书本。

蔡襄，《蔡忠惠公集》，清雍正十二年逊敏斋刊，乾隆间后印本。

卫泾，《后乐集》，文渊阁四库珍本。

卫博，《定庵类稿》，文渊阁四库全书本。

郑庆云、辛绍佐，《延平府志》，天一阁藏明代方志选刊，台北：新文丰出版公司影印。

郑麟趾，《高丽史》，汉城：亚细亚文化社，1972年。

黎靖德编，《朱子语类》，台北：华世出版社影印，1987年1月台一版。

薛季宣,《浪语集》,文渊阁四库全书本。

谢深甫编,《庆元条法事类》,台北：新文丰出版公司，1976年4月初版。

韩元吉,《南涧甲乙稿》,文渊阁四库全书本。

魏了翁,《鹤山先生大全文集》,四部丛刊初编本。

怀荫布编，乾隆《泉州府志》,“中研院”历史语言研究所傅斯年图书馆藏，乾隆二十八年刊本，台南：朱商羊影印，1964年。

罗大经,《鹤林玉露》,中华书局，1983年8月一版。

苏天爵,《元文类》,台北：世界书局影印本，1962年2月初版。

《李朝实录》,东京:学习院东洋文化研究所，1953年(昭和28年)。

《华城城役仪轨》,水原文化财保全会影印，1965年。

参考书及论文

山内正博,《南宋镇抚使考》,《史渊》(福冈：九州大学文学部),第64辑，1955年(昭和30年)2月。

王世宗,《南宋高宗朝变乱之研究》,台北：台大文史丛刊之82,1987年6月。

王民信,《蒙古入侵高丽与蒙丽联军征日》,收入《中韩关系史论文集》,台北：韩国研究学会出版，1983年。

王曾瑜,《宋朝兵制初探》,北京：中华书局，1983年8月初版。

王曾瑜,《岳飞新传》,上海：上海人民出版社，1983年10月一版。

加藤繁著，吴杰译,《中国经济史考证》,台北：华世出版社,1976年6月初版。

外山军治,《金朝史研究》,京都：京都大学东洋史研究会发行,

1964年（昭和39年）10月初版。

白钢、向祥海，《钟相杨幺起义始末》，太原：山西人民出版社，1980年4月一版。

石文济，《南宋初期军力的建立》，台北:《史学汇刊》，第9期，1978年10月。

全汉昇，《中国经济史论丛》，香港：新亚研究所出版，1972年8月初版。

向祥海，《南宋李金与陈峒起义初探》，见中国农民战争史论丛编辑委员会编，《中国农民战争史论丛》，第4辑，郑州：河南人民出版社，1982年12月一版。

成周铎，《新罗三年山城研究》，《百济研究》，第7辑，1976年。

朱重圣，《北宋茶之生产与经营》，台北：台湾学生书局，1985年12月初版。

朱偰，《宋金议和之新分析》，《东方杂志》，第33卷第10号，1936年5月。

朱瑞熙，《南宋福建晏梦彪起义》，《宋史论集》，郑州：中州书画社，1983年6月一版。

朱瑞熙，《南宋广西李接起义》，《中国农民战争史论丛》，第2辑，郑州：河南人民出版社，1980年11月。

朱维干，《福建史话》，福州:福建教育出版社，1985年2月一版。

西岳，《从采石之战到隆兴和议》，开封:《史学月刊》，1958年6月。

佐伯富，《宋初にあける茶の専買制度》，收入《中国史研究》，京都:京都大学东洋史研究会发行，1969年（昭和44年）5月初版。

吴松第，《中国移民史》，福州：福建人民出版社，1997年7月初版。

李天鸣，《宋元战史》，台北：食货出版社，1990年。

李安，《岳飞史迹考》，台北：正中书局，1970年6月台二版。

李东华，《泉州与我国中古的海上交通》，台北：台湾学生书局，1986年1月初版。

李春圃、何林陶，《关于李全的评价问题》，天津：《历史教学》，1965年6月号。

李荣村，《黑风峒变乱始末》，收入《宋史研究集》，第6辑，台湾编译馆中华丛书编审委员会，1971年12月。

沈奉谨，《新罗城之筑城手法二例》，《百济研究》（大田：忠南大学校），第19辑，1989年。

汪廷奎，《南宋广东摧锋军始末》，广州：《岭南文史》，1988年1期。

周良霄，《李璮之乱与元初政治》，《元史及北方民族史研究集刊》，1980年第4期。

周良霄，《忽必烈》，吉林：吉林教育出版社，1986年。

周良霄、顾菊英，《元代史》，上海：上海人民出版社，1993年10月初版。

林彬，《浅论冷兵器时期我国筑城防御体系的三次飞跃》，《钓鱼城与南宋后期历史》，重庆：重庆出版社，1991年。

金发根，《坞堡溯源及两汉的坞堡》，台北："中研院"《历史语言研究所集刊》，第37本上册，1967年3月。

金发根，《永嘉乱后的北方豪族》，台北：学术著作奖助会出版，1964年。

姚从吾，《余玠评传》，收入《宋史研究集》，第4辑，台湾编译馆中华丛书编审委员会，1979年。

柳立言，《宋辽澶渊之盟新探》，《宋史研究集》，第23辑，台湾编译馆，1995年2月。

胡昭曦主编，《宋蒙（元）关系史》，成都：四川大学出版社，1991年。

范开，《稼轩词序》，收入辛启泰原辑，邓广铭校补，《稼轩诗文钞存》。

孙克宽，《元初李璮事变的分析》，见孙氏《蒙古汉军及汉文化研究》，台北：文星书店发行，1958年10月初版。

孙克宽，《南宋金元间的山东忠义军与李全》，《蒙古汉军与汉文化研究》。

孙克宽，《元代汉文化之活动》，北京：中华书局，1968年9月初版。

徐秉愉，《宋高宗之对金政策》，台北：台湾大学历史研究所硕士论文，1984年6月。

张廷荣，《古代战争要塞防御的光辉典范》，收入《钓鱼城与南宋后期历史》。

张家驹，《宋代的两淮山水寨——南方人民抗金斗争的一种武装组织》，《上海师范学报》，1960年第1期。

张家驹，《两宋经济重心的南移》，武汉：湖北人民出版社，1957年初版。

张泽咸，《汉唐时期的茶叶》，北京：《文史》，第11辑，1981年3月。

梁天锡，《南宋广东摧锋军》，香港《能仁学报》，1996年7月第4期，后收入《宋史研究集》，第27辑，台湾编译馆，1997年12月。

梁庚尧,《南宋福建的盐政》,台北:《台大历史学报》,第17期,1992年12月。

梁庚尧,《南宋的农地利用政策》,台北:台大文史丛刊之46,1977年2月初版。

陈世松,《蒙古入蜀初探》,收入《元史论丛》,第2辑,北京:中华书局,1983年。

陈世松,《余玠传》,重庆:重庆出版社,1982年。

陈世松等,《宋元战争史》,四川省社会科学院出版社,1988年11月一版。

陈高华,《〈湛然居士文集〉中"杨行省"考》,北京:《历史研究》,2000年第3期。

陈高华,《元史研究论稿》,北京:中华书局,1991年12月初版。

陈智超,《一二五八年前后宋蒙陈三朝间的关系》,收入邓广铭、程应镠主编,《宋史研究论文集》,上海古籍出版社,1982年1月初版。

陈学霖,《王文统"谋反"事件与元初政局》,《第二届汉学会议论文集》,"中研院"第二届汉学会议论文集编辑委员会,1989年6月初版。

陶晋生,《南宋利用山水寨的防守战略》,台北:《食货月刊》,复刊第7卷第1、2期,1977年4月。

华山,《宋史论集》,济南:齐鲁书社,1982年11月一版。

黄俊彦,《韩侂胄与南宋中期的政局变动》,台北:台湾师范大学历史研究所硕士论文,1976年7月。

黄宽重,《宋代城郭的防御设施及材料》,收入黄宽重,《南宋军政与文献探索》,台北:新文丰出版公司,1990年。

黄宽重，《南宋时代邕州的横山寨》，《汉学研究》，第3卷第2期，1985年12月。

黄宽重，《南宋茶商赖文政之乱》，见《南宋军政与文献探索》。

黄宽重，《南宋宁宗、理宗时期的抗金义军》，“中研院”《历史语言研究所集刊》，第54本第3分，1983年9月。

黄宽重，《马扩与两宋之际的政局变动》，“中研院”《历史语言研究所集刊》，第61本第4分，1990年12月。

黄宽重，《高丽与金宋关系》，收入黄宽重，《南宋史研究集》，台北：新文丰出版公司，1985年。

黄宽重，《从坞堡到山水寨——地方自卫武力》，收入黄宽重，《南宋史研究集》。

黄宽重，《郦琼兵变与南宋初期政局变动》，“中研院”《历史语言研究所集刊》，第60本第1分，1990年3月。

黄宽重，《南宋时代抗金的义军》，台北：联经出版事业公司，1988年10月初版。

黄宽重，《晚宋朝臣对国是的争议——理宗时代的和战、边防与流民》，台北：台大文史丛刊之50，1978年。

赵克尧，《论魏晋南北朝的坞堡》，北京：《历史研究》，1980年第6期。

赵俪生，《南宋金元之际山东淮海地区中的红袄忠义军》，《中国农民战争史论文集》，新知识出版社，1954年。

刘道平，《钓鱼城在宋蒙（元）战争中的战略地位与作用》，收入《钓鱼城与南宋后期历史》。

蒋颖贤，《真德秀与泉州海外贸易》，泉州：《海交史研究》，第4期，1982年。

邓广铭,《南宋对金战争中的几个问题》,北京:《历史研究》,1963年第2期。

邓广铭,《辛稼轩(弃疾)传》,上海人民出版社,1956年11月一版。

邓广铭,《辛稼轩年谱》,上海古典文学出版社,1957年。

邓广铭,《岳飞传》,北京:人民出版社,1983年6月一版。

邓广铭笺注,《稼轩词编年笺注》,北京:中华书局,1962年10月一版。

萧启庆,《蒙元史新研》,台北:允晨出版社,1994年9月初版。

鲍晓娜,《茶税始年辨析》,北京:《中国史研究》,1982年第4期。

韩茂莉,《宋代农业地理》,太原:山西古籍出版社,1993年8月初版。

苏基朗,《论蒲寿庚降元与泉州地方势力的关系》,收入苏著《唐宋时代闽南泉州史地论稿》,台北:台湾商务印书馆,1991年11月。

唐长孺、李涵,《金元之际汉地七万户》,北京:《文史》,第11辑,1981年3月。